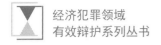

经济犯罪领域
有效辩护系列丛书

U0453942

经济犯罪有效辩护实务经验谈

——公司辩护联盟中南刑辩论坛微信群讲座集

张元龙／主编

知识产权出版社

全国百佳图书出版单位

图书在版编目（CIP）数据

经济犯罪有效辩护实务经验谈：公司辩护联盟中南刑辩论坛

微信群讲座集 / 张元龙主编.—北京：知识产权出版社，2018.9

ISBN 978-7-5130-5748-6

Ⅰ.①经… Ⅱ.①张… Ⅲ.①经济犯罪—刑事诉讼—辩护—研究—中国

Ⅳ.①D924.334

中国版本图书馆 CIP 数据核字（2018）第 187205 号

内容提要

本书是从华夏公司辩护联盟举办的线上 40 多期讲座的精华中提炼而来。全书包括程序应用篇、实体内容篇和公司犯罪辩护篇三部分，其中所涉及的内容都是经济犯罪领域最能体现刑事辩护技能和技巧的案例，对相关领域的刑辩律师无疑具有积极的现实意义。

责任编辑：龚 卫 崔 玲　　　　　　　　责任印制：刘译文

封面设计：张 冀

经济犯罪有效辩护实务经验谈

——公司辩护联盟中南刑辩论坛微信群讲座集

张元龙　主编

出版发行：知识产权出版社有限责任公司		网　　址：http://www.ipph.cn	
电　　话：010-82004826		http://www.laichushu.com	
社　　址：北京市海淀区气象路 50 号院		邮　　编：100081	
责编电话：010-82000860 转 8120		责编邮箱：gongwei@cnipr.com	
发行电话：010-82000860 转 8101		发行传真：010-82000893	
印　　刷：三河市国英印务有限公司		经　　销：各大网上书店、新华书店及相关专业书店	
开　　本：720mm×1000mm　1/16		印　　张：20	
版　　次：2018 年 9 月第 1 版		印　　次：2018 年 9 月第 1 次印刷	
字　　数：320 千字		定　　价：80.00 元	

ISBN 978-7-5130-5748-6

序 言

近几年来，随着国家信息化建设高速发展，广东登润律师事务所张元龙主任和一些专业从事刑事辩护的律师，共同召集和组织创建了以刑事辩护交流为主的微信群，并搭建了"华夏公司辩护联盟平台"。这些刑事辩护律师，在以审判为中心的诉讼制度改革背景下，借助网络平台，开展了一系列刑事领域辩护技能和技巧的交流和探讨活动。本书就是他们线上讲座的成果汇集。张元龙律师有丰富的法律实务经验，又有强烈的求知欲和上进心，近年踊跃参加中国社会科学院研究生院法学高级课程班学习，与我也就有了一份师生之谊。他邀我作序，自当应允。

本书将律师在办案实践中，对于应用证据法知识、程序法规定、辩护要达到之实体法内容目标，以及与司法执法机关和办案人员沟通、交流、切磋的亲身体会和经验教训奉献出来与大家分享。本书内容紧贴辩护一线，既有证据法的内容，如申请非法证据排除的技能和技巧、电子证据的取证和质证技巧、律师调查取证的技能和技巧；也有程序法的内容，如关于逮捕问题的司法解释和律师实务、律师有效辩护策略与技能、如何做到有效审前辩护争取当事人不被逮捕和起诉、法官内心确信的分析和辩护人的应对；还有实体法的内容，如律师在调查取证中接触证人如何避免触犯我国《刑法》第306条律师伪证罪的规定、关于企业贿赂犯罪的辩护、非法吸收公众存款罪和集资诈骗罪的辩护实务技能和技巧等。本书既有成功辩护的经验分享，也有辩护失败的教训总结。

本书紧紧围绕案件如何精准、有效之辩护，辩护观点如何得到办案部门和主办人的采纳和采信来展开。讲座的主讲人或点评人，不乏有王亚林、毛立新、胡瑞江、邓楚开、李永红、刘平凡、王永杰、翁京才等走在辩护前沿之著名律师。本书内容体现了刑辩律师们对有效辩护理论及其实践的积极探索，凝聚了律师行业传承多年积累的智慧结晶和宝贵经验，也是华夏公司辩护联盟专业化建设取得的阶段性成果。

本书除了有利于广大刑事辩护律师之间深化理论交流和业务切磋，对于想深入了解庭上公诉的检察官以及兼听则明的法官来说，又何尝不是一本开卷有益的案头之书？

是为序。

陈泽宪

2018 年 8 月于北京

前　言

本书汇集了刑事辩护律师对刑辩技能与技巧的追求和对实务经验的总结，是凝聚他们胆略和智慧的一本刑事辩护实务类图书。2012 年《刑事诉讼法》实施后，在以审判为中心司法体制改革背景下，华夏公司辩护联盟组织和召集全国诸多刑事辩护著名律师等通过线上微信群讲座、开展辩护技能研究和探讨。之后，由华夏公司辩护联盟秘书处，根据讲座内容，进行筛选，汇编成册。

作为刑事辩护律师，我们都知道，在 2012 年《刑事诉讼法》未修订和实施前，律师在侦查阶段会见犯罪嫌疑人，需要经侦查部门同意并安排人员陪同，虽然规定是侦查机关"可以"安排，但是，司法实务中，他们往往均安排人员陪同。这样导致：一是侦查部门常以无人陪同为由拒绝安排律师会见；二是律师在会见过程中，侦查人员站立在身旁和监听全过程，一旦发现不利于他们"侦查"的内容，随时打断或中止律师的会见。因此，当时的律师会见权，是不充分的，律师无法全面了解案情和为犯罪嫌疑人做有力辩护。

2012 年《刑事诉讼法》实施后，侦查阶段律师提供法律帮助，改为"提供辩护"，律师称谓亦改为"辩护人"。自侦查阶段始，律师凭执业证、律师所介绍信和授权委托书"三证"即可以向羁押的看守所申请会见犯罪嫌疑人，无需再经过侦查部门批准。这一规定在一定程度上赋予了律师诸多新的权利和保障。与此同时，在 2012 年《刑事诉讼法诉法》修订前后，中央电视台等一些国家的主流媒体，多次报导了近几年来刑事司法先后纠正的"亡者归来"或"真凶再现"等一批冤假错案，例如河南赵作海案、湖北佘祥林案、内蒙古呼格吉勒图案等。这些冤假错案再次要求对我们的司法部门应科学客观、依法办案、公正司法；同时也在拷问着我们刑事辩护律师的辩护职能，鞭策律师在个案办理和辩护过程中，不断提升专业能力和辩护技能，切莫因自己的辩护不力或不当作为，被钉在了"冤假错案"辩护历史之耻辱柱上。

2013 年始，随着互联网信息化的高速发展，一些线上平台先后出现，特别是微信地广泛使用，为律师界交流提供了便利。此时，广东登润律师事务所（成立于 2010 年，是广东省最早只受理刑事案件的律所，全国第四家）设立了"中南刑辩论坛"微信群，本人作为律师所的负责人，先后邀请了全国刑事辩护界大咖、著名律师，如北京王永杰、毛立新、安徽王亚林、浙江胡东迁、胡瑞江、张友明、湖北伍金雄、广州王思鲁、山西贾慧平、四川成安等律师入群，微信群迅速满员 500 人。与此同时，我们和几位常有交流和沟通的律师通过联系，一拍即合，决定由我们广东登润律师事务所和旗下"华辩网"（成立于 2010 年，中国最早上线刑事专业门户网站之一）来组织和召集，安排在线微信群针对刑事辩护技能和技巧开展讲座和研讨。

在全体刑事辩护界精英、律师同仁、法律职业者朋友关心和关爱下，"中南刑辩论坛"微信群线上以刑事辩护为专题的公益讲座如期举办。每月月底举行，每月一期，每期讲座设有主持人、主讲人和点评人。当时与"东方刑辩 - 之江论坛"微信群等一道，是全国最早举办刑事辩护线上讲座的微信群之一，在全国刑事辩护界产生了比较大的影响。之后中南刑辩论坛微信群联动了金牙大状论坛群、无冤论坛群、中国刑事律师大讲堂、企业家风险防控、无冤广东 / 东莞等群，有组织、有计划地举办证据法知识、刑事诉讼法、刑事实体法以及辩护实务技能与技巧讲座。

为了深化刑事辩护技能向更专、更精、更深领域发展，促进行业技能进步，2016 年 11 月，广东登润律师事务所、北京泽永律师事务所、广西奎路律师事务所、广东广强律师事务所共同召集、发起设立，并依托中南刑辩论坛等微信群，搭建和设立了"华夏公司辩护联盟"，立足于在公司涉嫌犯罪辩护领域，对公司涉嫌的非法吸收公众存款罪、集资诈骗罪、传销犯罪、走私犯罪、非法经营犯罪、企业贿赂犯罪、责任事故犯罪等开展辩护实务技能交流探讨。

截至 2017 年，"华夏公司辩护联盟"共举办线上讲座 40 多期，发现与挖掘了如余安平、董玉琴、刘敏、黄坚明、王常清、远利杰、李靖梅等全国优秀的年轻刑辩律师。这 40 多期讲座内容，凝聚刑事辩护界同仁的智慧结晶，丰富了刑事法学理论的研究成果，提升了刑事辩护实务的技能和技巧。

为此，我们决定将 40 多期讲座的精华提炼出来，由"华夏公司辩护联盟"秘书处负责整理和编排，并交由知识产权出版社有限责任公司出版与发行。全书编排和出版之内容，按照刑事辩护实务证据法知识、程序法运用、实体法内容目标之顺序进行排序，汇编成册。

张元龙

2018 年 7 月于广州

Contents 目 录

程序应用篇

实体内容篇

公司犯罪辩护篇

程序应用篇

主持人

刘 敏

广东宝言律师事务所主任
中国政法大学法学硕士
广东省律协青工委委员
佛山市律协青工委副主任
佛山市律协法顾委委员

非法言词证据实务排除之五项要领

主持人：刘 敏
主讲人：张元龙
点评人：王亚林

▶主持人 刘 敏◀

各位亲爱的群友，大家晚上好。时间又来到了晚上的8点整，很高兴我们又聚在一起，聆听本期新的法律实务讲座。本期讲座的主题是"非法言词证据实务排除之五项要领"，主讲人张元龙主任律师。

下面，我们以热烈的掌声和多彩的鲜花，欢迎今晚的主讲嘉宾张元龙律师闪亮登场！今晚，就让张律师给我们讲一讲，在办案实务中，如何对于非法言词证据进行实务排除的。欢迎各位收听。

主讲人
　　张元龙

广东登润律师事务所主任律师、华夏公司辩护联盟会长
"登润"疑难案件研究委员会秘书长
湘潭大学刑法学硕士
湖南省刑事法治研究会理事
湘潭大学法学院刑事法研究中心研究员
广东省律协青工委委员
东莞市律协刑事委委员

▶**主讲人　张元龙**◀

　　各位群友晚上好！根据中南刑辩论坛群秘书处课程安排，由我来做今晚的主题讲课，下面我就谈谈对非法言词证据排除的实务技能和技巧，内容比较粗浅，不足之处，请大家批评指正。

　　我国刑事诉讼法将非法证据排除作了两类划分规定，即"言词证据"和"实物证据"排除。在司法实务当中，对于前者非法言词证据，是申请排除辩护中经常遇见的难点，但它又是我们首当其冲需要掌握的重要技能内容。当我们辩护方发现了侦查部门对于犯罪嫌疑人或被告人、被害人、证人有非法取得言词证据的情况，需要排除应该予以排除的内容。从辩护策略上讲，需要推翻控方不利之证据体系和摧毁不利之单个证据，申请非法言词证据的排除，就成了辩护实务程序之辩最重要的工作。那么，我们实务中如何把握要点，很好地运用排除呢？

一 明确法律依据

我国对于非法证据排除，是基于提出依法治国战略目标和以审判为中心司法体制改革以及国家发现和依法纠正了一批假错案，如河南赵作海案、湖北余祥林案、福建念斌案等，认为非法取得的证据，确实对于冤假错案起着决定性作用，而冤假错案对国家的法治建设和对司法机关的公正形象损害极大。因此，在 2013 年实施的《刑事诉讼法》，以及一些"两高"司法解释中，对于非法证据排除均做了比较具体的规定。这些规定有的比较详细，在司法实务中容易操作和落实；有的规定比较模糊，无法量化和再继续细化只能凭办案人主观心证，实务中操作的空间就比较狭窄。

《刑事诉讼法》第 50 条规定："……严禁刑讯逼供和以威胁、引诱、欺骗以及其他非法方法收集证据，不得强迫任何人证实自己有罪。"

《刑事诉讼法》第 54 条规定："采用刑讯逼供等非法方法收集的犯罪嫌疑人、被告人供述和采用暴力、威胁等非法方法收集的证人证言、被害人陈述，应当予以排除。"

在这里，《刑事诉讼法》第 50 条规定是原则，第 54 条规定是具体落实条款。何为原则，何为具体落实条款呢？主要是因为在司法排除实务具体操作当中，对于刑讯逼供和暴力非法方法，辩护人和办案人容易把握，而对于威胁、引诱、欺骗等其他非法方法，难以实际把握和具体操作量化。

《最高人民法院关于适用〈中华人民共和国刑事诉讼法〉的解释》（本文以

下简称《高法解释》）第 95 条规定："使用肉刑或者变相肉刑，或者采用其他使被告人在肉体上或者精神上遭受剧烈疼痛或者痛苦的方法，迫使被告人违背意愿供述的，应当认定为刑事诉讼法第五十四条规定的'刑讯逼供等非法方法'。"这条司法解释的规定是对于《刑事诉讼法》第 54 条之补充和具体细化。

《人民检察院刑事诉讼规则（试行）》第 65 条规定内容与最高人民法院规定基本相同，就是在最后一句加上了"其他非法方法是指违法程度和对犯罪嫌疑人的强迫程度与刑讯逼供或者暴力、威胁相当而迫使其违背意愿供述的方法"。

二　实务界定和排除

如前所述，非法言词证据排除是我们辩护实务中申请排除的难点，尤其对于威胁、引诱、欺骗和其他非法方法，实务中见不到、摸不着、难取证，很难把握，因此难以排除。那么，我们该如何理解非法言词证据排除制度，并且如何更好运用从而达到有效辩护之目的呢？这里我们需要对非法言词证据做分类处理，这样就比较容易掌握。

根据《高法解释》和《刑事诉讼法》第 56 条之规定，辩护人提出非法证据排除的，应当提供相关线索或者材料。因此，我们辩护人不仅要能从犯罪嫌疑人或被告人、证人、被害人处发现言词证据系非法取得的情况，还要有技术和技巧收集线索或者材料，提供证据，依法申请，有效排除非法言词证据。

1. 肉刑

肉刑，比较容易理解和实践操作排除，其是对犯罪嫌疑人或被告人在肉体上有接触的刑讯逼供行为，表现形式主要是暴力殴打，并在殴打对象身体上留下伤痕。这种刑讯逼供手段是比较传统和原始的，容易被发现。而且，一旦被发现，申请非法证据排除就容易成功，侦查人员就会被追究相应的法律责任。因此，这种违法取证方式侦查实务中相当少见了。

排除要领：律师在会见犯罪嫌疑人或被告人时，应详细询问犯罪嫌疑人或被告人是否有被刑讯逼供的情况。犯罪嫌疑人或被告人反映有被使用肉刑逼供的，辩护人应当记录在会见笔录里。首先，要求犯罪嫌疑人或被告人提供使用肉刑的具体时间、地点、侦查人员、工具、行为等细节，有哪些在场人员以及讯问周围环境，特别是要尽可能地让他们说得详细具体，便于事后质证时能形象再现、这样才更客观具体，让人深信不疑。其次，辩护人要具体查看犯罪嫌疑人或被告人身上的伤痕，如果具备条件的尽可能拍照（现有的地方如陕西省从 2016 年 5 月 1 日起辩护人会见是允许律师携带照相、录像设备会见的）或摄像。如果不允许携带照相设备进入会见室的，辩护人可以用手绘的方式将犯罪嫌疑人或被告人被逼供采取肉刑的部位和伤痕画出来。最后，辩护人应立即将犯罪嫌疑人或被告人受伤情况及时向看守所方面报告，同时也可以向当地人民检察院驻监所检察监督室反映情况，以及向犯罪嫌疑人或被告人说明，告知其应该向管教提出查看伤情和要求做记录。

在辩护人离开看守所后，其应当及时同有关司法机关反映以上逼供情况和提出非法证据排除申请，除了提供以上证据材料和线索外，应申请有关部门调取看守所当时对犯罪嫌疑人或被告人入所体检记录，以便验证。

2.“冻、饿、晒、烤”变相肉刑

变相肉刑在司法实践当中不好界定。《最高人民法院关于建立健全防范刑事冤假错案工作机制的意见》第 8 条规定：“采用刑讯逼供或者冻、饿、晒、烤、疲劳审讯等非法方法收集的被告人供述，应当排除。”但是，这里规定的“冻、饿、晒、烤”“疲劳审讯”“等”在具体司法实务中很难实际把握。多长时间不给吃饭才算饿？什么温度情况下才算冻、晒和烤？多长时间审讯才算疲劳审讯？没有再细化的解释规定。而且变相肉刑，在实践当中名目繁多、花样各异，辩护人即便发现有此情况，但是由于在犯罪嫌疑人或被告人身上没有留下疤痕，很难实际取到证据。我们分别就三种情况作分析。

"冻"，是指相对于当事人体外温度而言的，如果大冷天，不给嫌疑人穿衣服或少穿衣服这叫作冻；或者正常气温下，用冷气对犯罪嫌疑人猛吹这也是冻，它所导致的结果就是让嫌疑人身体受不了。那么怎样受不了才算标准呢？这里存在个体差异，正因为如此，就给侦查人员有了托词可言。以什么标准来判断属于逼供之"冻"呢？按解释就是以"使得嫌疑人在肉体上或精神上剧烈疼痛或者痛苦，以逼取违背意愿之供述"作为参照标准的。对于"饿""晒""烤"也是参照这样的方法来执行。

排除要领：由于侦查人员采用变相肉刑之办法，使得受逼供之对象肉体上没有留下痕迹，这样就造成辩护人取证非常困难，非法取证线索也不易提供。根据问卷调查显示（北京市尚权律师事务所曾于2016年组织过对新《刑事诉讼法》实施三周年问卷调查），对于冻、饿、晒、烤方式获得口供，辩护人提出非法证据排除实际可能性偏小的占问卷调查人数的89.2%。因此，可以看出，变相肉刑之排除在实践当中不便于操作执行。那么我们又如何发现存在这些变相肉刑的逼供行为呢？

一方面，律师会见时应详细沟通，得到犯罪嫌疑人被变相肉刑之时间、地点、人物和环境；另一方面，犯罪嫌疑人应详尽的讲述被变相肉刑过程，越具体越细越好，造成的其身体不适、剧烈疼痛或者痛苦在哪里，以及如何使得其违背意愿供述。同时，要调取问话的同步全程录音录像记录。根据《刑事诉讼法》第121条规定，侦查人员在讯问犯罪嫌疑人的时候，可以对讯问过程进行录音或者录像；对于可能判处无期徒刑、死刑的案件或者其他重大犯罪案件，应当对讯问过程进行录音或者录像。录音或者录像应当全程进行，保持完整性。据此规定，我们发现案件存在变相肉刑的，就应当调取当时讯问的同步录音或录像。注意，这里的录音或录像应当是全程进行的。司法实务中，有的侦查部门以办案单位无录音设备或录像配备、条件不够等理由不提供同步录音或录像，也有的就只提供一部分，无全程提供。而实践中侦查部门往往对于变相肉刑进行逼供部分是不录音或录像的。由于变相肉刑通常是在被关押进看守所之前24小时之内进行，因此，这时辩护人就要仔细查看讯问的次数，每次录制的时间，录和不录之间的空白多长时间，这些空白时间与犯罪嫌疑人所描绘的是否对得上。

当然，实践当中侦查人员也会以借口称将犯罪嫌疑人带到医院检查身体、让他休息等理由搪塞隐瞒（这样也就成了律师取证或提供线索基本不可能的原因）。在这种情况下，就需要考量辩护人的智慧了。一方面，辩护人需要坚持不懈，每个阶段都要提出逼供取证情况；另一方面，也需要犯罪嫌疑人或被告人重新供述，以原供述被变相肉刑逼供，不是本人真实原意为由，提供新的供述。这样，在一定程度上，让人民法院最终不采纳原存在逼供的内容。

3. "疲劳审讯"变相肉刑

疲劳审讯是基于对犯罪嫌疑人进行轮番式审讯，不给犯罪嫌疑人必要的休息时间的逼供手段。《刑事诉讼法》第117条规定了，侦查部门应当保证嫌疑人的饮食和必要的休息时间，但是怎样才算是保证了必要的休息时间呢？没有具体再细的规定，比如在白天审讯多长时间才算保证了必要的休息，在夜晚持续多长时间或到几点钟才算保证了休息等。如果是凌晨1点抓获嫌疑人，通宵问话，算不算是疲劳审讯？实践中很难把握。那么参照的标准也是使得嫌疑人在肉体上或精神上剧烈疼痛或者痛苦以逼取供述，结果就是迫使犯罪嫌疑人违背意愿供述。

排除要领：基本上与前述对"冻、饿、晒、烤"的排除要领一致。

4. "长时间保持某姿势"的变相肉刑

这种方式与上述"冻、饿、晒、烤"和疲劳审讯基本上一致的，致使犯罪嫌疑人在肉体上或精神上剧烈疼痛或者痛苦以逼取供述。

排除要领：基本上与前述一致。

需要说明的是，辩护人在看录像记录时，需要仔细察看侦查人员是否与犯罪嫌疑人对应的一问一答，是否真实敲打键盘记录，还是手持鼠标在移动。如果没有一问一答的敲打键盘或对犯罪嫌疑人陈述时没有敲打键盘，那么就说明侦查人员在录像之前已"做通"犯罪嫌疑人思想工作或采取了变相肉刑逼供手段，早已做好了笔录，现在的录像只是为了完成任务而制作的，通过这些细节是可以看出破绽的。

5. "威胁、引诱、欺骗"主观强制刑

我国的非法证据排除规则起源于《刑事诉讼法》第50条规定"严禁刑讯逼供和以威胁、引诱、欺骗以及其他非法方法收集证据"之规定。关于刑讯逼供之肉刑和变相肉刑，如前所述，毕竟是使身体遭受不适，对于肉刑辩护人提出排除相对容易把握和实际排除。对于变相肉刑，实务当中，操作起来虽然有一定困难，但经坚持还有较大的辩护空间。但是对于"威胁、引诱、欺骗"主观强制性的非法取证手段，据本人了解，在某类型个案中，非常之多，常常被使用。那么，我们辩护人如何实际把握要领和进行非法证据排除呢？

"威胁"，就是心理强制或心理强迫，一方掌握对方的致命弱点，在特殊环境下向对方提出要求，使得对方非常害怕迫使作出让步的口头言语行为。例如，如果不交代，就将犯罪嫌疑人从7楼窗户推下，当作其逃跑跳楼相威胁，迫使

嫌疑人害怕;或者如不交代就对其亲属也采取强制措施,逼使其交代等。

"引诱",是通过一种假设的目标,让对方觉得有希望而诱惑作交待。其实那个目标或希望是无法实现或虚构或不存在的。

"欺骗",就是编造谎言,使得对方相信,从而骗其交代。比如称同案犯已经招供从而骗取口供,又如谎称可以为其办理取保候审、招供就将其释放等。

排除要领:根据问卷调查显示,对于威胁、引诱、欺骗这三种情况,被排除的几率是非常小的,实务当中,侦查人员甚至根本不把这些当成一回事。辩护人对于这些情况取证相当困难,因此要排除也基本不可能。不过也有几种情况是可以见机行事的。

一是,辩护人通过观看同步录音、录像内容看是否存在这些情况。但是往往存在这些情况时,侦查人员是不会录在录像里面的,针对这种情况,在第一次会见犯罪嫌疑人时,应当告诉犯罪嫌疑人如果侦查人员采用威胁、引诱和欺骗的方法取证是违法的。

二是,看当时的笔录。从犯罪嫌疑人供述的细节来进行分析,是否比较自然、流畅和客观,还是基于心理强制。

三是,看犯罪嫌疑人前后几次笔录供述稳定情况,如果自然、真实陈述与表述,其陈述就会流畅客观、一气呵成,前后供述,比较稳定。否则,就可能存在犯罪嫌疑人所述是被威胁、引诱或欺骗取证情况,从而辩护人可以提出非法证据排除的要求。

非法证据排除根据不同的分类和性质,辩护人申请排除采取不同的操作要领,往往越往后面的几种情况,排除越难,毕竟后面几种相对而言程序违法和侵权的程度相对要小些。但是,辩护人根据犯罪嫌疑人陈述确实存在非法取证的情况,就应当从多角度着手,力争排除,从而在有效证据方面占据优势。

我的讲座内容就到这里，谢谢大家。

▶**主持人　刘　敏**◀

下面让我们欢迎安徽金亚太律师事务所主任王亚林律师为我们做点评。

点评人
王亚林

安徽金亚太律师事务所主任律师
法学硕士
全国优秀律师、安徽省十佳律师
合肥市律师协会副会长

▶点评人　王亚林◀

排除非法证据（以下简称"排非"）是司法机关和辩护律师的痛，之所以是司法机关的痛是因为司法机关认为由于这个"排非"的程序限制了司法机关的取证，之所以说是律师的痛是因为我们不仅是申请"排非"难，而且进入"排非"程序后，真正做到能够排非结果应该是更难。

今天倾听了张律师的总结，张律师是著名的学者律师，擅长将理论运用到实务中去，尤其是擅长将实务经验上升到理论的高度去总结，我们熟悉的所谓从有形辩护到有效辩护，从有效辩护到精准辩护，从精准辩护到引导法官思维的辩护，就我所知就是张元龙律师首先提出来的。

张律师今天的讲座对于排除非法言词证据主要是

指非法口供的排查，除了介绍有关的法律和司法解释之外，对各种非法方法获得的口供进行了分类，并且对有关的排除要领进行了总结，具有非常实用的价值。从去年以来，在我办理案件的过程中，总共有6起案件申请了排除非法证据，其中黑社会性质犯罪（以下简称"涉黑"）的案件3起全部申请排非，受贿的案件有3起"排非"，涉黑案件的3起"排非"，两起案件的申请"排非"，以及最后的判决结果都超出了我和委托人的预想，这个结果比我们预想的还要乐观。那么这两起涉黑案件申请的"排非"过程中都召开了庭前会议，都是开了5次的庭前会议，其中有一个案件开庭了22天，有一个案件开庭了5天，之所以开庭的时间比较长，是因为进行了非法证据排除，最后的判决结果是，两起黑社会性质组织案件最后都没有确定，一起被告人从被一开始认定的组织领导黑社会性质组织罪等11个罪名，最后变更成非法侵入住宅罪和聚众扰乱交通秩序罪两个轻罪被判两年半，另外一起判决的结果就我所知，也是非常的乐观，目前正报最高人民法院。

在3起受贿案件的"排非"过程中，应该说不是那么乐观，有一起因我们主要对4万块钱有异议，当时"排非"的理由是担心有关的司法解释界限界定为50万元，而我们当事人被指控54万元，最后当300万元的司法解释出来之后就撤回了"排非"的申请，希望能够获得《刑法修正案（九）》所规定的特别从宽的情节来适用本案，下周一这个案件会进行第二次开庭，我相信判决结果会比较乐观。还有一起受贿案件现在已经提出申请了，目前正在谋求书面交易，我和法官，检察官说，如果检察院能够认可我的当事人具有自首的情节，属于本案的从犯，并且有一起行贿属于未遂，那么我就准备撤回"排非"的申请，双方目前正在进行拉锯战。还有一起非常著名，是一个所谓的女小偷偷出来的"清官案"，我申请了"排非"，目前已经开庭3次，在开庭的过程中，因为我们申请"排非"，审判长这样表示："因我们庭前，我们法官、检察官和辩护人一起观看了录像，其中包括我们申请调取的监视居住期间的录像，我们认为没有非法取证、没有逼供诱供的行为，因此你们的'排非'申请，我们决定不采纳，不启动'排非'。"我听到这个决定后当即申请整个合议庭回避，理由是除了认为他们程序不合法，审理过程中有不正当的行为之外，还认为同一合议庭已经审理了另案处理的被告人的妻子，实际上应该是共同犯罪，但是被做另案处理，他已经审理了被告人妻子的案件，因此现在审理本来应该作为共同犯罪人的丈夫的案件，我认为违法诉讼法的规定，那么法院在休庭之后一个月驳回了我的回避申请，目前这个案件也是上周刚刚举行第三次开庭。根据这 6 起案件的"排非"申请的结果，应该说案件在侦查阶段申请"排非"相对比较容易一些，而职务犯罪比较难，由于检察机关本身又是法律监督机关，因此申请"排非"非常困难，应该说两起涉黑案件的"排非"的结果我认为还是比较理想，并且通过在法庭上的辩论，真正实现了庭审实质化。我记得有一起涉黑案件，最后我发言是："希望审判长能够践行给我们辩护人的多次承诺，就能够公正处理本案，希望人民法院以判决来昭示，什么是以审判为中心而不是以侦查为中心。"

同行如果对这两起案件感兴趣，可以通过我的微信查找"决战在法庭"，这是一起涉黑重大敏感案件的辩护，开完庭之后，我写了 3 万字的法庭的记录，审判长怎么说，公诉人怎么说，辩护人怎么说，辩护人如何在法庭上就非法证据文集对出庭的警察进行询问，公诉人和审判长如何进行博弈……，最后非法证据排除，毫无疑问，"排非"是我们刑辩律师手中的一件利器。

鉴于时间关系，我最后说两个问题。一个是关于"排非"的法理基础。我认为"排非"的法理基础我们把它搞明白了，对我们律师进行辩护还是非常重要的。人类历史上的排除非法口供经历了 3 个阶段，早在 300 年前英美就有关于"排非"的法学理论的基础，当然首先开展的是英国。英美国家当时认为之所以非法的被告人口供应该排除是因为它们不真实，因此，排除，当时在这个程序刚刚进入英美司法程序当中的时候，是因为口供违反真实性原则而排除，后来发展到口供因为违反自愿性原则而排除。目前发展到英美法系排除非法口供是因为违反了程序而排除，也就是说纵观"排非"历史及法理基础，经历了违反真实性原则而排除，违反自愿性原则而排除，程序违法而排除，而我认为目前在中国还是停留在300年前的英美国家的阶段，也就是说我们之所以排除被告人的口供是因为不真实，而不是因为程序违法和违反自愿性原则而排除。

我们国家对于口供违法证据排除最早源于2010年最高人民法院、最高人民检察院、公安部、国家安全部、司法部《关于办理死刑案件审查判断证据若干问题的规定》和《关于办理刑事案件排除非法证据若干问题的规定》。根据张元龙律师刚才在讲座中所引用的2013年《最高人民法院关于建立健全防范刑事冤假错案工作机制的意见》，规定的关于刑讯逼供或者饿、冻、烤、晒等非法方法，收集到的被告人的供述应该排除。但是我认为在我们的实践当中，辩护人要想说服法官去排除非法证据，不仅要强调程序违法，更要强调取证行为违反了自愿性原则，从而被告人的口供不真实，我觉得从这个角度去更正它，更容易让法官接受，这是关于排非的法理基础。

第二个问题关于"排非"程序的标准和非法言辞证据的证明。"排非"程序启动的标准应该是很低的，只要我们辩护人提出排除非法证据的具体线索，法院就应该启动"排非"程序。2012年《刑事诉讼法》对于经过法庭审理确认或者不能排除，存在本法第54条规定的以非法方法收集证据情形的，对有关的证据应该排除，也就是说，不仅是确认了有非法的手段应当排除，如果不能完全排除存在非法取证的情形就应该排除，那么这样的话就证明的标准已经有所降低，同时我们都知道举证责任在控方，如果控方不能证明自己的取证手段合法，就应该作出不利于控方的一种判决。

我的发言结束了，谢谢大家！

▶**主持人　刘　敏**◀

非常感谢今晚我们的主讲张元龙律师和我们做点评的王亚林主任，那么今天晚上通过两位主任律师的精彩讲述和点评，以及他们自己经手的实际案例来分析剖析，我们对于非法证据的排除都有了一个比较深入地了解，那今天晚上讲座到此结束。谢谢各位，晚安！

主持人
李靖梅

北京康达（西安）律师事务所律师
西北政法大学毕业
华夏公司辩护联盟理事兼陕西省联盟秘书长
华夏公司辩护联盟 2016 年度金牌主持人

主持人：李靖梅
主讲人：龙元富
点评人：李永红

解读最高人民检察院、公安部《关于逮捕社会危险性条件若干问题的规定（试行）》及其律师实务

▶ **主持人　李靖梅** ◀

各位群友，晚上好。今晚给我们带来这场公益讲座的主讲人是龙元富律师，主讲的内容是"解读最高人民检察院、公安部《关于逮捕社会危险性条件若干问题的规定（试行）》及其律师实务"，点评的嘉宾是李永红教授，接下来请龙律师开始讲座。

主讲人
龙元富

"登润"疑难案件研究委员会副主任
广东外语外贸大学客座教授
广东科技学院客座教授

▶主讲人　龙元富◀

各位群友，大家晚上好！今晚我们一起探讨解读最高人民检察院、公安部《关于逮捕社会危险性条件若干问题的规定（试行）（以下简称《试行》）》及其律师实务。下面，我想从几个方面和大家交流。

一　逮捕之定义及其可能的法社会学意蕴

第一，逮捕的定义。

逮捕，是指人民检察院或者人民法院为了防止犯罪嫌疑人或被告人妨碍刑事诉讼的顺利进行，防止其继续危害社会，对有证据证明有犯罪事实，可能判处徒刑以上刑罚，采取取保候审、监视居住等强制措施尚不足以防止发生社会危险性，而有逮捕必要时，依法批准或决定暂时限制其人身自由，依法予以羁押，并由公安机关统一执行的一种刑事诉讼强制措施。

第二，逮捕的可能的法社会学意蕴。

逮捕可能意味着"此恨绵绵无绝期"——逮捕可能很容易就阴差阳错地成为"无限期羁押"的逻辑起点与历史起点。

逮捕意味着"打死不认错"的文化心理可能导致"错案更难纠错"——"将错就错"将在所难免——犯罪嫌疑人即便依法应该被判决无罪，却难逃"在劫难逃"地被强行违法定罪量刑的厄运、噩梦。一旦，"逮捕错误"至少意味着：首先要国家赔偿；其次，要"错案追究"；再次，心理学意义上的"又输一城"——作为国家机关"脸上无光""心理上难以承受，情理上更加难以接受"。

逮捕的本来价值目标是：保障刑事诉讼的顺利进行和防止犯罪嫌疑人继续危害社会，可是实际上，有些时候，逮捕与否成了有关部门有关负责人"权力寻租"的工具，与其本义南辕北辙，完全不搭的。

二　过往逮捕工作的初步检讨

我国的刑事司法实践将法律明文规定的逮捕三要件——有证据证明有犯罪事实；可能判处徒刑以上刑罚；有逮捕必要。而且，在学理上，逮捕条件之所以被总结为证据条件、罪责条件和逮捕必要性条件，是因为三者是一个有机联系的整体，证据条件、罪责条件是前提，逮捕必要性条件是关键，是对前两个条件的制约。

从现行《刑事诉讼法》第79条的规定可以发现，逮捕必要性条件分为两个层次，首先是犯罪嫌疑人具有社会危险性，其次是采取取保候审、监视居住等方法不足以防止发生这种社会危险性。二者之间是一种层进关系，即在满足第一个层次的条件后，还需要满足第二个层次的条件。因此，判断逮捕必要性的关键因素是社会危险性，而具有社会危险性应当包括犯罪嫌疑人具有妨碍刑事诉讼顺利进行的危险和继续危害社会的可能。司法实践过程中有时却被极端不当地"简化"为"构罪即捕"——只要有证据证明有犯罪事实即必捕——确实是"捕你没商量"；而且正是因为"构罪即捕"的观念根深蒂固，所以，"构罪即捕"这一严重违法做法，迄今而未止。

实际上，1996 年《刑事诉讼法》已经明文规定，逮捕的适用原则是"慎用、少用逮捕"——大体上可以认为是学理上的"比例原则"（实际上，1979 年《刑事诉讼法》已经可以察觉"慎用、少用逮捕"强制措施适用之比例原则的端倪），因为逮捕是最为严厉的强制措施，经常性地使用意味着可能"以法律的名义"公然侵犯公民的基本权利——人身自由权。可是，为什么立法之明文规定总是无法落实成为犯罪嫌疑人的实际权利呢？

概括地说，主要有以下几个方面的缘由。

第一，没有明确的捕前的逮捕必要性评判与制约机制。

第二，没有明确的捕后的逮捕必要性监督与制约机制及其救济机制。

第三，检察机关内部的考核考评指标体系及其考评机制存在某些问题。检察机关内部的考核考评指标体系及其机制的基本内核是：犯罪嫌疑人被判决有罪即视为逮捕完全正确、没有任何问题；被判无罪，则视同逮捕错误。因此，应将"逮捕必要性"之考察、考核、考评逐出检察机关内部的考核考评指标体系及其机制视野之外。

第四，最根本的原因还是没有一个细化的切实行之有效的评估、评价标准体系——尤其是证据标准、证据标准体系付之阙如，必将导致逮捕必要性审查的主观随意性。

"社会危险性"的定义以及三个相关概念的辨正和识别

1. 社会危险性与社会危害性

通说认为，社会危害性是犯罪的本质特征，是刑法对犯罪行为作出的否定性评价，它不仅表明犯罪系危害社会的行为属性是一定质和量的统一，而且是主观危险性和客观危害性的统一，属于实体法的概念范畴。社会危害性是对一个既有行为的评价，当行为人的犯罪行为完成，危害结果发生，其行为的社会危害性就已经确定。而社会危险性不具有危害后果的现实性特征，是一种潜在的可能性，属于程序法概念范畴。因此，每一个犯罪行为均具有社会危害性，但是，并非每一个犯罪行为均具有社会危险性。"够罪即捕"的荒谬主要就在这。

2. 社会危险性与人身危险性

人身危险性是指基于犯罪嫌疑人人身因素可能给社会带来的危险，是犯罪人和潜在犯罪人的人身特征，亦属于未然犯的范畴。但与社会危险性的内容相比较，人身危险性强调的是行为人犯罪的可能性，而在社会危险性中，其更为关注的是妨害刑事诉讼的正常进行以及继续危害社会，而不仅仅是再犯罪的问题。因此，社会危险性的内容更为丰富。

通过如上分析，本人认为，社会危险性的定义可以表述为，在刑事诉讼中，犯罪嫌疑人妨碍刑事诉讼或给社会带来新的危害之可能性，而这种可能性是在已有表征的基础上客观判断的结果，是对犯罪嫌疑人主客观情况的全方位综合评价。具体而言，社会危险性是存在于刑事诉讼过程中的，对包括犯罪嫌疑人日常生活中的表现、家庭情况、社会关系以及犯罪嫌疑人的犯罪原因、犯罪目的、犯罪手段，甚至还包括犯罪嫌疑人在犯罪后的态度，即有无悔过表现、自首、立功等方面情况的全方位综合评价。

我国从 1979 年《刑事诉讼法》开始就有明文规定社会危险性这一概念，虽然经过 1996 年《刑事诉讼法》的修改，以及 2012 年《刑事诉讼法》再次修改，均规定地较为模糊，缺乏一个明确的判断标准，可操作性不强，这就使得我们在之前的批准逮捕工作中，一直都明显地倾向于批捕率，从学理上而论，可能因为混淆了社会危险性与社会危害性两个基本概念，导致整个逮捕制度基本上被理解为"构罪即捕"的错误思想观念与司法怪象。

四　《试行》是构建社会危险性证明和评价制度的一次重要尝试

（一）《试行》的亮点与焦点

试图设计一个综合评估犯罪嫌疑人社会危险性所需的相关证据标准体系，及其可操作性评估、评价体系。主要体现在《试行》第 5 条关于犯罪嫌疑人"可能实施新的犯罪"的细化标准；第 6 条关于犯罪嫌疑人"有危害国家安全、公共安全或者社会秩序的现实危险"的细化标准；第 7 条关于犯罪嫌疑人"可能毁灭、伪造证据，干扰证人作证或者串供"的细化标准；第 8 条关于犯罪嫌疑人"可能对被害人、举报人、控告人实施打击报复"的细化标准；第 9 条关于犯罪嫌疑人"企图自杀或者逃跑"的细化标准。所有这"五大标准"共同构成一个相对完整的社会危险性证明和评估、评价标准体系，也可以说一个初具规模的社会危险性证明和评价制度框架。

总而言之，本人认为《试行》是在努力构建一个关于逮捕社会危险性条件之考察、考核、评估、评价的科学、合理而且切实可行的，即具备足够的可操作性的综合评价体系。《试行》的宗旨是，关于逮捕社会危险性条件之考察、考核、评估、评价应从犯罪嫌疑人、被告人平时表现、犯中表现、犯后表现三个方面（将历时性考察与平时性考察相结合，即将静态考察与动态考察相结合）出发来制定出一个明确、统一的评估、判断社会危险性的标准体系。

（二）《试行》特别注意事项

《试行》第3条之中的这句话意蕴非常丰富而值得异常关注，这句话是"对于证明犯罪事实的证据能够证明犯罪嫌疑人具有社会危险性的，应当在提请批准逮捕书中专门予以说明。这意味着，某些案件依然可以不另外提供专门用于综合评估犯罪嫌疑人社会危险性所需的相关证据，即原本只是用以证明有犯罪事实和可能判处徒刑以上刑罚之证据即足以证明犯罪嫌疑人确有必须具有的"逮捕社会危险性"。

这意味着有了这个规定之后，今后的"提请批准逮捕申请书"的主文必须包括两大模块，一个是足以证明有犯罪事实发生，而且该犯罪事实确系犯罪嫌疑人所实施，足以证明可能判处徒刑以上刑罚。即一个是足以证明有犯罪事实发生，而且该犯罪事实确系犯罪嫌疑人所实施，另一个是足以证明犯罪嫌疑人确有"逮捕社会危险性"意义上的"现实危险"，不逮捕不足以防止其发生。

这句话这个规定的第二层意思是，即便某些案件用以证明犯罪事实的证据本身即能够证明犯罪嫌疑人具有社会危险性的，也应当在提请批准逮捕书中专门予以说明，否则，这样的"提请批准逮捕申请书"就是不合格的。

正确解读《试行》第10条"人民检察院对于以无社会危险性不批准逮捕的，应当向公安机关说明理由，必要时可以向被害人说明理由"。我认为，这个规定不合理。按照现行《刑事诉讼法》的立法精神、价值取向，应该是逮捕需要充分、完整、系统地说明包括犯罪嫌疑人具有不逮捕不足以防止其继续危害社会和不逮捕不足以防止其可能妨害刑事诉讼的顺利进行的"逮捕社会危险性"在内的逮捕理由；反之，不逮捕无需详细说明理由。

我的分享到此结束。

▶**主持人　李靖梅**◀

非常感谢龙律师的分享，下面有请李永红教授点评。

点评人
李永红

浙江工业大学法学院副院长
浙江工业大学律师学院执行院长、刑辩分院院长
浙江靖霖律师事务所律师

 点评人　李永红 ◀

很高兴，在这个湿冷的冬夜，能够听到龙律师激情澎湃、铿锵有力的演讲。

一　关于逮捕的条件问题

逮捕分 3 种，分别规定在《刑事诉讼法》第 79 条 1、2、3 款。该规定旨在解决第 1 款常规刑事案件逮捕条件中"社会危险性"的理解和把握问题。刚才龙律师说逮捕条件可操作性不强。其实，对于逮捕来说，可操作性不是不强，而是太强了。因为 3 个条件，其实只有第一个条件是真的，即有证据证明有犯罪事实。对于不捕来说，那真的是几乎不可操作。因为"社会危险性"本身只是一种可能性，一种不确定性，权力在谁手上，由谁说了算。本条规定，本着法治思维，旨在慎用逮捕措施，约束逮捕权力的行使，初衷当然是好的，也为辩护律师拓展了辩护空间。

二 关于批捕率、羁押率问题

逮捕和羁押率高低是一个比较复杂的问题。首先，与我国刑法入罪门槛高低和司法自由权大小有关。总体看，入罪门槛高而司法自由裁量权小，导致不捕的社会压力和心理压力大，即使有自由裁量权（可捕可不捕的不捕），检察院也不敢或不愿行使，这个未必与检察院内部考核有太大关系。

三 社会危险性的具体把握

《试行》不仅把《刑事诉讼法》第 79 条第 1 款的五项内容具体化了，而且还在程序上做了具体规定。比如，除了证明定罪要件事实的证据以外，还要求公安机关提请逮捕时必须有证明社会危险性的证据。如果犯罪事实本身可以说明社会危险性的存在，那也得由公安机关在提请逮捕书中说明。这些规定对刑辩律师的辩护职能很有帮助。在后续的刑事诉讼程序中，只要能证明公安机关在提请逮捕书中的说明不能成立，那么即使已经批捕，在提请检察院做羁押必要性审查时也多了一个理由。

四　逮捕程序中的律师辩护

《人民检察院刑事诉讼规则》明确规定，人民检察院审查逮捕，辩护人要求发表辩护意见的，人民检察院应当听取。但是，由于案件在移送审查起诉前律师不能阅卷，律师调查取证权立法上比较模糊，导致律师无法有效辩护。同时，律师不该无所作为。一是律师有权要求侦查人员介绍案件情况；二是律师可以会见在押人员或者与其通信；三是律师的调查取证权利也不是完全没有法律依据。

从《刑事诉讼法》第40条的规定可以反推律师有一定的取证权利，即嫌疑人不在现场、未达刑事责任年龄、是不负刑事责任的精神病人的证据，律师可以提取。更为重要的是，《试行》旨在约束逮捕权力，而危险性有无本身就是一种可能性，这为律师争取不批捕提供了不用直接证据而用推理分析提供辩护意见提供了可能性。上周，我就在批捕程序中成功辩护一件刑事案件。发表辩护意见被检察院采纳因而检察院作出不批捕决定。辩护意见的依据来自3个方面：一是与公安侦查人员的交流（律师有权向其了解案情），二是会见在押犯罪嫌疑人时听取的辩解，三是犯罪嫌疑人家属反映的情况。当然，总体来看，批捕程序中辩护空间仍然狭小。

我的点评就到这里，下面交回给主持人。

▶主持人　李靖梅◀

各位亲爱的群友，今晚的讲座就到此结束了，谢谢龙律师、李教授百忙之中给大家分享课题内容！今晚的讲座圆满结束，请大家期待下期讲座。

主讲人
丁一元

北京盈科（广州）律师事务所刑事部主任
广东省刑法学研究会常务理事
华南虎刑事辩护联盟理事长
盈科全国首届十佳辩护律师

凡是不以调查取证积极辩护为目的辩护，都是"耍流氓"

主持人：刘　敏　主讲人：丁一元　点评人：张元龙

▶**主持人　刘　敏**◀

各位群友大家晚上好，今晚为我们带来这场公益讲座的主持人是丁一元律师，下面请丁律师开始今天的讲座。

▶主讲人 丁一元◀

各位群友，大家晚上好。受张元龙主任的邀请，我们今晚一起来探讨刑事业务中积极辩护和调查取证的相关实务问题。为什么要讲这么个题目，并不是为了哗众取宠，而是正话反说而已。在我们的刑事辩护中，作为辩护人收取律师费不做调查取证，也不进行积极辩护，仅仅是就量刑发表一下意见走过场，那这和借恋爱为名欺骗对方的行为是一个道理。所以作为一个有志于真正从事刑事辩护的律师，应该避免消极的无效辩护。

下面，我想从几个方面和大家交流一下。

一 积极辩护和消极辩护的取舍问题

积极辩护就是律师要去发现和寻找有利的证据，用证据去否定有罪的指控，而消极辩护则是不调查取证，等着阅卷开庭，在法庭上挑挑公诉人的毛病，辩护观点也往往是"事实不清、证据不足"这种场面上的话。

刚刚我在微信群看到邓楚开教授的一篇文章："辩护人怎样在法庭上讲好自己的故事"，他把刑事辩护比喻成一场话剧，他这个比喻有一定的道理，但我认为不够全面。我认为刑事辩护好比一场足球比赛，法官有如绿茵场上的裁判，控辩双方好比两队队员，法律就是足球场上的比赛规则，双方都要遵守这么一个规则。在足球比赛中，虽然双方水平力量有差异，但弱队战胜强队的情况也时有出现，就像刑事辩护中，虽然辩方的力量不如控方，但只要我们积极进取而不是一味的防守，那我认为有些案件是可以攻破控方的证据体系，达到无罪或是改变定性的。这里我想举几个例子。2000年我办理一件梁某的非法持有毒品案，一审时法院判处被告人无期徒刑，并处罚金10万元，没收非法所得50万元。这个案件在一审时我做了改变定性的辩护，以窝藏毒品罪来辩护，但没被法院采纳。二审时我经过收集信息，调查证人，询问到一个新的线索，通过新的证人证实是有人在某天早上交了一份东西给被告人。我将调查笔录交给了广东省高院合议庭，并申请合议庭调查，最后二审法院认定了这份证据，成功地将非法持有毒品案件改为窝藏毒品案件，梁某由无期徒刑改判为有期徒刑10年，并将没收的现金与罚金退还。

一件案子侦查机关从立案开始便启动了国家公权力的程序，此时侦查机关依其强大的职权收集证据、整理材料，向检察机关起诉，最后由法官定罪，完成他们的指控目标。就像足球比赛一样，进攻一方在积极跑动、配合，而作为防守一方，即我们辩护方，如果不防守、不积极进攻，就不可能取胜。再举一例来说明。去年我在天河区法院办理了一起国家工作人员受贿案，被告人朱某被指控受贿两次，一笔10万元，另一笔34万元。我接受委托以后，发现他没有自首情节，因他一直否认指控，这类案件如果我不进行调查取证，结果就是大家预料的10年以上有期徒刑。我经过阅卷、会见，发现这个案件有两个问题：一是主体身份存疑，被告当时是在某公司任总经理，但是受聘的，且上级单位是非国有的，经过调查取证，认定主体身份是非国家工作人员。二是金额有误，其中一笔10万元的金额，被告否认为受贿款，而是借款，但检察机关认为行贿人与被告有业务往来，且笔录中承认是送给被告的，所以认定是行贿款。后来我冒着风险去调查控方证人，询问时对方承认此款是借款，我将此询问笔录作为证据移交法院，并申请证人出庭。但开庭时证人并未出庭，最后法官认为辩方和控方的两份证据是相互对立的，且证人未能到庭作证，按照疑罪从无的原则，认定这笔10万元的赂款不成立，判决结果只认定了一笔34万元的赂款，再加上为非国家工作人员受贿，判处被告人缓刑。从本案来看，如果不大胆地调查取证，被告的刑期不可能为缓刑。

很多辩护律师接手案件后也会做无罪或者改变定性的辩护，但没有有利的书证、物证，辩护是苍白无力的。为什么办案律师不愿意调查取证？一个情况是有的律师收费低，没有调查取证的积极性，另一种情况是找不到调查取证的方向，这就是经验的问题。但我认为辩护律师不调查更多的是怕有风险。

二 有效辩护和无效辩护的标准

按照一般的执业标准，有效辩护是指辩护人为被告人提供富有意义的法律帮助，假如律师无力为被告人提供任何法律帮助或是流于形式又或是缺乏实质价值的辩护就不能称为有效辩护。大体上有效辩护有以下几方面的要求：（1）具备刑事辩护的法律知识、技能和经验；（2）忠于当事人利益，为了委托人利益最大化而工作；（3）做好了充分的辩护准备工作，如会见，保证委托人的知情权；（4）在重要的决策问题上与委托人进行充分协商；（5）展开充分的调查，收集一切与定罪量刑有关且有利于被告人的证据，这一点至关重要，否则就是不作为。

目前我手上正在办理的制造毒品案。在清远会见犯罪嫌疑人，看见他被打得鼻青眼肿，我想是否应该拍照，作为将来排除非法证据。后来我担心会被行政处罚，就放弃这一念头，但我现在想来心里内疚，即使证据来源不合法，也是有效的。田文昌律师和陈瑞华教授也曾说过此观点，控方取证必须是合法的，且真实有效的，但是辩方取证即使证据来源有瑕疵、甚至不合法，只要证据是真实有效的，都应该被采纳。

律师没有做到有效辩护也并不一定构成无效辩护。无效辩护是指存在严重缺陷，以至于对于辩护效果带来不利影响 。美国是法治非常健全的国家，美国每年的无效辩护率大约为1%，凡是认定无效辩护的案件，美国法院均会发回重审，今后我国也会建立这种有效辩护制度。

刑辩律师的业务是个良心活，平常我们辩护很多是消极辩护，除了主观因素外也有很多客观的无奈之处。我们在刑事辩护中不能奢望由控方来主动查找错案真相，自动翻案，而要积极主动的进攻来获得刑事辩护的胜利。

三　通过自己办理的案件分享怎样调查取证和取证能达到的效果

　　首先，大家要在会见和阅卷过程中善于发现证据的线索。我曾办理一个故意伤害致死的案件。一审佛山中院判处被告无期徒刑，二审被告委托我，我通过会见发现一个情节，当时被告和工友在工厂斗殴后，用木棒把被害人打倒在地不知死活，但在他潜逃后，他朋友打电话给他说被害人在医院抢救，且公安机关也介入调查了，让他赶紧到医院送钱抢救，他听后立马赶到医院，被埋伏在医院的便衣抓获。我当时听后觉得被告的行为可以构成自首，于是就找到其朋友取证，后来省高院也采纳我的观点，改判被告有期徒刑 15 年。

　　其次，我们要促成新的量刑证据、创造新的量刑情节来进行积极辩护，例如创造立功、促成和解等。当然，我们在创造立功方面一定不能造假。在刑事和解方面是大有可为的，尤其在杀人和伤害案件中。

　　我们在此探讨的调查取证不能狭隘的理解为做调查笔录，申请专家证人出庭，向专家证人咨询，包括制作 3D 动漫等都属于调查取证的范畴。当然，调查取证之后不一定我们的证据就能被法院采纳。

　　最后，调查取证过程中如何防范风险。我国刑事辩护律师调查取证的风险远远高于其他国家，尽管如此，我觉得律师要尽到自己的辩护职责，还是要尽最大的努力进行调查取证，进行积极辩护。我认为只要做到两点就不必顾虑：（1）内容要真实；（2）调查形式要合法。我们在调查证据时，要两名以上的律师一起调查，最好有证人单位的人在场见证，还要做好录音录像，打印好笔录，证人写好承诺书，不要让家属在场接触证人，如果调查多个证人，最好分开进行，调查场所最好在办公室或者公共场所。

　　我的分享就到这。

　　▶**主持人　刘　敏**◀

非常感谢丁律师的分享，下面有请张元龙律师点评。

▶点评人　张元龙◀

我因上次参加了广州盈科刑辩论坛，在会议上认识了丁一元主任，并在他带领下参观了盈科广州所刑事部的建设情况。留给我印象最为深刻的是，盈科刑事部在丁一元主任的带领下建设地很好，特别是他们将近年来办理的一些成功经典辩例，进行了总结，汇编成册摆放在专门设立之展列柜上，在射灯照射下，非常吸引人目光。翻开案例，里面有详细记录案件情况、控方意见、辩方工作和辩护意见、最后裁决意见。概况部分分别以表格形式列出，通俗易懂，一目了然，很有信服力。这一点盈科刑事部做得相当好，值得我们大家共同学习。那么，今晚对于丁主任的讲座，本人谈三点看法。

一是，提到从有形辩护到有效辩护，这是目前我们刑事辩护领域提地比较多的词。但是如何才能做到从有形到有效呢？这是需要花费功夫和长期修炼的。长期来看，需要律师经历三至五年历练，有意识地和一些大牌律师接触，让他们带一带和看着他们是怎么办案的，以及自身在证据法内容、刑事诉讼法和刑事实体法内容上需要狠下功夫，有意识地钻研。由于，今晚讲的是狭义从调查取证着手问题，我认为要做到从有形到有效辩护，重在从证据着手。因为，刑事诉讼之主要工作就是认定案件事实，而核心又在于认定犯罪事实，犯罪事实就是由各罪的四个要件组成，而四个要件上犯罪主观方面和犯罪客观内容是核心之核心。那么，对于犯罪客观方面，犯罪行为和犯罪结果、行为与结果之因果关系等，都是由具体的证据来证明的，证据是诉讼之王道和诉讼之根基。不通过证据着手，辩护无疑是无米之炊，尤其是对案件事实作无罪辩的案件。

二是，证据的具体应用和收集上，又需要辩护人深度挖掘。证据的审查判断通常有如下三种表现形态：（1）将证据的不利面找出来。通过律师认真地阅卷（这里不展开讲述，另有该类型的课程）把证据中对自己不利的面找出来。这可能是复杂的工作，但是细节决定成败，将各组证据不利面找出，同时想办法将该各类证据不利面击破、拆散或折断，如何做要结合个案事实。

（2）将对自己有利面找出来。相应通过以上手法将证据的有利面找出，并且将有利面形成配套的证明体系和内容，这就是我们要辩护和主张之案件事实。

（3）当一宗案件不存在有利面，全是不利面怎么办呢？那我们辩护人为了案件辩护需要，就得发现案件中存在之疑点，通过调查取证、发现和收集新的证据或线索，从而出现新的有利面，即证明新的事实，就是前面丁一元主任所讲的案件事实辩护需要大胆的调查取证。

三是，在辩护技法上可以大胆的运用 3D 动漫辩护。由于，今晚的讲座主要是讲证据有利面取证问题，取好了证据，还需让人看得见，最有效的方法，就是将其无形的实务应用出来，将其证据的作用通过可视化进行放大，这样会受到应有的重视和应用。现在有一些北京的律师开始在尝试运用动漫图画来法庭上辩护了，这是很好的技法，这种辩护特别对于一些暴力犯罪、人身伤害类犯罪案件会让证据的功效和对事实的证明力，让法官看得见并且予以采信。

我的点评就到此结束了。今晚的讲座从实务出发，结合案例，通俗易懂，主题鲜明和经验丰富，以身说法又有惊无险，让大家收获满满。

审前辩护——从有限辩护到有效辩护

主持人：刘　敏　主讲人：余安平　点评人：朱国平　王常清

▶**主持人　刘　敏**◀

亲爱的各位群友，时间又来到今晚八点，很高兴为大家主持这次的讲座。今晚是中南刑辩论坛的第二十五期讲座了，今晚我们将分享广东卓凡律师事务所余安平律师为我们带来的"审前辩护——从有限辩护到有效辩护"的讲座。有效辩护，不应该仅仅是理念，而应该落实到我们律师做刑事辩护的每一个环节当中。

主讲人
余安平

广东卓凡（仲恺）律师事务所律师
惠州市律协刑事专业委员会委员
华夏公司辩护联盟秘书长

▶主讲人 余安平◀

各位群友大家好，我是一梭烟雨——余安平律师，今晚讲座的主题是，"审前辩护——从有限辩护到有效辩护"。许多人认为审判阶段，各种证据都确定下来，律师才能有效辩护，庭审前律师辩护空间较为有限，其实律师真正重要的辩护时间是在庭审前，而不是木已成舟的庭审阶段。

曾经有位检察官告诉我，他们欢迎律师在案件进入法院之前向他们提出法律意见。对于律师有理有据的观点，他们乐于接受，在律师意见基础上，决定是否起诉，如何起诉，一旦检察官的起诉意见，经领导批准变成检察院的意见，那么他们就会坚决维护检察院的意见，他们也会坚持到底，从办案机关特别是检察机关的立场来看，审前辩护是在帮助他们，也是他们最容易接受的辩护方式，进入法院审判阶段，他们软化立场承担的风险也急剧增加，简言之，说服检察官个人要比说服检察院要容易得多，我的讲座分成四个部分。

一 刑事拘留阶段有效辩护

刑事拘留阶段是律师辩护特别是无罪辩护的黄金时间。此时公安机关往往只做一二次讯问，证据还不完备，嫌疑人还不适应被羁押状态，很容易被诱供。律师接受委托后第一时间应该是去看守所会见，一方面是稳定嫌疑人的情绪，避免"言多必失"；另一方面则是"反向侦查"，取得嫌疑人的信任。只有嫌疑人情绪稳定，才愿意听辩护律师怎么讲；只有嫌疑人信任律师，他才会积极配合律师。

辩护律师在与嫌疑人交流过程中，需要"望闻问切"四诊法。"望"，就是看气色。嫌疑人、被告人是否萎靡不振，是否精神亢奋，是否有非法取证的迹象，需要辩护律师"一望而知"。察颜观色，对于可能无辜的嫌疑人、被告人至关重要，他们很容易流露出哀怨与恐惧。"闻"，就是听声息。嫌疑人、被告人言语中不经意间流露出自己对案情的看法以及对办案机关的态度，可以帮助律师发现更多的细节。他是做了什么担心被发现，还是没有做什么担心被冤枉，律师需要"学会倾听"，通过经验听出话外之意。"问"，就是询问案情。嫌疑人、被告人不知道哪些该讲哪些不该讲，律师不可能听任他们去按照自己的意思讲述，而应该列出询问提纲，向嫌疑人、被告人查明他们做了什么、办案机关问了什么、他们回答了什么，去还原事实。"切"，就是切中要害。辩护律师通过望、闻、问，基本清楚了案件是否有破绽、破绽在哪里，也就可以"切中要害"，初步辩护意见基本完成。律师会见本就是"反向侦查"过程，通过自己的专业能力让嫌疑人、被告人信任自己，一步步反向推导出办案机关掌握了哪些证据、缺乏哪些证据、哪些证据存在纰漏。如果说对办案机关的询问，嫌疑人、被告人存在抵触情绪，那么辩护律师的询问，嫌疑人、被告人很容易配合，毕竟辩护律师是提供帮助。律师如同医生，同样是"治病救人"，律师治的是"法律"病症，更需要医者父母心。

辩护律师的专业解读，是获得嫌疑人信任的关键。第一次会见，辩护律师不仅要建立起嫌疑人对自己的信任，而且要通过法律咨询的方式交代清楚嫌疑人该如何面对以后的讯问，还应该要求嫌疑人看清楚此后每一份文书并转述给辩护律师。

律师在侦查阶段不能阅卷，却可以通过询问犯罪嫌疑人了解其本人的口供与侦查机关的问话，甚至可以通过犯罪嫌疑人了解侦查机关取证程序是否合法。律师需要帮助犯罪嫌疑人去查看侦查机关要求其签名的各种书证手续是否完整，从而律师不能直接查阅的证据都可以借助犯罪嫌疑人来查阅。

我曾在深圳办理过一件刘某涉嫌逃税罪案件。我去深圳第二看守所会见嫌疑人，在交谈中发现他作为会计师不可能知晓老板有"两本账"，老板也没道理告诉一个"外人"他有两本账。我直接告诉他，如果你说的是事实，那么你就不构成逃税罪的共犯。后来我向侦查机关快递一份刘某不构成刑事犯罪的法律意见书，最后，拘留期满刘某也就获得释放。

二　批准逮捕后有效辩护

案件一旦批准逮捕，意味着办案机关已经有初步证据证明嫌疑人构成犯罪。此时辩护律师要明确告知嫌疑人本案可能构成犯罪或构成重大犯罪的要点，同时提起"羁押必要性审查"申请。嫌疑人或被告人涉嫌犯罪事实、主观恶性、悔罪表现、身体状况、案件进展情况、可能判处的刑罚和有无再危害社会的危险等因素，都会影响到检察机关是否决定不再羁押。

办案机关是从"构成犯罪"角度入手，一步步"证实"嫌疑人、被告人是否"有罪"。辩护律师则是从"不构成犯罪"或"构成轻罪"角度入手，一步步"推翻"或"存疑"嫌疑人、被告人是否"有罪"是否"轻罪"。律师没有见到卷宗，可以通过嫌疑人了解情况，可以向办案机关了解情况，不是"隔空猜物"，而是"按图索骥"。辩护律师出具的法律意见书与羁押必要性审查申请书需要注意办案机关证据是否充分，用法律规定说服办案机关。

我曾在惠州代理的邱某涉嫌贪污罪案件。我们发现反贪部门过于大意，以为嫌疑人认罪并退赃就已经"铁板钉钉"，高度依靠嫌疑人自己认罪，而忽视了继续调查取证强化证据证明效力。我们立即向办案机关提出嫌疑人可能不构成犯罪，"嫌疑人认罪不能减轻侦查机关举证责任"，建议不予羁押。后来检察院对几名同案犯作出取保候审决定。本案虽然没有争取到检察院不起诉，却争取到法院作出免予刑事处罚的判决。

三　审查起诉阶段有效辩护

案件移交检察院审查起诉，一方面说明案件严重，构成犯罪的可能性增大；另一方面也意味着律师可以直接面对侦查机关的证据材料，无需嫌疑人"中转"。律师与办案机关最好的交流方式是通过法律意见书，不过律师指出办案机关的证据漏洞也应该"有技巧"，坚持两个"凡是"。凡是可以退回补充侦查的证据漏洞，律师尽量不要去"提醒"，毕竟律师关注的是当事人利益；凡是退回补充侦查都无法补正的证据或者办案机关已经用尽了退回补充侦查权的，律师可以作为请求存疑不起诉的事由。作为辩护律师，我们没有义务帮助办案机关确定嫌疑人有罪。

我曾经办理过一件曾某涉嫌强奸罪案件。嫌疑人家属直到审查起诉阶段才找到律师，也就错过了侦查阶段阻止批准逮捕的"黄金三十七天"。我阅完卷后，向嫌疑人核实卷宗中存在的疑点，意识到目前的证据只能证明男女双方发生性关系，不能证明违背女方意愿发生性关系。我通过法律意见书向检察院提出 12条证据漏洞，并在与办案检察官约谈时提出，男女深夜去开房，不可能是"纯聊天"，女方作为成年人而且是单位小领导，应该清楚孤男寡女深夜开房是默许发生性关系。男女发生性关系，没有打斗的声音，没有搏斗的痕迹，衣裤完好无损，两人睡到第二天天亮，是女方的姐姐报警从被窝里抓获男方，这显然是普通的同居关系。公安机关的证据只能证明犯罪嫌疑人与受害人发生性关系而且是多次发生性关系，而不能证明犯罪嫌疑人有强迫受害人的行为。本案应该是同居男女发生口角的普通事件，不足以构成刑事案件。一方面本案存在诸多漏洞难以排除同居关系的合理怀疑，法律效果欠佳；另一方面本案定性为强奸犯罪，对同居男女双方的损害太大，社会效果也不好。检察院两次退回补充侦查后，不能证明嫌疑人曾某有强迫受害人喻某的行为，本案也就顺理成章以不起诉结案。

四　律师调查取证

律师调查取证贯穿整个律师辩护全过程，曾有律师半开玩笑半认真说"不去调查取证的刑事辩护都是耍流氓"。我对这句话有所保留，认为律师调查取证需要满足两个前提条件，即律师存在调查取证的必要性、律师存在调查取证的可能性。只要存在调查取证的必要且存在调查取证的可能，律师应该积极调查取证，发现当事人无罪、罪轻或者减轻、免除其刑事责任的材料和意见，律师需要积极介入调查取证，帮助办案机关查明事实。

律师调查取证需要确保自身安全，例如只向单位调查取证、向办案机关申请调查取证、与证人第一次见面是在办案机关或其他律师事务所甚至公证处。也有人认为，律师自行取证仅限于客观证据，例如书证，如果是主观证据，例如口供，就应该申请办案机关调查取证。律师要学会保护自己，公证处公证、律师见证、办案机关做笔录，这都是保护自己的有效方式，只有保护好自己才能帮助别人。

律师通过法律意见书与办案机关沟通，这不仅是一种工作交流更是一种知识探讨。律师在法律意见书中提出问题、分析问题、解决问题，即使这些观点不能完全被办案机关采纳，也会对他们有所影响。律师与办案机关之间不是敌对关系而是合作关系，共同致力于完整查明真相正确适用法律，这才是中国法治建设的进步。律师辩护最佳时机是在审前，律师审前辩护一方面"拦截"可能存在的无罪案件与非法证据，另一方面也是为审判辩护做好证据上与程序上的准备。一旦庭前辩护不能有效"拦截"，案件就会兵临城下进入艰难的庭上辩护阶段。

律师是司法的"谏官"，通过律师有理有据的直言进谏，使得办案机关"兼听则明"作出合理的裁决。律师对检察机关"狠一点儿"，检察机关就会对侦查机关"紧一点儿"，侦查机关办案也就"认真一点儿"，冤假错案也就"少一点儿"，中国法治也就进步一点儿。为了司法建设的整体进步，需要律师扮演"谏官"角色"犯颜进谏"，充当刑事司法"忠诚的反对派"。

好，今天的讲座就先到这里，感谢各位群友的倾听，也感谢几位律师同行以及朱国平检察官对我的点评。

▶**主持人　刘　敏**◀

今天，我们还有幸邀请到了广东省人民检察院朱国平检察官为我们今晚的讲座做点评，下面，让我们用热烈的掌声欢迎朱国平检察官点评！

点评人
朱国平

广东省人民检察院检察官
湘潭大学法学学士
解放军西安政治学院法学硕士
吉林大学法理学博士
广东省法学会刑法学研究会理事

▶点评人　朱国平◀

我刚刚认真听了一下余安平律师的讲座，非常有感触，主要有三点。

第一点，安平律师的有效辩护概念和他的方法策略我是非常赞同的，他的实务指导性和实用性非常强，而且事实上他也有非常扎实的理论基础，这个理论基础就是我们应该关注。

关注实际上表现为，控辩审三方面针对的只有一个案件事实，一个法律规则，一个裁判结果，所谓的有效辩护的本质就是消除控辩审三方在案件事实、法律法规和裁判结果上面的分歧，这是我们有效辩护的最扎实的理论基础。

第二点，有效辩护的概念问题提出来是有意义的，无论哪一类律师，都不想和无效辩护挂钩，就算是纯属咆哮公堂类的律师，他也想改变公检法的观点，只不过他的方法手段不适当而已。

第三点，就是有效辩护是可行的，是必要的，没有一个法官、检察官、公安人员，愿意为他人的案件去冒风险。只有极个别的公检法人员对律师的有效辩护意见，视而不见、充耳不闻的，道理很简单，律师的意见，没有说到明处。公检法人员办错案，那是能力水平问题，说到明处，公检法人员还是不干，那就是渎职和滥权，那是有责任的。所以我非常赞同安平律师关于审前辩护的观点，我觉得审判前辩护应该是将工作做到公安、检察院的决定之前。

我的点评就到此，谢谢主持人，谢谢安平律师、谢谢各位！

▶主持人 刘 敏◀

非常感谢朱国平检察官今晚给我们带来的观念分享。接下来让我们有请北京泽永律师事务所王常清律师给我们带来点评。

点评人
王常清

毕业于清华大学法学院
北京泽永律师事务所执行主任、律师
北京市律协职务犯罪预防与辩护专业委员会委员
华夏公司辩护联盟理事兼集资诈骗犯罪辩护课题组负责人

▶ **点评人　王常清** ◀

　　大家晚上好，我是北京泽永律师事务所的王常清律师，今天很高兴收到张元龙主任和余律师的邀请，作为余律师今晚讲课的点评嘉宾。

　　刚刚听到余律师的讲座，可以说是铿锵有力、妙语连珠，无论从表达上还是从内容上都是非常精彩的，特别是余律师总结的两个"凡是"理论对我启发很大，受益匪浅，朱国平检察官的点评也非常精彩。

　　余安平律师今天讲的是审前辩护，我就顺着余律师的思路结合我办理过的案件谈谈我的体会。关于审前辩护的重要性，我很赞同余律师的意见，我们知道最能展示律师才华的舞台是庭审。但是客观来说，基于目前这个司法现状想要为当事人争取到最大的利益、更大的机会是在审前，换句话说，一旦开庭，很多事情木已成舟，律师想要力挽狂澜，难度很大，不怕大家笑话，我最近就有一件不成功的辩护。

这是一起辽源的合同诈骗案件，我们当时是做无罪辩护。庭审上，公诉人除了宣读起诉书和证据清单以外，几乎是一言不发的，而公诉意见也被简单到了极致。从庭前的效果来看，辩方这个可以说是占尽优势，但结果是开庭后一周，判决书下来了，辩护人十几页的辩护词被总结了两行，辩护律师的所有实质性辩护意见在判决书上压根就没有，所以就更谈不上回应了，只是说不宜采信，最终判决有罪。这样的经历，相信所有的律师都遭遇过，确实是非常的无奈，所以说，越早接受委托，越早参与辩护，实现无罪辩护，或者有效辩护的机会就越好！

今天我重点说一下刑拘阶段的有效辩护。我们知道，我国无罪判决率极低，但是侦查机关对当事人刑拘以后最终没有逮捕撤销案件的比例其实是不低的，虽然我没看过相关的统计，但是通过我自己的一些切身体会来看，只要案件本身确实无罪，也没有复杂的背景，律师又能及时提供有效的帮助和辩护的话，大部分还是能够被扼杀在萌芽之中的。其实原因也很简单，这个单纯的刑拘，即使是犯罪嫌疑人被证明是无罪的，也不牵涉国家赔偿，所以说公正处理的阻力其实并不大。

在刑拘阶段如何给当事人提供有效辩护，我认为一是在会见时给当事人予以辅导，二是在侦查机关、检察机关提出律师意见，下面我逐一来讲一下。

在刑拘阶段会见时对当事人进行辅导，这是个敏感的话题，在我最初做律师的一二年中，侦查阶段律师会见，办案人员是在场的，而且是禁止当事人和律师谈案件，一说就会被打断，所以说，律师在这个阶段会见时，讲话一定要慎重，一定不要明示或者暗示当事人可以通过撒谎隐瞒来逃避法律的制裁，比如我认为绝对不能说这样的话，"这个案子没有什么其他证据，只要你不说，就定不到你"，这样的话我认为是不应该说的，无论是从律师执业风险防范角度还是执业操守的角度来说都是这样。但是，律师有义务来对抗侦查人员的违法办案，避免自己的当事人因为侦查人员使用违法手段取得歪曲的事实、不利于当事人的口供。

侦查人员的违法办案主要体现在刑讯逼供和威胁利诱。对刑讯逼供，我们一般按照当事人回忆的细节，如具体的时间、地点、侦查员的姓名，具体的刑讯逼供的情节，将其形成完整的会见笔录，由当事人签字。将笔录寄给公安机关领导和同级人民检察院，实践证明，这是一个行之有效的办法，比如我们在山东淄博办理的一起合同诈骗案件，由于有律师寄送的会见笔录，当事人最初的认罪笔录被全盘否定。

同时，对于刑讯逼供的案件，我们也告诉当事人，侦查人员如果再次刑讯逼供，你就应该严肃地告诉他们，我已经将你们刑讯逼供的事情，反映给我们律师了，律师马上会对你们进行控告，在这种情况下，侦查人员继续刑讯逼供的可能性很小。

相对于刑讯逼供，侦查人员使用威逼诱骗的手段会相对多一点，比如你不按我们的要求说，我们就抓你的孩子、老婆，或者告诉你孩子的学校，老婆的单位。再比如你就按照我们的意思说吧，这个案子不是针对你而是针对其他人，你说了马上就对你撤案等。这些手段如果会见时侦查人员还没有对当事人使用，律师可以告诉当事人算一种预防，同时也可以告诉当事人，侦查人员这些名为做思想政治工作，法律教育，实际是威逼利诱的说辞，很多都不是真的，也是违法的，你一定要实事求是，这不单单是对自己负责，也是对法律负责任。

向侦查机关递交律师意见，应该结合案情具体确定方案，正如余律师所说的律师在这个阶段虽然不能阅卷，但是可以通过当事人了解侦查机关掌握的案情和办案思路，根据这些律师可以适时地提供律师意见来影响侦查机关以维护当事人的合法权益。

我们在北京市海淀区办理的一起合同诈骗案件。当事人确实参与合同诈骗，但是并不是一号人物，而是二号，但是我们通过会见了解到的情况确是我们的当事人被列为一号，真正的一号人夏某却被举证成了证人，并没有对其立案侦查，因此我们就递交了意见书。认为这个案件中，夏某有重大的犯罪嫌疑，而且是本案的首要人物，应当对其进行立案侦查，同时与本案并案处理，否则就无法查清案情。公安机关采纳了律师意见，最后，我们的当事人被作为第二被告人来处理。所以说，刑拘阶段律师意见书不限于提出对当事人无罪的意见，而是应该结合案情提出有利于当事人的意见来影响侦查机关的办案思路。

另外，除了向侦查机关提交律师意见书，如果案件确实是无罪案件，或者虽然不是无罪，但犯罪情节轻微或者当事人有其他特殊情况的，律师还应当向检察院负责批捕的部门递交不予批捕意见书，具体内容还是应当结合案情来具体确定。

在前面讲的律师在刑拘阶段的一些辩护思路，最后我想向大家讲讲我们办理过的两个案件，这两个案件最终都被撤销了，希望能给大家一点启发。实事求是的说，我们在办理的刑事案件中，绝大多数是在审判阶段或者是在审查起诉阶段接受委托的，刑拘阶段就参与辩护的并不多。虽然办理的不多，但是成功撤销案件的比例却不低，所以说这个阶段确实是刑事辩护的黄金期，当然这些案件最终被撤销的首要原因还是这些案件确实是无可争议的无罪案件，这是一个大前提，其次才是律师做了应当做的工作。

第一个案件是一起故意杀人案，是北京市公安局昌平分局侦办的。这个案子发生在 10 年前，当事人是一位大排档老板，有一天，一伙人发生了争执，他因为和凶手认识，就象征性地推了被害人几下，没想到后来双方动真格了，动了刀子，那个时候他就马上躲到一旁，最后这个凶手将被害人给杀死了，出事以后由于害怕我们当事人马上跑回了老家，后来凶手落网，供述我们当事人参与了杀人，我们当事人就被通缉，在逃 10 年后被抓。

第一次会见的时候当事人就将案件的这个情况告诉我们律师，按照我们分析，凶手虽然说当事人参与了杀人，但是只有他一个人的口供，是证明不了事实的，而如果当事人所述的是真实的，即仅仅是推搡，并不能说是他参与了杀人，当事人和凶手也不可能有共同杀人的故意，因此我明确地告诉当事人，如果你所说的是真实的，那你并不构成故意杀人罪，此后我们向侦查机关递交了法律意见书，认为根据当事人会见时陈述的案情，当事人即使有推搡行为，也不能认定其参与了杀人，没过多久，这个被通缉 10 年的当事人被取保候审，最后也就被撤销案件了。

第二起案件是非法拘禁案，由北京市朝阳公安分局侦办。简单来说就是当事人要账，派两名手下跟着被害人，后来一起到了一名手下的房间里休息，当时并没有采取任何防止被害人离开的手段，连门也没锁，更没有殴打，结果夜里被害人跳楼自杀了。我们会见当事人以后，判断这是单纯地跟随而没有采取其他手段，不能认为限制了被害人的人身自由。被害人虽然自杀，但是不排除是因为其他原因，其实构不成非法拘禁。第一次会见后，我们马上书写律师意见书，递交给侦查机关。很快，当事人和两名手下也被放了出来，这个案件最终也被撤销，这两个案件都是贵在及时会见了解案情，发现无罪或者明显无罪案件以后马上提出律师意见，最终影响了侦查机关的判断，取得了满意的效果。

以上就是我今天点评的内容，谢谢大家。

▶**主持人　刘　敏**◀

谢谢王律师为我们的分享！今晚的讲座到此结束，谢谢大学的倾听我们下期再会。

无罪与罪轻的辩护策略选择

主持人：李靖梅　主讲人：邓楚开　点评人：毛立新　胡瑞江

▶主持人　李靖梅◀

　　群里的各位朋友，大家好。这里是中南刑辩论坛第二十一期公益讲座时间，我是今晚的主持人李靖梅律师，欢迎各位同仁在百忙之中，相聚在微信群分享本期讲座！

　　我们今晚的主讲老师浙江厚启律师事务所副主任、邓楚开博士。点评嘉宾分别为毛立新博士和浙江厚启律师事务所胡瑞江主任。今晚讲座的主题是"无罪与罪轻的辩护策略选择"，那么下面我们欢迎邓博士为我们开讲！

主讲人
邓楚开

行政法博士，刑法学博士后
浙江厚启律师事务所执行主任
华夏公司辩护联盟副会长兼传销犯罪辩护课题组负责人

 主讲人　邓楚开 ◀

一 选择辩护策略需处理好的三对关系

辩护策略的选择直接关系到案件的结果，关系到被告人的利益，甚至关系到被告人的生命，这些是每位辩护人接受一个案件后都必须深入思考的重大问题。

刑事辩护应以当事人利益最大化为原则，这是每位辩护律师都知道并经常挂在嘴边的一句话。但如何做到在刑事辩护策略的选择上最大限度地维护当事人的利益，则是一个非常复杂的问题。辩护人在确定辩护策略时，如何处理好推动法治进步与尊重当事人意愿、提高律师的社会影响与保障当事人的法律利益、辩护人提出方案与当事人作出决策三对关系，这是检验一位律师是否贯彻当事人利益最大化原则的试金石，是衡量一位律师职业道德水准的标尺。

1. 推动法治进步与尊重当事人意愿

包括律师在内的每个法律人都有一个共同的梦，一个早日实现法治的梦。在这个梦想的指引下，"以个案推动法治进步"成为当下法律人一个时髦的主张。

法治从形式侧面而言，指的是规则之治，要求已制定的法律得到严格的贯彻执行。法律的贯彻落实，必须体现在一个个具体个案的依法处断上。从这个意义上讲，以个案推动法治进步，是一种务实理性的态度，应予充分肯定。

这种声音在一些具体个案尤其是"名案"的办理过程中，时有耳闻。记得在律师界普遍关注的"浦志强案"中，面对浦志强认罪的态度，有律师表达了极大的不满甚至愤慨，认为浦志强案原本就是个无罪的案件，作为"人权律师"的标杆人物，浦志强不应当认罪，而应当抗争到底，以个案推动中国法治的进步。

这里就涉及一个问题，在推动法治进步与尊重当事人意愿之间，应如何选择，二者孰先孰后？

首先理解怎样才算是以个案推动法治进步，是否在个案办理过程中制造舆论旋涡，让当局难堪就推进了法治进步？是否当事人向当局让步，就意味着法治被破坏？

如前所述，法治是规则之治，规则背后是社会主体的利益。在刑事诉讼中，当事人是自己利益最大化的判断者，有认罪或者不认罪的权利，当事人为了自身利益最大化，有着法律所保护的认罪自由。而辩护人的法定职责，就是根据事实和法律，提出证明犯罪嫌疑人、被告人无罪、罪轻或者减轻、免除其刑事责任的材料和意见，维护犯罪嫌疑人、被告人的合法权益。

当辩护人为了所谓"法治进步"看似崇高的理想，而要求当事人放弃自己的选择，以不认罪来对抗公权力时，实质上是对当事人实施非法的精神强制，这种做法不仅会牺牲当事人利益，违背律师的职业道德，其本身就是对法律的破坏与背叛。

在刑事辩护过程中，律师应当充分尊重当事人的意愿，不应试图代替甚至强制当事人作出某种选择。当律师尊重当事人的意愿，最大化地维护当事人利益，其本身就是一种成功，就是一种社会进步。

律师要求当事人在个案中为了"法治的进步"而违心地抗争到底，如果是真诚地希望通过这种方式推动法治，律师背后的这种国家主义思维，很让人担忧。因为法治的内核是人权，人权天然地抗拒以集体之名侵入其领地，以一种反法治、反人权的方式来追求法治，无异于缘木求鱼。

2.提高律师的社会影响与保障当事人的法律利益

与推动法治进步和尊重当事人意愿这对关系密切关联的是律师的社会影响与当事人的法律利益之间的关系。

不想成为将军的士兵不是好士兵，同样，不想成为知名大律师的律师也不是好律师。现今我国知名大律师的外在衡量标准至少有两个：一是具有广泛的社会影响力，二是案源广、收费高。而知名大律师的丰富案源与高昂收费，也主要来源于其社会影响力。

要想成为一个知名大律师，首先要提高社会知名度与影响力，这已是律界的一个共识。如何提高自身的知名度与影响力，我想这是每个律师都思考过或者正在思考的问题。

提升律师社会影响力的方法多种多样，利用专业能力高质量地办好所接的每个案件逐步树立口碑，笔耕不辍提高在专业领域的知名度，这是最传统的方法，但也是付出多、见效慢的方法。

于是有人发明了一种迅速出名的捷径，接受案件后，利用网络想方设法把案件炒热，披露案件中公检法机关的各种"黑幕"，把自己描绘成一个为了公平与正义、为了国家的法治事业与黑暗的公权力斗争的勇士形象，以吸引媒体与观众的眼球。从这些年进入我们眼球的、被炒得火爆的各种名案来看，由于律师的炒作与操作失误，有原本可以判缓刑、免刑的案件被判了实刑，有原本可以从轻判的案件被从重判，有原本可能不判死刑立即执行的案件被判了死刑立即执行。

这些案件里，有律师试图通过对案件的炒作来提升自己的知名度，从而提高自己的身价，其结果却损害了当事人利益，也损害了律师自身的形象，甚至损害了律师职业的整体形象。这样的做法，我一直认为有违律师的职业操守，背离了法律服务中当事人利益最大化的原则，是律师在辩护策略选择时应当避免的。

随着自媒体的发达，法律服务的提供者与消费者之间的信息越来越对称，当事人对律师行业及其法律服务也越来越了解，以后真正有社会影响力的律师，必定是那种一心一意利用专业技能为当事人利益最大化服务的律师，而绝不是不惜牺牲当事人利益也要为自己进行炒作的律师，提高律师影响力与保障当事人法律利益之间会越来越一致。

3. 辩护人提出方案与当事人作出决策

前些年，很多律师认为，律师可以独立于当事人进行独立辩护。当事人认罪，律师认为无罪的，可以独立做无罪辩护；当事人不认罪，律师认为构罪的，律师可以独立做有罪辩护。

如今这个错误观念已基本得到纠正，大家认识到，律师的辩护权来源于当事人的委托，律师的辩护权隶属于当事人的辩护权。律师辩护的独立性，相对于当事人而言，仅指辩护人不能完全当事人化，可以拒绝当事人不合法的要求。

既然律师的辩护权从属于当事人的辩护权，那就意味着在辩护策略的制定上，律师的作用只是提出方案，策略选择的决策权在当事人。在对律师辩护权形成这种新的认识的同时，现在似乎又出现了另外一个极端现象，有些案件从专业的角度看，由于存在明显的策略选择错误，导致出现了不应该出现的不利于当事人的诉讼结果。对于这种结果，有的律师就辩解说，律师只是当事人从事刑事诉讼的参谋助手，是当事人自己选择要采用这样的辩护策略，出现不利后果的责任不在律师，而在于当事人。

这就是辩护人提出方案与当事人作出决策之间的关系问题。对此二者间的关系，应当怎么看？

我们先要问，当事人为什么要请律师，为什么要聘请辩护人为其辩护？道理非常清楚，非常明白，对于当事人而言，律师是专业人士，刑辩律师是刑事辩护方面的专家，因此遇到刑案时要聘请律师作为辩护人，这就相当于病人生病了要看医生一个道理。

在律师与当事人，医生与患者之间，存在着明显的关于法律与医学知识和经验的不对称，虽然从理论上讲当事人与患者有决策权，但其决策权是建立在律师与医生专业的分析意见基础之上的选择。没有专业的分析就没有选择，更没有最利于当事人与患者的方案选择。

现实中，极少有当事人与患者，会明确拒绝律师、医生提出来的认为最有利于当事人、患者的辩护策略与治疗方案，因为在当事人、患者面前，律师与医生是专业人士，在法律与医疗方面具有明显的知识与经验优势，当事人与患者选择一个律师或者医生时，在专业方面就对其产生明显的依赖与信赖。

当事人与患者信赖律师与医生时，律师与医生是否能够提出最有利于当事人与患者的辩护与医疗方案和策略，取决于其经验、知识与职业操守。一个高水平的律师与医生，其高明之处恰恰就在于能提出在现实条件约束下最有利于当事人与患者的辩护与医疗方案供其选择。

对于一次失败的辩护，一次失败的无罪辩护，律师不应当将责任推给当事人，而应当深刻反思，是不是自己的知识经验不足导致策略错误，甚至是不是自己在案件办理中私心作祟致使最终选择了不利于当事人的辩护策略。

辩护策略的选择，直接关系到案件的结果，关系到被告人的利益，甚至关系到被告人的生命，每个辩护人接手一个案件后都需要认真思考如何确定辩护策略，以实现当事人利益的最大化。

 辩护人在无罪与轻罪间如何选择辩护策略

辩护人在刑事诉讼过程中经常要面临各种选择，其中争议较大的一个选择问题就是：当辩护人认为被告人的行为不构成公诉人指控的罪名，却构成其他轻罪的时候，辩护人应当选择做无罪辩护还是轻罪辩护？

在一些资深律师中，存在一种非常明确的态度：当起诉书指控了某一重罪的时候，如果辩护人认为被告人的行为不构成该罪，即使发现构成其他轻罪，也只能做无罪辩护，而不应做轻罪辩护，因为起诉书并没有指控该罪名，作为维护被告人利益的辩护人不能行使指控犯罪的职能，不能在辩护中指出被告人的行为构成未遭指控的其他轻罪。

毫无疑问，辩护人的天职就是为被告人的利益而辩，不能充当追诉者角色。作为维护被告人利益的辩护人，面对一个不构成起诉书指控的罪名却构成另外较轻的犯罪时，是否真的只能作无罪辩护而不能做轻罪辩护？

司法实践中，被告人被控重罪而辩护人认为只构成轻罪的案件里面，绝大多数情况下，重罪与轻罪之间存在包含关系。

起诉书指控故意杀人，辩护人认为不能推定被告人主观上具有杀人的故意，其行为不构成故意杀人而只构成故意伤害（致人死亡）；

起诉书指控故意伤害（致人死亡），辩护人认为被告人主观上没有伤害的故意只有过失，其行为不构成故意伤害而只构成过失致人死亡；

起诉书指控绑架，辩护人认为被告人没有非法占有目的，其拘禁被害人是为了实现债权，其行为不构成绑架而只构成非法拘禁；

起诉书指控强奸（未遂），辩护人认为被告人主观上没有强行与被害人发生性行为的故意而只有猥亵的故意，其行为不构成强奸而只构成猥亵；

起诉书指控抢劫，辩护人认为被告人只对被害人紧密占有的财物实施了控制而未对被害人的身体实施暴力，其行为不构成抢劫而只构成抢夺；

起诉书指控贷款诈骗，辩护人认为被告人主观上有归还贷款的意愿、客观上有积极筹备归还贷款的表现，其行为不构成贷款诈骗而只构成骗取贷款；

起诉书指控集资诈骗，辩护人认为无法推定被告人主观上具有非法占有目的，其行为不构成集资诈骗而只构成非法吸收公众存款；

起诉书指控贩卖毒品，辩护人认为无法认定被告人存在的贩卖毒品的行为与意图，其行为只构成非法持有毒品罪；

起诉书指控贪污，辩护人认为被告人不具有国家工作人员身份，其行为不构成贪污而只构成职务侵占；

起诉书指控受贿，辩护人认为被告人不具有国家工作人员身份，其行为不构成受贿而只构成非国家工作人员受贿。

在这些重罪与轻罪之间存在包含关系的案件里，如果辩护人以起诉书所指控的犯罪不成立为由，坚决地做无罪辩护，不仅非常不合适，而且将严重损害被告人利益。

首先，这类案件中重罪与轻罪之间的关系如此的明显，只要不构成重罪就构成轻罪，任何法律人不用动脑子就都能看得出来，这种无罪辩护的意义何在？

其次，既然被告人的行为即使构不上重罪，也明显构成轻罪，辩护人却义正词严地做无罪辩护，难道是在法庭上开玩笑，法律职业行为应有的严肃性何在？

再次，这些重罪与轻罪之间的关系如此的紧密，以致辩护人在法庭上讲被告人的行为不构成重罪时，很显然就是在讲该行为构成轻罪，若此时辩护人仍在法庭上声称被告人无罪，这是在欺骗自己吗？

最后，也是最重要的，对于一个明显构成犯罪的案件，律师做无罪辩护，如果被告人也与辩护人思路一致，以其行为不构成起诉书所指控的犯罪为由在法庭上理直气壮地不认罪。想想会是什么后果吧！法官会毫不犹豫地从重处罚！这样的辩护思路与策略，到底是在帮被告人还是在害被告人！

相反，在分析利弊得失且征得被告人同意的前提下，辩护人对这类案件做罪轻辩护，被告人在法庭认罪、悔罪，会是更好的辩护策略选择。

第一，辩护人能在法庭上自然而底气十足地辩护，取得良好的辩护效果。

第二，辩护人与被告人不否认犯罪的态度，被告人认罪悔罪的表现，会让被告人在轻罪的基础上获得从轻处罚。

第三，完全符合辩护人的法律定位，辩护人的责任是根据事实和法律，提出证明犯罪嫌疑人、被告人无罪、罪轻或者减轻、免除其刑事责任的材料和意见，维护犯罪嫌疑人、被告人的合法权益。在这类案件中，辩护人通过有效的轻罪辩护，让被告人在罪轻的基础上获得从轻处罚，恰恰是完美地履行了自己的职责，最大限度地维护了被告人的利益，而不是相反。

辩护人就这类案件做轻罪辩护时，由于控辩双方对于被告人的行为构成轻罪并无异议，只是对轻罪的超出部分是否成立，从而是否构成重罪有不同认识。因而在法庭上，辩护人的重点是论证构成重罪的关键部分不成立，证明被告人的行为不构成重罪，并在结论部分点出不构成重罪只构成轻罪，而不需要也不应该特别去论证自己当事人的行为构成轻罪。因为论证被告人的行为不构成重罪只构成轻罪，符合辩护人的职责，而特意去论证被告人的行为构成轻罪，则在观感上与辩护人角色相悖。

因此，在多数情况下，当辩护人认为被告人的行为不构成公诉人指控的重罪却构成其他轻罪的时候，应当选择做轻罪辩护。只有当轻罪与重罪之间没有明显的包含关系，如果不是特别注意就不会发现该轻罪时，辩护人才能选择做无罪辩护。

例如，一个受贿案件，官员放贷收取高额利息，认定为受贿。我们认为不构成犯罪。但是，发现其放贷的部分资金来源于银行信用贷款，涉及高利转贷。对于这个高利转贷罪，我们做无罪辩护的同时就坚决不提高利转贷一事。不然，就是在行使控诉职能了。

三　律师对于认为无罪的案件应如何选择辩护策略

我相信，不少辩护律师都有过这样的经历。

案件移送审查起诉后，经过认真的阅卷、调查取证及对案件的深入研究分析，认定是一个无罪案件，便马不停蹄地撰写被告人无罪，请检察机关作出不起诉决定的辩护意见，并积极与公诉人进行沟通，最后，不起诉意见未被采纳，检察机关将案件起诉至法院。辩护人在开庭前又向法官提交一份无罪的辩护意见，希望法官能采纳并建议检察院撤回起诉，法官仍未采纳无罪的意见，随后告知律师开庭时间。

此时，律师就面临一个选择，甚至是困惑，对于这种认为无罪的案件在法庭上到底应当采用什么辩护策略？

就此，不少资深律师采用的是一种彻底的无罪辩护，认为虽然这种案件被判无罪的可能性不是很大，但可以通过无罪辩护的方式获得轻判，更重要的是，如果在法庭上一方面就定性问题做无罪辩护，另一方面又提出从轻处罚的量刑辩护意见，显得逻辑混乱，有自己打自己耳光之嫌。

有一个严峻的现实，在我国刑事司法中，无罪判决率非常之低。根据2014年最高人民法院工作报告，2013年全国各级法院共审结一审刑事案件95.4万件，判处罪犯115.8万人，全年依法宣告825名被告人无罪，无罪率为0.07%；根据2015年最高人民法院工作报告，各级法院审结一审刑事案102.3万件，判处罪犯118.4万人，各级法院对518名公诉案件被告人和260名自诉案件被告人依法宣告无罪，无罪率为0.07%；根据2016年最高人民法院工作报告，2015年各级法院审结一审刑事案件109.9万件，判处罪犯123.2万人，对667名公诉案件被告人和372名自诉案件被告人依法宣告无罪，无罪判决率为0.08%。也就是说，近3年我国刑事审判中的无罪判决率都未到千分之一。

在无罪判决如此之低的情境下，如果辩护人在法庭上做彻底的无罪辩护，虽然能够逻辑圆满，畅快淋漓，但也存在一些问题，并且是对被告人不利的问题。一是无法向法官充分讲明被告人从宽处罚的各种事由，在最后判决被告人有罪的情况下（我们前面已经分析过，这种可能性是99.9%以上），不利于对被告人从轻量刑；二是如果被告人在法庭上也与辩护人保持一致，坚定地不认罪，会给法官一个态度不好的印象，被告人极有可能因此被从重处罚；三是在一些被告人审前被取保候审的案件里，法官很可能因此对不认罪的被告人决定逮捕，重新收押。出于良好初衷的彻底无罪辩护，很可能不但不能使被告人利益最大化，而且可能使被告人陷入非常不利的境地，使被告人承受更严重的后果，这与辩护人的使命背道而驰。

为摆脱在认为无罪的案件中坚持彻底无罪辩护陷入的困境，刑事辩护实践中流行一种折中的办法，在法庭上一方面坚持做无罪辩护，另一方面在发表完无罪意见后指出："即使认定被告人的行为构成犯罪，被告人也有如下法定与酌定从宽处理的事由……"，这就是我们常说的"骑墙式辩护"。

骑墙式辩护在一些具体案件中确实发挥了相当的作用，但也面临着彻底无罪辩护坚持者所言的不可避免的内在矛盾，甚至会在法庭使辩护人陷入尴尬。首先，从内在逻辑看，既然确信被告人无罪并已在法庭上做了无罪辩护，又何来自首、立功、坦白、初犯、偶犯之说？其次，由于骑墙式辩护存在上述内在矛盾，辩护人在法庭上有时会面临进退失据的窘境，曾有法官当庭反问辩护人："你究竟是做无罪辩护还是量刑辩护？"也有公诉人当庭对审判长提出："辩护人做的是无罪辩护，不存在量刑辩护的前提。"最后，法官会从骑墙式辩护中感受到辩护人对被告人无罪的底气不足，从而将使原本就渺茫的无罪判决可能性直接降为零。

坚持彻底无罪辩护，将面临不但无罪判决不可得且可能严重损害被告人利益的前景，做骑墙式辩护，又要承受法庭上难以避免的自相矛盾。如何才能在无罪判决极为难得的司法环境下，对一个自认为明显无罪的案件进行辩护？

就此问题，曾写作《以"两段式辩护"应对无罪案件》一文，首倡两段式辩护，至今，仍在不少案件中坚持以这样一种辩护策略应对认为无罪的案件。

所谓"两段式辩护"，就是将辩护意见分为两段：第一个阶段做无罪辩护，将被告人无罪的证据、事实与法律依据充分展现在法官面前，坚决彻底地认为被告人无罪。第二个阶段指出有利于被告人的量刑情节，但不是说："即使被告人的行为构成犯罪，被告人也有一些从轻、减轻处罚的情节"，而是讲："辩护人仍然坚定地认为被告人无罪，如果法庭不采纳辩护人的无罪辩护意见，请注意被告人如下从宽处罚情节……"。

"两段式辩护"与"骑墙式辩护"从实体内容看并无区别，都是将辩护意见分成两块，一块是无罪意见，另一块是量刑意见。但是，其内在逻辑存在区别，

"骑墙式辩护"在发表量刑意见时会提出："退一万步讲，即使认定被告人的行为构成犯罪"，这种表述不但存在与前面无罪辩护之间的逻辑矛盾，而且在法官看来明显带有妥协的意思，似乎辩护人也认可被告人的行为构成犯罪。"两段式辩护"则不同，前后一贯地坚持认为被告人无罪，对可能的有罪判决持坚决的反对意见，只是提醒法官如果一定要认定被告人有罪，请从轻处罚。也就是说，从辩护的立场而言，"两段式辩护"坚持的仍是无罪辩护，至于罪轻的理由是站在法官的角度，提醒法官注意当不采纳无罪辩护意见时应当考虑从宽的量刑情节，而不是辩护人改变了无罪的立场。

因此，对于辩护人认为无罪的案件，在辩护策略的选择上，相对于彻底的无罪辩护与"骑墙式辩护"，在法庭上采用"两段式辩护"既能在原则上坚定地坚持被告人无罪的立场，深入地阐明被告人无罪的理由，争取那虽然渺茫但却不是完全没有可能的无罪判决，又能有效提醒法官注意如果认定被告人有罪应关注的量刑情节，可在中国特定的司法环境下最大可能地维护被告人的合法利益。

"两段式辩护"不仅学理充足，也有明确的法律依据。2012年11月5日，最高人民法院《关于适用〈中华人民共和国刑事诉讼法〉的解释》第231条2款规定，对被告人不认罪或者辩护人做无罪辩护的案件，法庭辩论时，可以引导控辩双方先辩论定罪问题，后辩论量刑问题。2015年3月16日，最高人民法院、最高人民检察院、国家安全部、司法部《关于依法保障律师执业权利的规定》第35条规定，辩护律师做无罪辩护的，可以当庭就量刑问题发表辩护意见，也可以庭后提交量刑辩护意见。由此可见，那种认为律师做无罪辩护就不能提量刑意见的说法站不住脚。

"两段式辩护"在法庭上具体应当如何操作？

一般情况下，最好在开庭前建议法官将法庭辩论分为定罪与量刑两个环节，如果法官采纳将法庭辩论分为两个环节的建议，辩护人在定罪辩论环节发表无罪意见，在量刑辩论环节发表量刑意见，此时辩护人进行"两段式辩护"会非常自然。

如果法官不同意在辩论阶段将定罪与量刑分开，辩护人可在第一轮法庭辩论中进行彻底的无罪辩护，在发表第二轮辩护意见时，仍然先对公诉人的有罪意见予以坚决批驳，发表完批驳意见后，马上提出有利于被告人的量刑意见，指出如果法庭不采纳辩护人的无罪辩护意见，应当注意被告人还有几项从宽处理情节，应当从轻或减轻处罚。

如果同一个被告人聘请了两名辩护律师，则可由第一辩护人做无罪辩护，第二辩护人提从宽的量刑理由，但第二辩护人的第一句话也一定要坚持："辩护人也坚定地认为被告人无罪"。

如果是单位犯罪，单位与直接负责的主管人员都聘请了律师，可参照前述第一辩护人与第二辩护人的分工，由单位的辩护人做无罪辩护，主管人员的辩护人做量刑辩护。

也有做无罪辩护的辩护人为了不冲淡庭上的无罪辩护氛围，不当庭发表量刑意见，而是庭后提交书面的量刑意见。这种方式有利有弊，有利之处在于法庭上的无罪辩护显得"彻底"，但如前所述，"两段式辩护"在定性上的无罪辩护也是彻底并一以贯之的。不利之处在于，其量刑意见是在庭后书面提交，律师们都知道，书面提交意见的效果与当面以直接言词方式表达的效果不可同日而语。

在以"两段式辩护"应对辩护人认为无罪的案件时，还有一点不能忽略，甚至可以说非常重要，那就是被告人在法庭上是否直接认罪。

如果被告人非常担心如果不认罪则难以获得定罪免刑或者缓刑结果，可由被告人在法庭上当场认罪，辩护人做"两段式辩护"。

如果被告人很渴望无罪判决，但是又担心不认罪的不利后果，则可以要求被告人在法官询问是否认罪时，以"我的行为是否构成犯罪这个问题过于专业，我难以作出判断，请法院依法判决，我接受并尊重法院的公正判决"予以应对，并要求被告人在法庭上如实陈述事实，以保障被告人即使被认定有罪时仍然能获得自首、坦白等各种从宽处罚情节。

当然，如果被告人非常坚定地坚持自己无罪，不愿有任何妥协，那么，就没有"两段式辩护"的空间，律师应当在法庭上做彻底的无罪辩护；或者相反，有的被告人由于在审前已经被取保，只要判后不被收监，对于有罪判决结果能够接受，倒是非常担心律师的无罪辩护会影响到其免刑或者缓刑结果，此时也没有"两段式辩护"的空间，辩护人只能在法庭上做有罪的量刑辩护。

四　为了确定辩护方案是否一定要追问案件事实真相

刑事司法是一个在法定程序内探求案件事实真相，并在此基础上适用法律的过程。在办理刑事案件过程中，每个刑事辩护律师都要面对这样一个无法绕开的问题：为了有效确定辩护方案，律师在会见犯罪嫌疑人（被告人）时，是否应当要求其实事求是地讲清案件事实真相？

记得以前做公诉人时，到看守所或者在法庭上讯问，进入主题后的第一句问话便是："×××，现在公诉人就案件事实，依法对你进行讯问。根据法律规定，你有权做有罪供述或无罪辩解，但是必须如实回答。"

辩护人与公诉人都运用刑事诉讼法与刑法来办理案件，工作相通之处甚多，但角度不同，立场各异。有资深大律师提出，律师在庭审前询问犯罪嫌疑人（被告人）时，应当要求其实事求是地讲清案件事实真相，不要说谎，不要隐瞒，如此才能确保辩护时心中有数，才能有效确定辩护方案，才能避免在法庭上可能出现的猝不及防。

虽然从检察机关出来从事律师工作时间不是很长，但在从事刑辩过程中，个人从未依此操作过。个人认为，此种询问策略明显有违辩护人的法定职责，且存在明显的问题，辩护人不宜依此而行。

1. 不符合辩护人的法定职责

在刑事诉讼中，公诉人的职责是指控犯罪，其客观公正义务要求公诉人讯问犯罪嫌疑人（被告人）时，应当要求对方实事求是地讲明案件真相。但辩护人的法定职责是根据事实和法律，提出证明犯罪嫌疑人、被告人无罪、罪轻或者减轻、免除其刑事责任的材料和意见，维护犯罪嫌疑人、被告人的合法权益。

我们办过刑事案件的律师都知道，在正常情况下，当侦查机关不存在违法讯问的情况下，犯罪嫌疑人出于本能，绝大多数情况下会作出有利于自己的供述，在会见时不要求律师传信息、帮助串供的，已经算是很好的当事人了。当犯罪嫌疑人（被告人）在侦查机关面前做有罪、罪重供述的情况下，律师询问时，除非存在刑讯逼供等非法取证情况，否则就不存在要求对方再"如实"讲清事实真相的问题，也不存在让辩护人在法庭上因猝不及防而陷入被动的问题。

犯罪嫌疑人（被告人）在侦查机关面前做无罪、罪轻供述的情况下，如果作为维护犯罪嫌疑人（被告人）利益的辩护人还要求其如实透露其有罪、罪重的真相，其必要性与正当性何在？难道辩护人要充当第二公诉人的角色？如果辩护人要充当第二公诉人，那辩护制度与辩护人又有何存在的必要？

2. 在辩护人逼问下的"真相"不一定属实

按照一些资深律师的说法，辩护人希望犯罪嫌疑人（被告人）在自己面前讲清事实真相，无非是想在庭前对案件客观事实心里有底，从而保证在法庭辩护时做事不慌。

问题是，犯罪嫌疑人（被告人）在律师询问之前，已经接受过侦查机关的讯问，当犯罪嫌疑人（被告人）在此前的讯问中所作的供述与律师询问时所作的陈述不一时，辩护人凭什么就能认定当事人对自己所讲的就是案件"真相"？又有多少当事人会对自己的律师真正讲真话？如果辩护人认为当事人陈述的就是案件的"真相"，那么还要严格的刑事程序与证据规则何用？

也就是说，即使辩护人要求犯罪嫌疑人（被告人）实事求是地陈述案件事实，其当事人也说是"如实"地和盘托出，作为谙熟社会与法律的律师也应当明白，其当事人的此种陈述只是证据的一种，并不能完全当作案件的"真相"来看待。

3. 属实的真相可能让辩护人陷入道德困境

在犯罪嫌疑人（被告人）不认罪的案件中，即便在律师的追问下，犯罪嫌疑人讲出的所谓的案件事实真相，其所讲的"案件真相"也确定属实，这种追问也无必要，且可能给辩护人带来无谓的麻烦。

由于律师是当事人聘请的，当事人也明白律师是为自己的利益服务的，在律师追问案件真相的时候，出于对自己律师的信任，不排除会出现这种情况：犯罪嫌疑人（被告人）在公安司法机关面前做彻底无罪的辩解，却准确无误地告诉律师，自己确实实施了犯罪行为，且详细地描述犯罪的过程与细节，还告诉律师犯罪工具的藏匿地。如果此案恰恰又是故意杀人等严重暴力犯罪案件，这将让辩护人陷入痛苦的道德困境。

向公安司法机关透露案件实情？这将不仅违背律师职业道德，还将破坏整个刑事辩护制度的根基。继续为被告人做无罪辩护？依照法定职责，律师必须继续做无罪辩护，但律师也是人，也存在基本的道德感，要一个有着正常情感的人在法庭上为一个明知是杀人的罪犯做无罪辩护，让其情何以堪？

解除与被告人的委托关系？被告人如此信任，自己却要解除委托关系，拒绝为被告人辩护，更重要的是，解除委托的理由、案件的真相还是自己主动挖掘出来的，这样做厚道吗？

4.辩护人追问案件真相可能使当事人陷入不利境地

虽然依照法律规定，律师会见室的监控只能录像不能录音，但从现实中暴露的辩护人妨害作证案来看，不少看守所律师会见室的录音很可能是打开的。如果在当事人不认罪的案件中，律师为了自己在法庭上有底气，一定要其讲明案件事实真相，很可能律师的这一行为将帮助侦查机关获取有罪线索，把当事人置于危险境地。

5.庭前充分的准备可让辩护人在法庭上避免被动

有资深律师之所以坚决主张在会见时要求犯罪嫌疑人（被告人）讲出案件真相，一个重要理由就是，这样才能让自己心中有底，不至由于当事人的虚假陈述导致自己在法庭上面对突然情况时手足无措。

在被告人当庭认罪的案件中不会存在辩护人面对突然情况无以应对的局面，这种状况只可能出现在被告人不认罪的无罪辩护案件中。但无论对于什么样的案件，辩护人在出庭之前，应当做好充分准备，在认真阅卷的基础上形成询问提纲、举证质证提纲、辩护词以及辩论提纲，对庭审中可能出现的情况，尤其是公诉人将如何进行指控、怎样对辩护意见进行反驳，做好充分的准备与应对预案。

辩护人只要在庭审前做足了功课，就无需担心因为被告人可能没有讲真话而在法庭上陷入被动。

基于上述理由，个人一直认为，辩护人在会见并询问犯罪嫌疑人（被告人）

时，无需也不应要求对方实事求是地透露案件事实真相。

由于辩护人没有探求案件事实真相的法律义务，其法定责任是根据事实和法律，提出证明犯罪嫌疑人、被告人无罪、罪轻或者减轻、免除其刑事责任的材料和意见，以维护犯罪嫌疑人、被告人的合法权益。因此，辩护人在庭审前询问犯罪嫌疑人（被告人）时，不要试图从其口中套出案件的"客观事实"，只要了解掌握案件相关证据就行。

原则上，我个人的经验，辩护人初次会见犯罪嫌疑人（被告人）时，对于案件事实部分的询问，首先要问其对所涉嫌的犯罪有无向公安司法机关做有罪供述，接着问侦查人员向其问了哪些问题，其本人又是如何回答的，就此了解案件基本情况，在此基础上根据所涉嫌罪名及现有证据情况进行有针对性的发问，而不应在会见犯罪嫌疑人（被告人）时直接就问："我是你的律师，案件事实到底怎么回事，你要实事求是，实话实说。"

当得知犯罪嫌疑人（被告人）做了有罪供述后，除了问侦查人员向其问了哪些问题，其本人又是如何回答的之外，还要问侦查机关调查取证有无存在刑讯逼供等非法取证行为，其有罪供述是否出于自愿，如果犯罪嫌疑人（被告人）称是被迫作出有罪供述的，此时律师才需要了解案件真相到底是什么，不过此时已不需要律师的追问，当事人出于本能就会主动根据律师的提问，向律师陈述其所认为的"事实真相"。

也就是说，在刑事辩护过程中，律师在事实认定方面的主要任务是全面掌握涉案证据，为提出有利于犯罪嫌疑人（被告人）的辩护意见奠定基础，而不是越俎代庖去追问当事人以发现所谓的案件真相。

需要指出的是，这里讲的不主张律师向犯罪嫌疑人（被告人）追问案件事实真相，并不是说律师不要去向犯罪嫌疑人（被告人）去了解对其有利的案件事实。向当事人问出对其有利的事实与情节，律师责无旁贷，而是强调在犯罪嫌疑人（被告人）不认罪，或者只承认轻罪的情况下，作为律师不应当要求其"实事求是"地承认实施了犯罪行为的事实或者实施了重罪的事实。

我们确定辩护方案后以及在法庭上的底气不是来源于我们的当事人实事求是的配合——讲明案件真相，而是我们的法律功底、辩护智慧以及庭审前的充分准备。只有那种在庭前不认真准备的律师，才需要担心如果当事人不实事求是地讲明案件真相会导致自己在法庭上陷入被动。

以上只是一家之言，仅供参考，欢迎批评，欢迎拍砖。

▶**主持人　李靖梅**◀

好的，谢谢邓老师为我们今晚带来中肯务实的讲座内容，下面有请我们的毛老师为我们做点评。

点评人
毛立新

北京市尚权律师事务所合伙人、律师
刑事诉讼法学博士
华夏公司辩护联盟实务顾问

▶**点评人　毛立新**◀

因为在外面出差，所以听邓博士的演讲稍微迟了一点，没有听全，但基本上听清楚了邓博士的一些想法和意思，所以我就简单地说几句。今晚邓博士的演讲应该说是非常精彩的，因为从这个问题可以看得出来，他有比较深入细致的思考。

邓楚开博士具体讲了4个方面。第一点是处理好三个关系，我也简单的发表一下个人看法，具体而言，这三对关系第一个是推定法治进步和尊重当事人意愿，第二个是提高律师的影响与保护当事人利益，第三个是辩护人提出方案和当事人决策之间的关系，涉及几方主体利益之间的协调问题，我觉得他们之间可能会有一定的冲突和矛盾，但是也没有楚开博士讲的那么严重。比如推动法治进步和律师辩护之间的关系，我觉得我们国家《律师法》的第 2 条里面说得很清楚，就是三个"维护"，即维护当事人合法权益，维护法律的正确实施，维护社会的公平和正义。这三个维护实际上肯定不是一个平行并列的关系，律师首先是维护当事人的合法权益，这是他的基本立场，但是这个维护是有权限的，维护的是合法权益，后面的两个目标是维护法律的正确实施、维护社会的公平正义，严格说这三者之间没有矛盾，只要是合法的手段维护当事人的合法权益，就自然而然实现了后面两个目标，所以并不是说，维护当事人的利益和追求一定会有什么矛盾，我觉得基本上没有什么矛盾。

至于在律师影响力与保护当事人的利益之间，首先当事人的利益的维护，这些是一个职业伦理的前提，第二个至于将信息发布包括网络上发布详情，甚至去炒作，这些我觉得也并非不可以，但是一定要遵循：其一是不能损害当事人利益，如果对他有一定的负面影响，那么一定要经过他的授权和认可；其二是发布信息不能违背相关的规章，包括行业规定，也不能违背职业伦理的要求，可能中国相关的信息发布只有一个规则还不是很健全，但是基本的要求还是有的。

邓博士说的第二个大问题就是在无罪和罪轻之间的选择问题。我们说到罪名从轻辩护，在中国有它的合理性，但在国外基本就没有几个。真正建成法治国家不会出现这个问题的，原因是国外有严格的诉因制度，检察院起诉什么，法院只能审查什么，不存在法院再另外自己改一罪名的问题。但是在中国没有严格的诉因制度，而且相关的刑事司法解释也明确规定人民法院可以直接改罪名，包括改比较重的罪名，这是我们从罪名从轻这个辩护的合理性的一个基本的立法制度前提，而正是因为法院有权利改变罪名，那你干脆就可以从罪名从轻辩护 。这个问题如果说有严格的诉因制度约束，取消了法院这种改变罪名的权力，这个问题就迎刃而解了，也不存在我们再去纠结的问题了，那你起诉的罪名直接就说不成立就可以了。目前中国的这种立法制度背景下，罪名从轻辩护确实有它的合理性，罪名从轻辩护只是说起诉的罪名不成立应该构成其他较轻的罪名。但是如果这个时候你不说构成具体较轻的罪名，法官、检察官甚至会主动问是什么罪呀？这个其实也要特别注意。我记得北京昌平法院审理一个诈骗案件，这个当事人收了很多钱，说是用来集资经济适用房之类的，最后就是完全骗人家的，律师说我当事人不应该构成诈骗罪，应构成其他罪名，法官就要问你是什么罪名，他说应该是集资诈骗，这样的话就满堂哄笑。大家都知道，集资诈骗罪要比诈骗罪要重。所以我觉得在从事罪名从轻辩护的时候，也不能简单地说构成什么较轻罪名，总是要有一个比较轻的罪名的指向，这样就是对法庭的下一步思路起到一个引导作用，当然还有基本的前提就是说这个罪名一定要考虑到量刑情节，一定要比指控的罪名要轻，否则这个辩护就完全是摆乌龙了。

第三个问题就是说到这个无罪辩护与量刑辩护的关系问题。其实这种关系说实话也是中国比较独特的问题，因为他说我们这些国家的定罪和量刑程序，没有明显的区分。大家知道以前是完全没有区分的，后来最高人民法院、最高人民检察院、公安部关于量刑程序的规定，等于是把定罪和量刑可以相对的独立，可以分开进行，这样才说无罪辩护和量刑辩护的区分创造了一个基础的前提。如果说像英美国家的陪审团严格地分定罪和量刑，定罪就由陪审团来决定，下一步的法律适用和量刑问题完全由法官来裁断，这样在定罪的环节就做无罪辩护，然后量刑这个环节就发表量刑意见，这样就不存在矛盾或者冲突的问题。

这个辩护策略的选择，我有几点个人感受。首先，对被告人的利益有影响，甚至对最终的裁判结果也可能有影响，但是个人认为影响可能没有那么大，因为最终的判决结果还是要看事实证据、法律来立论，而不是看你选择的辩护策略一定会影响到判决结果。当然，这不是说选择辩护策略不重要，虽然它与判决结论没有那么明确的因果关系，而且一个案件辩护策略是好是坏，其实在事前是没有办法判断的，所以如果说某一个具体案件的辩护策略一般来说我是不做评价的。

其次，至于说是无罪辩护还是罪轻辩护，还是更具体点说就是罪名从轻还是量刑减轻的辩护，这些辩护策略选择我觉得要注意考虑几个前提。其一，案件本身最基础的前提事实证据和相关法律怎么样，要有一个基础的判断，是有罪还是无罪，如果说罪名从轻辩护，那么可能从哪个罪名上靠，这个要有判断。其二，和这个相关的立法规定，关联性比较大，不仅是刑法规定也包括刑事诉讼法相关规定，也是有比较密切联系的。

最后，楚开博士提出两段式辩护的说法，我觉得最根本的还是应该认识到定罪的法律调查、量刑的法庭调查，定罪部分的法庭辩论和量刑部分可以相对分开。当然律师在定罪部分做无罪辩护，也不妨碍在量刑部分做罪轻辩护，所以两段式有他合理的地方，但最终还是要通过立法和诉讼制度，及法官的观念的变革来解决这个问题。

第四个方面的问题就是辩护律师要不要探究事实真相的问题。我的理解是：（1）探求事实真相不是辩护人的职责，是侦控机关或者是法院的任务；（2）不适合追根刨底地探究真相的问题，其可能被用作对当事人不利的证据；（3）追究这个问题对辩护人自身也不一定好，非要去探究事实真相，可能影响自己的辩护策略、手段、逻辑性及内心的坚定性，所以我认为没有必要。

时间问题就讲这么多吧，下面时间留给胡主任。

▶**主持人　李靖梅**◀

感谢毛老师在出差百忙之中为我们做点评，那么下面有请胡主任为今晚的讲座做点评。

点评人
胡瑞江

浙江厚启律师事务所主任律师
浙江省律师协会刑事业务委员会委员
杭州市律师协会刑法专业委员会秘书长
杭州市法学会监狱法学研究会理事
浙江工业大学客座教授

▶点评人　胡瑞江◀

各位群友、各位朋友，大家晚上好。很高兴有这样的机会来和大家探讨我们刑事辩护律师实务中的一些问题。

前面分析的两位都是我的好朋友，下面讲讲今天我的学习感受。楚开老师讲了 4 个方面的问题，我只捡重要的部分讲。第一处理三对关系里面的律师和当事人之间的关系。主要是讲律师在选择辩护策略的时候，是不是一定要征得当事人的认可，邓老师反思这个问题，当事人不同意是不是可以作为律师免责的事由，我觉得这个思维特别好。这个观点我本人是认可的，但是邓老师提出，如果与当事人意见不一致的时候，律师提出后最后不成功，那这个板子是不是全部打在当事人身上，那律师要不要担责，至少良心上会不会遭到自我谴责，我认可这个说法，律师要对自己工作中的瑕疵一定要反思，不反思不会进步，这也是我常思考的问题。律师是专家，你选择的辩护策略被法院驳回不被采纳，最后导致当事人重判，这时候律师一定要反思，这种思考一定对律师今后工作有大作用的，就怕有些律师错了还不知道错，最后在错误的道路上越走越远，以后会害了更多当事人，所以这种反思我觉得作为律师是特别必要的，尤其是对刑事律师而言。

第二个说重罪与轻罪的选择问题。我们律师要不要揣着明白装糊涂，明明看出来是构成轻罪的，就是不讲，那你想想，坐在对面的公诉人和法官是不是会觉得这个律师有问题，至少对这个律师不会有好感，这样对这个案件会不会对当事人作出有影响的判决，所以我从技术层面上来讲，我认为要真诚，否则裁判者很难采纳。

关于第三个方面就是无罪辩护的选择，5年前我写过一篇文章，就是《论骑墙式辩护》，当时在杭州引起了不小的震动，里面提出来几个当时看起来还比较新的观点，我提到了一些方法，包括分工骑墙、程序骑墙及场合骑墙。

所谓的"分工骑墙"，邓老师也提到了，就是有2名辩护人，或者说有辩护人和被告人的时候，就可以选择分工，一个人做无罪辩护，一个辩护主体做罪轻辩护，这种方式是可行的。第二个就是"程序骑墙"，当时我提出一个观点就是说我们律师可以把辩护阶段和法庭调查阶段分开，法庭调查阶段的时候将那些从轻的事实说清楚，在发表质证意见的时候就讲出来，然后再发表的辩护的时候就可以只讲定性意见，这样裁判者也知道他有哪些从轻情节。"场合骑墙"，就是刚才说的分两个部分来辩论的问题，一部分是定性，另一部分是进行量刑辩护，都是可行的。但是不管骑墙式辩护还是两段式辩护，要是想取得更好的辩护效果，不是取决于律师的辩护策略和技巧，而是取决于裁判者的司法理念，如果他理解，仔细地听辩护律师的意见，如果裁判者从内心反对这种辩护方式，他认为应该"丁是丁，卯是卯"，你就不能在发表定性上的无罪意见的时候再发表量刑上的罪轻意见。这样的话不管你采用哪种方式辩护，效果都不明显。我认为只有法定从轻、减轻的情节或者当事人配合的时候才有必要选择骑墙式辩护。

最后一个问题是，辩护人是否要追问事实真相的问题。这个问题我认为是很难的，如果是资深的律师来讲，就觉得这个不是个问题，但是为什么还要谈这个问题呢，这个问题大家都在思考，尤其是青年律师来讲，他没有丰富的辩护经验和社会交往，包括对一个人的了解和观察能力不强，这个时候要给他一个指引，否则他容易在执业过程中犯错误，所以我们才会去谈律师在会见过程中要不要追究事实真相。

▶**主持人　李靖梅**◀

好的，今晚的讲座就结束了，谢谢各位老师，辛苦了！如果大家还有什么意见或者自己的感受，欢迎大家经常到群里讨论。谢谢大家，晚安！

刑辩律师庭审准备五要件

主持人：刘　敏　主讲人：董玉琴
点评人：王常清　王润泽　王永平

▶**主持人　刘　敏**◀

各位亲爱的群友们，大家晚上好。今天是 2016 年 11 月 27 日，现在是晚上 8：10，感谢各位一如既往地支持我们，现在是我们中南刑辩论坛第二十九期讲座，本次讲座也如同往期，由中南刑辩论坛进行直播，多个微信群同时进行转播，今晚的主题是"刑辩律师庭审准备五要件"，主讲人是广东海埠律师事务所的董玉琴律师，下面我们欢迎董律师开讲！

主讲人
董玉琴

广东海埠律师事务所合伙人
毕业于兰州大学
深圳市律师协会刑事委员会委员
华夏公司辩护联盟理事

▶▶主讲人　董玉琴◀◀

　　各位群友、各位同仁，晚上好！我是董玉琴，非常感谢张元龙主任提供机会让我与大家分享、交流。今年8月5日在惠州卓凡律师事务所交流时，大家看到我准备的这个题目和课件很感兴趣，受时间限制，当时没有深入展开，借此机会，我再次与大家分享、交流。

　　我分享的题目是"辩护律师庭审准备五要件"，即阅卷笔录、发问提纲、质证提纲、举证提纲、辩护提纲。

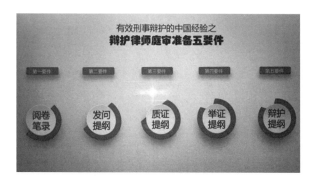

第一要件 阅卷笔录——查清案件基本事实并寻找辩点的过程

 带着问题阅卷

比如，起诉的罪名是否准确恰当，事实是否真实。对待证据，我们要用怀疑一切的态度对各种证据进行严格的核查，主要审查证据的关联性及真实性。建议使用列表、对比方式。

如何通过阅卷来审查判断证据

（一）物证、书证

根据《刑事诉讼法》第 69 ~ 73 条规定，这两类证据一定是原物原件。如果是已转换成照片，一定要持有人、侦查人员、提取人签字，并说明来源；不符的要作出合理解释。还要注意是否及时收集、是否为整体、是否与本案有关。例如，是不是这把钥匙开的那个门，指纹是不是嫌疑人留下来的。

这里有几个小的知识点。

1.在非法证据排除问题上

物证、书证是材料排除，如有遗漏要补正，不能补正的才考虑是否排除，所以一般很少排除。

在这里举两个我办理的法律援助案例：案例一，黄某某故意杀人案。黄某某杀了两人并抛尸，杀人的刀没有找到，最终被判处死缓，因为证据不全，要留有余地。案例二，杨某杀人碎尸抛尸案。桌上有买绞肉机、斩骨刀的收据和身份证复印件，但侦查机关并没有收集、扣押，勘验，这个案例又是书证，又是勘验。案发第一时间进行勘验，把现场所有的东西描述得特别清楚，足见办案人的认真仔细。但在一个月后又进行第二次勘验，感觉专为这三样东西而来，对其他只是概括提了几句。我在庭审中就提出疑问，虽然刑诉法规定了可以做补充勘验，但是侦查机关在第一时间做的勘验如此认真仔细的情况下，怎么可能忽略这么重要的书证且明显与碎尸有关的书证，而且就放在电脑桌上。

2. 证据的来源是否客观、收集是否合法

物证、书证的收集应当制作提取笔录，尤其是重大案件。提取笔录的目的是要有见证人。见证人制度非常重要，电子信息的见证需要有专门技术知识的人，客观性的证据提取时如没有见证人，只能说是瑕疵证据、来源不合法的证据、不真实的证据、不应被采信的证据。尤其在收集客观证据（物证、书证）时一定要有见证人。《刑诉法解释》①第 67 条的规定很清楚,见证人必须是成年人和精神正常的人，坚持杜绝公安司法机关的公职人员、聘用人员、内部人员、勤务人员担任见证人。但我们最常见的就是巡警、辅警、保安做见证人，这是绝对禁止的。

3. 年久的案件一定要注意证据的审查，很多证据都是事后才补的，或事后才做的鉴定审计

如走私案中的海关计核证明，案发在几年前，但用侦查时的价格来计核物品偷税额，一般来说物价是上涨的，这势必就增加了偷税定额，显然不利于被告人。

4. 证据错误的情况：作为物证的刀与案件中的刀不是同一把

以上是物证、书证引申出来的几个小点。

---

① 《最高人民法院关于适用〈中华人民共和国刑事诉讼法〉的解释》。

（二）证人证言

对于证人证言，要审查判断以下几个方面：

（1）资格：年龄、精神状态；

（2）与嫌疑人、被告人的关系；

（3）证言的形式是否规范；看未成年人的法定监护人或指定监护人是否到场、少数民族是否提供翻译、不识字的老人及农村人的笔录内容是否符合其认知程度；

（4）证人的多次证言是否一致、来源是原始还是传来。

（三）被害人陈述：经常夸大事实

如李某抢劫案中，开赌档的3名被害人串通报案称抢走了桌上的4万元，但陈述的细节有差别，最后证据不足，法院定了寻衅滋事、实报实销。

如被害人陈述，"当时我俩吵架时他明确说要搞死我，意思就是杀我"，其实，我们要根据语境、动机、伤害手段和程度来看，被告人其实就是为了泄愤，想打一顿，教训一顿被害人而已。

（四）被告人供述与辩解

对于这类证据，办案部门认为，被告人只要认罪了，他对于定罪的信心就很坚定，只要翻供，他内心就有动摇，但有翻供也不怕，主要看在翻供之前有无合法取得的认罪的供述，与其他证据是否相互吻合。

对于辩护人而言，审查原则是：首先，看是谁先供，即取证先后、供证顺序。假如是先供后证，一定要高度警惕，先证后供证明力较强；其次，看供述是否稳定，供的一致，不可能每次编得那么一致，时供时翻，且不一致时，要非常谨慎；再次，看被告人的供述与其他证据是否吻合。

考虑到有时这类证据较多，建议运用列表对比的方式，重点审查以下方面。

（1）时间。一次审讯时间不能过长，要保证正常的饮食，不能刻意搞车轮审讯，不能专门在半夜审讯，看嫌疑人是在一开始就供认了还是在进了看守所之后才供认，有时还要看同案先供认的是谁、是否存在指供的情况。

（2）地点。是否在侦查机关的办公场所，重大案件是否有不间断的全程同步录像，48小时后是否送往看守所审讯，出看守所后是否是为了寻找物证或指认现场，是否有录像，是否在外过夜没有还押，再次入所是否有做体检，再次入所前后的口供有无大的变化。

（3）审讯人员。是否每次均为两人，是否均有执法资格的侦查人员，审讯时是否存在只有1人或审讯人员"穿越"的情况。

（4）内容。①是供还是辩，供的细节是否一致，与同案人或证人的笔录内容是否吻合，区别在哪里，谁的或哪几次更加可信，为什么可信；辩得是否合理。②笔录多少与审讯时间是否匹配（出现一分钟打200字、在现场听不到打字声音、在录像中看到做笔录人员没有打字而在玩电脑扑克牌等虚假情况）。③辩认是否真实，出现从未见过的人却在辩认笔录中被辩认出来的虚假情况。④辩认时是否存在真实合法的见证人，如果在看守所辩认，却有见证人，就一定要注意了。有一次，我在看守所前台看到刚提审出来的警官对前台工作人员说"小伙子，来帮我签一个见证人的名字"，显然，见证人虚假，一般人不可能进入看守所，即使这种内部工作人员，也是违反《刑诉法解释》第67条严禁做见证人的人群。有时候也会碰到比较客观的情况说明，称"因为看守所辩认，没有合法的见证人，因此见证人一栏为空白"。⑤看笔录与提讯证是否一致，如果光有提讯证而没有笔录，我们就有合理理由怀疑这一次嫌疑人是没有认罪，根据规定，所有的笔录均应入卷，如果这次笔录确实有用，辩护人就可根据

《六部委规定》^①的第 24 条申请调取。⑥笔录有无大幅相同、相似，有无拷贝粘贴，供述内容是否与录像一致，是否真实。⑦个别场所、个别审讯人员因刑讯逼供对其造成的影响应该随着场所和审讯人员的更换而消失，被告人在法庭上才翻供，解释称"我被打过，阴影一直在，所以一直认罪，不敢说出真实情况"，这就说不过去了。

（5）签名。看签名是否真实，比如模仿签名，硬拉着嫌疑人的手签名，或手上有伤不流利的签名，不识字不会写自己名字的人却有签名，有心的人有时还写了"以上笔录和我说的不一致"。记得我代理的一个制造毒品案件，侦查人员到监狱去提审已服刑几年的同案犯的笔录时，侦查人员的笔录内容是"不记得、忘记了、低头不语"，同案却专门在旁边写上了"我的意思是没有参与"。所以，这样的签名、修正，我们一定要仔细看。严格来说，两名侦查人员在审讯完毕应该也在笔录末尾签名，以表示一直在场，但很少做到这样规范。

（6）口供。对于审判机关来说，口供对于定案也非常重要，我举一个例子。

杨某杀人碎尸抛尸案——共 15 次口供，6 次供、6 次翻、3 次不涉及，其在庭上坚决不认，根据《死刑证据规定》^②第 22 条，在此情况下，以当庭供述为准。在庭上我们提出很多疑点，比如 4 个司机对其着装表述不一致、几个证人对其可能作案时间表述有不同说法等，使得法官留有余地，判了死缓限制减刑，结果市检察院抗诉，目前还在二审审理中。

在这一部分内容中，我举两个同仁经常问我的误区问题。

第一是在毒品案件中，即使没有抓到现场，是既往的毒品犯罪行为，只要有同案或者证人称向被告人有过毒品犯罪的行为，只要细节与口供能够相互印

---

① 最高人民法院、最高人民检察院、公安部、国家安全部、司法部、全国人大常委会法制工作委员会《关于刑事诉讼法实施中若干问题的规定》。

② 最高人民法院、最高人民检察院、公安部、国家安全部、司法部《关于办理死刑案件审查判断证据若干问题的规定》。

证就可以定罪，如果有出入，认定时数量和次数就低不就高。

第二是我办理的近年来罗湖海关最大的毒品走私案，两名印度尼西亚籍女性走私海洛因入境，二人明知是不允许走私入境的黄金粉而将其携带在内衣裤中，且交代不止一次。虽然我们非常努力从各方面论证她们的不明知和程序违法瑕疵，但也只争取到均为15年的结果，省高院维持。在这类案件中，法官根据经验法则认为，作为成年人、正常人，只要明知是违禁品就可以了，不需要明知是毒品。

这都是由严厉打击毒品的政策和司法实践所决定的。

这一部分我分享得比较详细，也是问题比较多的，我们经常用更加详细全面的图表来做阅卷笔录，以下是我自己使用的图表，以供参考。

（五）鉴定意见的审查判断

审查原则。不能光看结果，要从头看到尾，要带着怀疑的态度去审查每一项内容。

审查重点。文件名称，是鉴定意见、检验报告，还是分析说明。送检时间，可以看出侦查机关保管时间长短和程序是否合法。送检人，是不是本案两名侦查人员。检材来源，是否受到污染，比如精斑的保管程序及过程。检材，与在案的其他证据是否有矛盾。这一点非常重要，比如疑似毒品的数量与之前的数个文书上的不一致，或把全部数量都作为检材，其实都是书写不规范所致，但对于辩护人来说这就是辩点。

鉴定机构、鉴定人，是否有资质资格，尤其是理化检验和电子证据鉴定。

鉴定的方法、标准是否科学。

鉴定内容与结论是否有矛盾，比如在染色体中出现了 XY 和 XX 写错的地方、DNA 数据出现分析错误的情况、在一个伤残鉴定中应当是伴随并发症才能认定为某一级别，却直接认定的情况等。

（六）现场勘查笔录

现场勘查笔录非常重要，它真实记录了案发现场遗留下来的痕迹，现场勘查笔录我们一定要重视。

组成部分：笔录、图、照片或录像三部分。

物证、方位、地点、图片、照片等经常不一致。

（1）制作是否合法：侦查人员的资质、勘查人员是否当天制作、当天找证人证言、当天写的笔录，只要是事后写，肯定多少有问题，应当"三个现场"。

（2）勘查是否客观、真实、全面。

（3）现场勘查是否与供述中的疑点证据相印证。

（七）辨认笔录的审查

辨认、侦查实验是 2012 年《刑事诉论法》增加的。对定案较为重要，重点审查真实性和可靠性，同时审查合法性。

对人的辨认：12 张照片，打印出户籍照片辨认，一般不可能辨认出来（因为身份证照片与现在的真人还是有差别）；尸体的辨认，除有亲属领尸的外，一定要进行 DNA 检验。

对物的辨认：10 件；要有特征，且具相似性。

现场的辨认主体：被告人、被害人、证人。

（八）对视听资料的审查

一定要仔细看、认真看、对比看，找出矛盾点。录像非常重要，大家一定要重视，如果办案机关不给看或不给拷贝，我们一定要坚持，都有明确规定。

时间、地点、侦查人员、见证人是否与笔录相符；是否有声音、图像；录音、录像是否全程、不间断；内容是否是与笔录一致。如，从录像中可以看出辨认虚假、搜查程序有无瑕疵、现场笔录不是当时制作（一分钟打字近 200 字）、没有保证休息时间（审讯车轮战）、疑似毒品来源和数量有问题等。

（九）对其他重要事实和情节的有关证据的审查

（1）对翻案的证据的审查。

（2）对被害人的身份一定要认真审查（因为有可能亡者归来）。

（3）对被告人身份要审查，因为很多打工者借用他人身份证。

（4）对量刑有重大影响的事实和证据。

①刑事责任能力的审查。20岁以内的被告人，法官要写清楚自然情况，尤其是出生日期问题，如出生证、户口本、上学的年龄、监护人的说法等；②精神病人；③审查案件的起因：被害人的过错的；④赔偿、谅解；⑤自首、立功。

如自首，纪委在询问期间如实供述，我们要坚持是自首，前几天在公诉人与律师控辩赛培训中，省检的沈处长专门提到这个问题，称认定为自首也未尝不可，只是量刑时幅度较小。对于立功，我们要合法合理地去调取收集相应证据，不能错失良机。在中山枪支案中，我们通过走访调查，多次给检察院提供详细的线索，在起诉书中已认定立功，并将枪支数量减下来，而今，快开庭了，另外的立功线索我们还在跟进。对于被告人来说，有立功情节非常重要。

第二要件　发问提纲——发掘真相、固定辩方证据的过程

一　庭前会见辅导

（1）告知程序问题，最好让被告人回去后用笔记下来：起诉书有什么意见、辩论内容、最后陈述内容。

（2）熟悉实体问题，庭审中可能被问到的问题、争议焦点至少演练一遍，

注意回答问题的技巧。

（3）思想政治工作，尤其是对党员干部、失落的当事人要鼓励，对傲慢的当事人要打压；告知庭审中要有礼貌；冤屈的当事人要诉苦、表演。

庭前辅导非常重要。一方面是让被告人面对法庭这个严肃的场合、陌生的程序有所了解，能听懂一些法言法语、专业术语；另一方面告诉被告人只有他才是法庭的主角，自己不要什么都不说、不主动说，而等着律师辩护。只有自己说好了、表演好了，律师的辩护才能更加有效。

二　庭审发问

如香港赵某某贩毒案，同案的辩护人要把责任推到她身上，在被发问时，其表现出了冤枉、被骗、愤怒及中度精神疾病的一面，使得法官打断同案辩护人的不利发问。

如许某某受贿案，我们充分的庭前辅导准备了五页的发问提纲，其本人在"对起诉书有意见环节"已经回答绝大部分，已让法官大致了解了原委，这个可信度肯定比辩护人讲要高。

如东莞张某某贩毒案，我们准备了46个问题。给审判人员声明发问目的、问到关键点上、不重复时，法官不制止、不打断。如我今天不仅是作为张某某的辩护人为其辩护，还是帮助法庭查明案件事实，所以我的问题有点多。法官同意，我们没被打断。

三　庭审对质

庭审对质中，应注意发问技巧。

如东莞张某某贩毒案中，我们提前告知法官，查明他人也有仓库钥匙、查明枪支来源。这是一次失败的教训。虽然法官说他们这里没有对质程序，但还是同意让我对质。我本来准备了三组对质，当对质第二组时，我为了让书记员把我的问题全部记下来，所以语速较慢，公诉人认为我诱供，提出了意见，所以法官就中止了对质。所以说，法庭发问技术还有待提高。

第三要件　质证意见——明确案件辩点的过程

（1）最好一证一质；多证一质（时）——全面、及时、准确。案件没有大的突破时，凡是证据有瑕疵的地方都可以指出来，用程序违法来换取量刑。在案件有致命伤时，就不必事无巨细，否则法官也会反感。

（2）用公诉方的矛盾攻击矛盾。

（3）为自己的证据做好铺垫（如见证人虚假、毒品数量多处不一）。

（4）发挥被告人的作用（比如让被告人自己陈述事实，为辩护人之后的辩护做好铺垫）。

（5）启发同案被告人的辩护人参与到质证中来（在东莞案中只有我由于多次坚持才看了视频资料，其他辩护人都没看到，办案部门不给看，在庭上多位辩护人就提出自己的被告人在审讯时遭受刑讯逼供，而且身上有伤）。

（6）质证、辩论相混淆。不要仅说对"三性"有意见或没意见，而是要说出为何有意见，表现在什么地方。即使对"三性"没意见，有时该证据较为重要时，也可强化地说"该证明恰恰证明……"。当然，说多说少要注意一个度，质证的目的就是点射1、2、3、4、5，只说原因，不要说出结论，也不要总结，总结了就是辩论。我们不能像以前那样，质证时都没意见，辩论时一大堆，这也不认，那也不认，法官就会问："质证都没意见了，还认为不是犯罪？"当然，有的老法官还停留在以前的习惯，听到辩护人在质证时一说多就烦，也不听内容对不对，但我们要坚持，要让法官习惯辩护人在质证时说出理由，而非仅仅"有无意见"几个字。

二　质证存在的问题

庭前笔录的质证：找相同点、找不同点（鸡蛋里挑骨头）、结合审讯录像、主体是否合格、见证人是否存在、辩认是否真实（如朱某某运输毒品案中录像中没有辨认出来，笔录却辨认出）。

客观（物证、书证）证据的质证：让其在法庭中发出光热，用它打掉言词证据和不利证据。

如杨某杀人碎尸抛尸案中，砧板上三处血迹、衣裤鞋上血迹均与被害人不符。如何某运输毒品案中，快递包装物不同，毒品受到污染。如香港司机钟某某走私案中，大货车的拖挂车号不同，以此打掉走私行为，减少走私次数。如朱某某运输毒品案中，马桶内液体数量不真实（房间内的被告人在侦查人员破门而入之时把部分毒品倒入马桶，从马桶内舀出含有毒品成分的液体1980克。我做了个实验，并拍了视频，把家里和办公室三个不同型号的马桶内冲水后残留的水进行收集，结果只有八九百克，也就是不到2瓶。同时又在互联网上打印出马桶的参数，封水为55毫升，在法庭上及多次场合我都给法官讲，封水高度只有55毫升怎么可能舀出将近4瓶水，即1980克，显然虚假）。

鉴定意见、勘查笔录等：我们要学习所在领域的规则、知识，鉴定一定从头看到尾，辩点很多。

视听资料、电子证据的质证。如东莞案，先搜查后录像、诱供、数量不符、对现场不熟悉。侦查人员看到小铁盒子就问嫌疑人是什么东西，嫌疑人只好说摇头丸，当打开密封的包装，让嫌疑人看后又问时，嫌疑人只好说了两次是麻古，而事实上并不是毒品，确实是未拆包装的润喉糖——这是明显的诱供。另外，侦查人员搜查完毕关闭了录像设备，又查到房间窗帘背后还有毒品，我们提出一个现场却有 3 个间断不完整的录像，再加上被告人不认，就打掉了现场的 5 包毒品。

如朱某某运输毒品案，审讯时间不符、笔录拷贝、现场打字审讯笔录不真实。

第四要件　举证提纲——由守转攻的辩护过程

东莞案件中因案卷较多，又有 14 名被告人，法官不可能很仔细地阅卷和总结，我们临时做了厚厚的举证证据，把侦查卷和检察院卷中对我们有利的关键证据单独拿出来放在举证提纲中。比如把 7 份对毒品数量的文书汇总对比，来证明指控的疑似毒品包装、毛重、净重、查扣位置等的不一致性，情况说明也无法作出合理性。再比如我把见证人专门做了三页的表格，凡是有见证人的全部收集进来，让

举证目录

侦查卷关键部分　　对应辅助列表对比、地图对比

法官直观地看到哪些是真正的见证人，或虚假，比如一晚上跟着不同的侦查人员跑三个地方见证搜查、抓获现场；一个见证人做证后，在 9 天后又跑到 30 公里以外的地方半夜做证，我又把百度地图附上去，表示地理位置的远近程度，让法官对其真实性产生质疑。案后，法官还专门向我们查阅阅卷笔录。

第五要件　辩护提纲——把握案件和整合辩护思路的过程

（一）庭审辩护"三感"

（1）层次感：法律、法理、事实、证据、逻辑、争议焦点、判例、常理、情理。

（2）现场感：读证据、背法条、讲事实、演情绪。

（3）正义感：对于指控的有理部分要肯定，不要条条反驳；有时可运用公认常识，不要狡辩；提最佳处理方式，兼顾各方感受；如毒品村案件——辩护人承认数量非常巨大，但其作用小于第二被告人，把第二被告人判了死缓，又怎能判作用更小的为死刑立即执行呢。如杨某杀人碎尸抛尸案——承认恶性杀人、碎尸、抛尸，情节确实恶劣、手段残忍，但依据现有证据无法确实充分、无法排除合理怀疑，让法官下定决心留有余地。

（二）法庭语言

"尊敬的审判长、审判员、可敬的公诉人，感谢包括二位公诉人在内的 3 位检察员，你们非常敬业，在审查起诉阶段我提交了多项申请，你们均要求侦查机关予以补查，且得到了回复"，我的这番话导致公诉人在第二轮的辩护当中，放过我这个第二被告人及辩护人，而把其他全部挨个驳斥了一遍。

在东莞个案被告人贩毒案中，我准备了 46 个问题，发问前我说"今天我不仅作为 ×××的辩护人为其辩护，而且还是帮助法庭查明案件事实，所以，我的问题比较多"，法官回了一句，"你问吧"，也一直没有打断我的发问。

"刚才证人作证的时候旁听席上有一阵骚动，就是因为证人说的是假话，大家都觉得不合常理。"

常规的大家都知道，我就讲一点我的个人感受。

（1）进行大篇幅的辩护时，尽量脱稿或半脱稿。因为你低头念出来的感觉，和义正词严地说出来、眼神交流出来的感觉对法官来说是不一样的。

（2）不能离题万里。要紧紧围绕争议点和案件本身来争辩，不要过度渲染其他，如认为此法不合理，是恶法；世界人权保障等。

（3）创造和谐的庭审气氛。不要与公诉人过于争辩，你只要达到说服法官的效果就可以了；也不要与法官争辩，要尽量把法官拉到你的同一战线上来。要明白你是来讲道理的，不是打架，也不是树敌。

（4）辩护人在法庭上要有客观的良好形象。如杀人、碎尸、抛尸行为，你还大讲特讲手段不残忍、性质不恶劣；要实事求是地讲本案存在哪些疑点，证据有哪些不够充分。

法庭辩论的战术设计：

（1）事实之辩（用证据说话）。如受贿案——主犯领导安排接收说了几次、怎么说的、分别在第几页第几行；行贿方分别就几个问题是怎么说的、几次、分别在案例的什么地方。即用严格清晰的事实支撑你的说法，不要过于笼统。

（2）定性之辩（与被告人的配合）。如受贿案——自己接收财物时的想法、事实、如何使用，自己有无消费。被告人从一开始都是如此供述，且有证据支持。

如何某运输毒品案、吴某运输毒品案——代收时不明知（从而一个在法院认定为非法持有，另一个在审查起诉阶段就认定为非法持有）。

（3）程序之辩（取证违法；物证的搜查、称量、扣押、保管、提取、送检、鉴定链条缺失或受到污染；先立案后抓人；技术侦查程序违法等）。

（4）量刑之辩。我们经常碰到审判人员或公诉人质疑，辩护人既要做无罪辩护,又要做量刑辩护,此时我们会告知法律规定——《刑诉法解释》第 231 条、《保障律师辩护权益规定》第 19 条,做了无罪辩护,在庭上还可以做量刑辩护。

量刑理由最好有证据证明;证据最好提前固定。

财产刑也要有证据支持。这辆车是家庭共有财产,买来一直在营运,也是家中主要或唯一经济来源,并非偶然这一次涉嫌运输疑似毒品,就将其认定为犯罪工具而予以没收。

(有些案件还可以进行)求情辩护。法庭辩论的战略方向:

第一轮辩护:全面把握、重点突出相结合;第二轮辩护:就争议焦点进行深入辩论。

答辩意见:针锋相对、引法据理、总结提升。

律师的本领三拳两脚。

三拳:发问、质证举证、辩论;两脚:开庭之前提交的各类法律文书、法庭辩论之后的辩护意见。

希望我们都能练好这三拳两脚,做个好的工匠,让每一单案件都能实现当事人利益最大化,也都能够成为我们自己的经典案例,来成就自己的专业品牌。

以上就是我今天分享的刑辩律师庭审准备五要件,也是我个人的一些办案体会,难免有不到之处,我也一直在不断学习,请大家见谅!

▶**主持人 刘 敏**◀

今晚就董律师的讲座,我进行了总结,刑辩律师开庭五要素即:

(1)阅卷笔录。带着问题阅卷,看起诉罪名是否恰当、事实是否真实、证据方面,要带着怀疑一切的方式审查证据的关联性、真实性,采用列表方式比较好。这个要件是重点,需要对每个证据从细节着手,耐心研究。

(2)发问提纲。发掘真相,固定辩方证据。要注意,依照《最高人民法院关于适用〈中华人民共和国刑事诉讼法〉的解释》第 199 条的规定，必要时，可以传唤同案被告人等到庭对质。

（3）质证提纲。最好一证一质。可以启发其他被告人、辩护人参与到质证中；质证、辩论可以适当混淆，把对证据的"三性"的意见进行详尽说明；对于鉴定意见、勘验笔录，需要学习所在领域的规则，从头看到尾，里面的辩点会非常多。

（4）举证提纲。由守转攻的辩护过程。可参见本次讲课中所发的图片。

（5）辩护提纲。把握案件、整合思路的过程。要有层次感、现场感、正义感，不要一味追求无罪。我们在法庭上不是与公诉人吵架，也不是与法官对抗。辩护时，言语适当、尽量脱稿、不要离题万里，辩护律师的形象要得体。事实之辩（证据之辩）、定性之辩、程序之辩、量刑之辩、求情辩护。

下面我们欢迎今晚的第一位点评嘉宾王常清律师进行点评。

▶ **点评人　王常清** ◀

各位群友，晚上好。我是北京泽永律师事务所的王常清律师，承蒙张元龙主任和周媛薇老师邀请，今晚我跟大家一起分享一下董律师精彩讲座的一些心得和体会。

董律师是一位经验丰富的资深大律师，今天关于庭审准备五要件的讲座十分精彩，每一点都讲得很细致、很详尽，而且实用性很高，确实是多年来执业经验的精华，对我来说，今天受益良多，非常感谢董律师的分享。

下面，我结合自己的一点办案体会谈谈我对这五要件的理解，当然，相对于董律师而言，都是一些粗浅的认识。

第一个要件是阅卷笔录，阅卷其实是一个寻找辩点、组织辩护思路的过程，还可以结合起诉书、被告人的辩解，通过阅卷寻找公诉方证据体系里的薄弱环节。刑事律师的工作是解构，而不是建构，用余安平律师的话来说是拦截性、破坏性的工作。所以，刑辩是不是取得成效，不在于找到多少个辩点，而在于能不能抓住那个最薄弱的环节，然后进行有针对性的打击，所以，阅卷是这个庭审辩护的基础。

第二要件是发问提纲。律师发问有时候会被忽视，其实这个环节非常重要，刑辩律师最忌讳的就是按照公诉人员的思路再问一遍被告人，而这样的发问还不如不问，我的理解是，庭审的发问有两个关键词，一个是补充，另一个是强化。所谓补充就是如果在公诉人的发问中被告人未能把自己的辩解讲清楚，一定要补充发问；还有就是被告人的一些自我辩解，可能并没有出现在卷宗的供述里面，有时候只是在会见时向律师提过，在这种情况下，律师一定要通过发问的方式，引导被告人，把相关的辩解事实和意见表达出来。当然，这需要在开庭之前做好相关的辅导工作。

比如被告人在侦查阶段，做的是有罪供述，但是在庭审中翻供了，这种情况下，律师就应当向被告人发问，既然他认为自己是无罪的，那么为什么在侦查阶段要做有罪供述呢？通过这个问题来引导被告人对翻供做一个合理的解释，否则，如果被告人不解释，仅仅是当庭翻供，法庭是很难采信被告人的当庭供述的。

强化就是通过辩护人的发问，让被告人把自己无罪、罪轻的事实和理由进行详尽的阐述。在法庭允许的情况下，可以问得详细些，有些问题哪怕是公诉人问过，而一笔带过，律师仍然应该向这个被告人发问，要他重申，通过这样的方式，可以最大限度地影响法官对案件的判断。

第三个要素是质证提纲。关于这一方面，董律师讲得很完整，我这里就不再重复了，只是简单讲一下，辩护律师在这过程中应该尽可能详细地展开自己的辩护意见，特别是对一些关键证据，在质证发言时不能仅仅限于该证据的"三性"，而应当根据整个证据体系来详尽地发表辩护意见。当然，相对于辩论阶段律师在质证阶段的意见，还是应该简单明了的。

第四个要件是举证提纲。有些案件辩方的举证，可能会成为案件的胜负点。比如，辩方提交被告人不在场的证据或者辩方证人出庭提出了改变案件格局的证言，都非常关键。对于这类案件，辩护律师一定要在取证上多下功夫，不能浅尝辄止，要尽可能地收集足够证据，以达到优势证据的标准，从而掌握案件的主动权。

宋明理学有句话叫格物穷理，我们刑辩律师要做的就格案穷理，只有这样，面对案件，我们才能够游刃有余。

第五个要件就是刑辩提纲。这点我就不多讲了，辩护词是律师辩护工作的终极产物，也是最重要的，对于辩护词，我们律师一定要克尽所能去精益求精。

上面是我的一些个人理解，班门弄斧，希望大家能多多包涵。最后我要跟大家聊一个关于刑事辩护的很有意思的话题，最近我突发奇想，感觉刑事辩护很像一款著名的游戏，叫作愤怒的小鸟。

就如同这个游戏，总结起来，刑事辩护就是要找到对方的薄弱环节，选择好攻击的角度，选择合适的炮弹，在合适的时机，用合适的策略，去击溃对方的城堡。刑事辩护的城堡就是公诉人的证明体系，当然，如何选择这个角度、时机和策略，就需要我们在一个个案件中去总结、去体会了。

好的，以上就是我今天和大家分享的全部内容，谢谢大家，再次感谢董律师。

▶**主持人 刘 敏**◀

谢谢王律师的精彩点评，王律师也从五个要件点评和分享自己的一些见解，同时他还将刑事辩护比作一款愤怒的小鸟的游戏，让我们能够明白格物穷理，格案也应该穷理。

接下来我们有请河南通都律师事务所主任王润泽律师为我们做点评。

点评人
王润泽

河南通都律师事务所主任律师
清华大学首期刑辩班学员

▶点评人　王润泽◀

大家好，我是河南通都律师事务所的王润泽律师，刚才主持人也对我进行了简单介绍，所以我也不再重复了。

首先感谢中南刑辩论坛，邀请我来作今晚讲座的点评嘉宾，说实话，作为点评嘉宾应当是资历更高的律师，所以我心里非常诚惶诚恐，因为我对今晚的讲座把控地不到位，所以点评也不一定准确，心里也很胆怯。

通过今晚董律师一个多小时的讲座，我发现董律师是一位办案非常认真、工作非常负责、有丰富办案经验的律师。今晚董律师的内容，信息量非常大，从第一个问题来看，每一个小点，她都可以作为一个主题来讲，虽然时间简短，但她已经讲得很详细，其中的每一个小点，足以让我琢磨很长时间，今天我吸取的经验非常非常多。

董律师提到的庭前的辅导，以及发问提纲、感情之辩、事实之辩，都是非常有用的经验，值得同行们借鉴。

同时，我也通过董律师的讲座，学到了其他知识，比如鉴定意见的审查，以及名称，到底是文件名称还是鉴定意见，这两个内容是不一样的；鉴定的方法是否科学，鉴定的机构是否合法，我认为都是非常好的内容。

其他还有很多，我复述不了那么多，但是无论如何，今晚董律师的讲座都是干货，让我受益匪浅，我也希望各位能从中获得对自己有价值的知识，为自己的刑辩提供服务。

今晚董律师讲课信息量太大了，我刚开始是做笔记的，但是我记着记着就记不下来了，我的记性也不太好，所以说今晚的点评非常的不好，还望董律师多多原谅，当然今后还有机会的话，我认为我会越来越好的，谢谢各位。

我对今天董律师的讲座，就点评到这里，谈不上点评，是自己的一点看法，谢谢各位律师，谢谢各位同行。

▶**主持人 刘 敏**◀

感谢王润泽律师的真诚点评，王润泽律师说出了我们的心声，董律师今晚的讲座干货实在太多，让我们连记都记不下来，但是又非常想去记，董律师说出来我们很多想到却没有做到的地方，是对我们刑辩律师工作的总结和提升，非常感谢她。接下来让我们用热烈的掌声欢迎今晚第三位点评嘉宾广东卓凡律师事务所王永平律师进行点评。

点评人
王永平

广东卓凡律师事务所合伙人
卓凡刑事法律事务部主任
惠州市律师协会刑事专业委员会副主任

▶点评人 王永平◀

各位群友大家好，我是广东卓凡律师事务所的王永平律师，感谢中南刑辩论坛给我这个机会来谈谈自己的看法，刚才董律师讲得很细，前面两位王律师也讲得很到位，我只能泛泛而谈。

我第一次见到董律师是今年 8 月，在我们所举办的卓凡刑事论坛上，董律师用了 10 分钟，秀了一下自己的"肌肉"，让我们大开眼界。

董律师果然是高手，她从阅卷、发问、质证、举证、辩护五个方面，把刑事辩护的全过程，做了一个细致的分解。整整一个多小时，展示了作为一线律师的专业、敬业、细致、耐心的工作作风和风采。作为我来说，更多的是受益，所以点评不敢说，更多是是讲讲自己的心得。

在以前的庭审中，大多数情况下，我们做刑辩的时候对公诉人的证据都是没有意见的，很多人都会把重点放在法庭辩论上面。但是，我认为刑事辩论实际上是个逻辑推理的过程。在以前的这种模式下，我大部分的情形是法官会采纳有理的意见，不支持无理的意见，所以我们当时在大部分的情况下是没有作为的。

近年来更多的律师着重于证据这方面，尤其是我们董律师这样专业的关注证据的，在庭审中发现，案件的证据"三性"有问题，法庭就必须要解决，而不是说有理采纳，无理不予支持这种说法了，否则的话就不能形成证据链，这也跟我们当前以审判为中心的司法体制改革，思路是一致的。

我们现在要让庭审实质化，要改变以前的以侦查为中心的思维模式，那么我们律师就必须要把这个证据的审查作为重中之重。

个人认为，刑事辩护实际上是围绕自己的辩护方向做一个设置的，按照我们董律师的讲法，也就是通过阅卷掌握案件，通过发言抛出问题，通过质证理出焦点，通过举证强化观点，把我们整个思路设置在这五个环节中间，形成一个完整的辩护模式。

辩护过程这五个环节中，不能寻求面面俱到，还要有一些取舍，尤其是对一些一般的案件，因为刚刚董律师讲到，这些案件实际上我们能够感觉到，如果是这样来做，实际上是一些特别重大或者巨大的案件，但是如果像我们，特别是一些年轻的律师做，如果是一般的案件，可能对这些环节中间要做一些取舍。

没有时间，把所有发现的瑕疵都做一个展示，那么我们只能、也必须要突出重点，直奔主题，这样才会有庭审的效果，否则的话，我想，法官、检察官虽然支持你的观点，但是他的时间或者说具体的情况可能会有一些影响，这是我的一些想法。

对于今天董律师的讲课，我的想法和大部分的群友是一样的，我们还是需要很多时间来消化，也是我以后需要反复去体验的一个方向，我就讲这些个人体会，谢谢大家给我这个机会，也欢迎大家到惠州，到卓凡律师所来指导，谢谢！

▶**主持人　刘　敏**◀

感谢王永平律师的精彩点评，其实现在我们做刑辩律师，如果说在庭审上只是围绕最后的辩论环节去发表意见，那么我们已经被公诉人抛出去很远很远了，在庭审实质化的过程中，我们需要做什么，怎么去做，今晚董律师和三位点评嘉宾都做了很好的范例。

这是一个烧脑的夜晚，这是一个受益良多的夜晚，得益于董律师的细腻分析和公益共享之心，让我们这个刑辩律师的舞台光彩熠熠，也得益于三位律师的精彩点评和妙语连篇，让我们刑辩律师的舞台流光溢彩！

再次感谢我们今晚的主讲人董律师和三位点评嘉宾律师，在这样的夜晚，很适合大家慢慢回听，慢慢细想，那么我就不再多言语了，晚安！

主持人
孙 沣

山东鲁剑律师事务所副主任律师
"法律好声音"发起人

以庭审为中心：
有效辩护的说服艺术

主持人：孙 沣 主讲人：余安平
点评人：翁京才 齐保宽 朱国平 龙元富

▶**主持人 孙 沣**◀

各位群友，晚上好。北京时间晚 8：10 欢迎您来到中南刑辩论坛收听讲座，我是今晚的主持人"法律好声音"发起人孙沣，本场讲座由广东卓凡（仲恺）律师事务所余安平律师围绕"以庭审为中心：有效辩护的说服艺术"这一主题展开精彩讲解，并由北京大成（福州）律师事务所翁京才律师、安徽文瑞律师事务所齐保宽律师、广东省人民检察院朱国平检察官和广东登润律师事务所龙元富律师担任点评嘉宾，接下来有请余安平律师精彩开讲，掌声有请。

▶**主讲人　余安平**◀

各位群友，大家晚上好。我是一梭烟雨——余安平律师。8 月 4 日曾在中南刑辩论坛主讲过"审前辩护：从有限辩护到有效辩护"，这次主讲的题目是"以审判为中心：有效辩护的说服艺术"。审前辩护进行"有效拦截"固然是辩护律师首选，但绝大部分的案件都会进入审判阶段，这就需要辩护律师在"兵临城下"时有效说服，促成法院接受律师的辩护意见。以审判为中心，意味着认定有罪只能在庭审中，公诉人不再具有先天优势，需要与辩护人相对平等地论证被告人是否有罪、如何量刑。律师的有效辩护，既包括让无辜者免受冤屈的无罪辩护，也包括让有罪者罚当其罪的轻罪辩护。

一　开庭前的说服艺术

以庭审为中心，并不意味着辩护律师只能在开庭时才能进行辩护。案件进入法院，辩护律师就应该向法官表达自己的意见，特别是充分阅卷后应该通过法律意见书等形式向主审法官甚至合议庭成员、审判委员会成员阐述对案件的看法。辩护律师开庭前的说服：一方面是减少法官的"偏见"，避免其"先入为主"；另一方面则是协助法官提炼案件的疑点、难点与焦点，避免其忽视被告人无罪或轻罪的证据。此时辩护律师应该扮演案件"临时法律顾问"角色，用证据审核、法律分析、逻辑推演来引导办案法官。

不少法官虽然对律师私下里交往比较忌讳，但对于律师在办公室约见并不反感。甚至许多法官希望与律师交流，听听律师的辩护意见。法官都会有"青天情结"，都希望自己有几桩让人满意足以传颂的经典案件。律师说服法官，不是强人所难，而是拿出证据与法律依据、经典案例，让法官愿意听取、愿意听从。在主审法官形成书面意见之前，律师的一切意见与建议对他们都有帮助。不过，鉴于法院审理过程中有建议检察院补充侦查的权力，律师在提交的法律意见书中对证据漏洞的指明应该注意避免帮助办案机关补充侦查，例如对于那些无法补充侦查的证据才能直言不讳。

我曾代理过一桩叶某某涉嫌生产销售有毒有害食品案件。虽然被告人承认生产销售死猪肉超过 3 万斤，但卷宗中的死猪肉没有称重笔录，只有一个整数"12500 公斤"。我等到该死猪肉被销毁才提出质疑，也就使得办案机关无法通过补充侦查来补充证据。案件发生在"三打两建"期间，最终法院以生产销售不合格产品罪判处一年半有期徒刑。当时主审法官黄庭长还很生气，质问我"这些死猪肉卖给你吃不吃"？我也回应说"法院判案，不能通过辩护律师放水，而应该通过严格调查取证"。我还上纲上线说"律师对检察院狠一点儿，检察院就会对公安机关紧一点儿，公安机关办事就会认真一点儿，法院判决就会公平、公正一点儿，冤假错案就会少一点儿，法治建设就会进步一点儿"。

开庭前的沟通，应该围绕公诉机关的起诉书展开。公诉机关的意见哪些明显没有事实和法律依据，哪些存在疑问，辩护律师都可以与主审法官交流，影响法官对案件的判断。当庭审不再是完全按照公诉机关的起诉书展开，而是吸收辩护律师的法律意见书观点，甚至庭审围绕辩护律师归纳的焦点展开，则辩护律师已经争取到庭审的主动权，也就在说服法庭中获得了先机。

我曾在博罗代理过一桩马某破坏公用电信设施罪，受害者是当地驻军。庭审阶段我介入后，在一周内完成阅卷、会见被告人、约见主审法官三件事。阅卷后形成案情摘要，会见时与被告人核实案情形成法律意见。与主审法官交流时，围绕公诉材料、基本案情、法律分析、本案焦点展开论述，认为马某既不构成破坏公用电信设施罪，也不构成损坏军事通信罪，更不构成故意毁坏财物罪。我甚至在法律意见书中列明公诉机关起诉书中的证据来源错误与法律适用错误，建议法院宣告被告人无罪。我还将法律意见书副本提交给公诉机关，对起诉书中明显存在漏洞的指控进行质疑。后来的庭审基本按照律师归纳的焦点展开。本案虽然没有争取到无罪判决，而是以"实报实销"6个月结案，也算小有战果。

二 庭审中的说服艺术

能够被律师通过"审前辩护"争取到无罪释放的毕竟是少数。能够让主审法官看到辩护律师开庭前提交的法律意见书就建议检察院撤回起诉的，更是可遇而不可求，这也就意味着辩护律师说服的重点，应该放在庭审中。辩护律师把公诉人的起诉书当成"起诉状"，制作好庭审意见当成"答辩状"，借用民事案件中应诉的思路来重点质证公诉人证据的真实性、合法性、关联性、充足性、逻辑性。辩护律师应该明确自己的辩护不是"法庭对抗"而是"法庭对话"，是帮助法庭有效查明事实、准确适用法律。律师与法官、检察官之间并不是"敌对关系"，只是因为分工的不同而扮演不同角色。无论是公诉人成功论证自己的指控，还是辩护人成功质疑公诉人的证据与逻辑，都是"尽职尽责"完成各自的法定义务，都是为了打击犯罪与保护人权兼顾。

无罪案件经过不批捕辩护、不起诉辩护与开庭前说服的充分"过滤"，到了庭审阶段已经微乎其微。此时也有一些案件需要"无罪辩护"，其目的在于让无辜者免受冤屈。辩护律师内心确信被告人无罪且公诉人的起诉书存在证据硬伤或逻辑硬伤，显然需要坚持原则毫不退缩。对于审前辩护、庭前说服都不被办案机关采纳的无罪辩护意见，辩护律师在与被告人充分协商后可以"坚持到底"。2013年卓凡刑事部代理了陈某非法持有毒品二审案件。该案一审判处有期徒刑 8 年，卓凡刑事部林建源律师与卢建君律师接受代理后，立即会见上诉人并将案件提交卓凡刑事部集体讨论，最后形成一致意见认为一审法院判决陈某构成非法持有毒品罪无法形成完整证据链，不能认定在陈某房间发现的毒品就是陈某携带的毒品。案件在"事实链"与"程序链"都存在重大漏洞，二审法院接受律师意见发回重审，但一审法院再次作出有期徒刑 8 年的判决。该案再次上诉至中级人民法院，两位律师继续坚持无罪辩护，而且认为陈某供述的挎包颜色与证人陈述的挎包颜色不一致、公安机关没有在涉案挎包上提取陈某指纹。二审法院在辩护律师"坚持不懈"努力下，最终认定指控陈某涉嫌非法持有毒品罪证据不足，作出了无罪判决。辩护律师对于无罪案件应该"拒不妥协"，用事实与法理说服法官。当然，这也需要当事人的认同与配合。

不过，如果被告人屈服了，此时辩护律师只能向被告人陈述利害，被告人如果坚持"以认罪换取免予刑事处罚"或者"以认罪换取缓刑"，辩护律师还是应该充分尊重被告人的意见。辩护律师的独立辩护，应该服务于被告人的意愿。按照普鲁士参谋部开创的惯例，参谋人员不同意军事首长的意见可以三次劝谏，但三次劝谏后军事首长依旧不接受，则参谋人员需要坚决服从军事首长的命令。辩护律师也应还如此，在三次劝谏后被告人依旧坚持妥协，则辩护律师应该按照被告人的意志改变策略。辩护律师有充分释明法理法规的义务，也有尊重被告人的义务，除非不接受继续委托。

辩护律师也可以与被告人协商，被告人认罪而辩护律师坚持无罪辩护，以无罪辩护促成轻罪判决。我曾办理过一桩非法拘禁致人死亡案件，张某将自己同学蔡某骗入传销组织，后蔡某坠楼死亡。侦查机关以非法拘禁罪立案侦查，我提出张某不是限制蔡某人身自由的指使者、组织者，也不是直接行为人，不构成非法拘禁罪。后检察院以组织领导传销活动罪起诉至法院，毕竟一条人命难以无罪释放。按照与被告人张某的沟通，她当庭认罪表示忏悔，我做无罪辩护。

我认为张某既不构成非法拘禁罪也不构成组织领导传销活动罪，她只发展了一名传销下线，她把蔡某骗入传销组织并不必然导致蔡某坠楼死亡。公诉人指责我不应做无罪辩护，还认为既然被告人认罪则律师只能轻罪辩护。我提出"被告人是否有罪，不取决于她是否认罪，也不取决于律师是否辩护她无罪，而是取决于公诉人是否有足够的证据让法院判决她有罪"，"被告人认罪只是她个人基于经验的一种认识与对受害人死亡的愧疚，不能减轻公诉机关的举证责任，否则庭审就毫无意义"。鉴于受害人家属参加了庭审，我在法庭辩论中一再强调被告人张某"不是真凶"，虽然被告人张某对受害人蔡某的死亡没有刑事上的责任，但被告人把被害人骗入传销组织也有责任，愿意作出赔偿。被害人家属也接受了被告人"不是真凶"的观点，促使法院作出较轻的判决。后来法院以组织领导传销活动罪为由判处1年有期徒刑，被告人很满意。辩护律师虽然觉得有些遗憾，但需要尊重当事人意愿。

辩护律师在庭审中应该借鉴"罗伯特议事规则"，把法官看成"主持人"，把检察官看成"对方辩友"，一方面尊重庭审秩序尊重法官与检察官，另一方面只针对公诉人的观点发表意见而不针对检察官发表意见。辩护律师与检察官"不直接辩论"只针对法官"发言"，既是尊重法官的权威地位，也是避免与检察官发生对立与冲突。辩护律师与检察官"各为其主"，听候法官公正裁决。

辩护律师应该清楚，法官也是有血有肉的普通人，很难完全避免偏见与个人经验。辩护律师与检察官之间的质证与辩论，其目的都在于获得法官的认可。这就需要辩护律师一方面"彬彬有礼"又"态度坚决"，另一方面"有理有据"又"尊重先例"。辩护律师能够拿出经典案例支持自己的观点，这是对办案法官最好的游说。特别是办理死刑辩护案件，在没有法定免死情节时，需要辩护律师用一些合情合理的酌情事由让法官理解与同情。我曾在河源办理过黄某杀害前妻案件，公诉人认为连捅十多刀手段极其残忍、当着小孩的面杀人影响极为恶劣、光天化日之下杀人危险性大，死者的全村村民联名要求严惩凶手、拒绝被告人家属赔偿，一定要血债血偿。我列举了多项可以减轻刑罚的理由，其中一条认为被告人虽然没有法定从轻或减轻情节，但被告人与死者共同育有一名不满 3 岁的小孩，孩子是无辜的，已经失去了母亲，如果父亲也死了则成了孤儿。恳请法庭充分考虑到死者苦命的孩子需要抚养，给孩子的父亲一条出路。后来法庭也以此为由在没有刑事和解、没有法定从轻或减轻事由的情况下判处死缓。

律师往往不担心受害人及其家属提出损害赔偿，担心受害人及其家属坚决不要赔偿只要重判。有受害人的案件，当然是说服受害人或其家属有利于说服法官，但一旦受害人家属"不要赔偿只要严惩"，辩护律师就面临着巨大压力，如果"动之以情，晓之以理"，在法定从轻或减轻之外寻求酌定从轻或减轻事由。

三　庭后的说服艺术

庭审中辩护律师的"说服"是帮助法官了解案情，庭后的说服则是帮助法官下定决心。许多律师认为开完庭就等判决足矣，其实开完庭则律师的重点工作刚刚开始。网上有大量"没有辩护词的成功无罪辩护"，但庭后提交辩护词应该成为辩护律师的工作常态，通过说服办案法官来说服法院。辩护律师通过辩护词向法庭系统陈述辩护意见，在辩护词中针对公诉人观点特别是庭审焦点展开论述，说服法庭接受辩护人意见。辩护词不仅仅是辩护律师庭审发言的归纳与总结，也是辩护律师向法庭提交全部材料与庭审发言的补充和完善。我习惯开庭时提交一份辩护词给书记员方便庭审记录，然后在庭审结束后一周内撰写好补充辩护词，对庭审中新出现的问题进一步阐述。借向主审法官提交辩护词的机会，辩护律师可以与主审法官面对面进行交流。

如果说庭审中辩护律师的发言可能会"口语化"，那么庭后辩护律师提交的辩护词应该"专业化"。律师辩护词的最高境界是可以直接帮助法官撰写判决书，这就需要辩护律师站在法官的立场上来撰写辩护词。辩护律师帮助法官去有效查明事实、援引法律规定、寻找相关案例，当法官阅读完辩护律师的辩护词已经形成判决书初稿时，辩护律师的说服已经"大功告成"。

我们卓凡刑事部杨择郡律师与章利兵律师牵头办理了2014年汕尾某特大涉黑案件。该案经过最高人民法院8次批准延期，历时1年惠州市中级人民法院作出判决。在396页判处书中，第一被告人判处有期徒刑24年，第四被告人判处有期徒刑11年，第六被告人判处有期徒刑8年，第十四被告人判处有期徒刑5年，第十五被告人判处有期徒刑4年又6个月，我们团队办理的第五被告人判处有期徒刑3年，第十三被告人成为全案唯一的缓刑。我们卓凡刑事辩护团队长期坚持的说服艺术在这次庭审中得到全面体现——庭前法律意见书沟通、庭上质证与辩论坚持原则，庭后辩护词帮助法官下定决心。辩护律师在庭审中"寸土必争"，在庭后可以适当作出妥协。

有效辩护的说服艺术，应该充分考虑到法官的"难处"，毕竟他们不仅仅需要考虑法律问题，还需要考虑政策问题。群体性、集团性特大案件，律师有时可以用无罪辩护争取法院作出被告人免予刑事处罚、判处缓刑或"关多久判多久"的轻罪判决。律师辩护应该坚持"原则与妥协"——只要有利于被告人，辩护律师也可以适当改变策略。我也曾办理过庭审后检察院撤回起诉的邱某涉嫌贪污案，辩护律师此时应该考虑被告人无罪释放或免予继续羁押而不是无罪判决。辩护律师眼中只有当事人利益，公平正义与法治进步是个案的结果而不是目的。

法官与律师一样，内心世界都是法律人，都有公平正义观念，学生时代都曾是"热血青年"。只要辩护律师提出的意见有理有据，能够帮助法官下定轻罪甚至无罪的决心，律师的有效辩护说服也就发挥了实际作用。有效辩护的逻辑基础是律师与办案机关眼中都只有一个法律事实、一部法律规定、一套法理逻辑。辩护律师不是办案的破坏者而是建设者，与检察官、法官一起共同致力于办理经得起考验的经典判决。法官也面临着错案追究制度与终身负责制度，这使得他们对辩护律师的专业的帮助难以拒绝。当"让无辜者免受冤屈，让有罪者罚当其罪"成为法官与辩护律师共同追求，辩护律师就成为办案法官不可缺少的朋友与帮手，辩护律师的说服也就水到渠成。

以庭审为中心，这是法治建设的内在需要。辩护律师说服了法官接受自己有理有据的辩护意见，这是律师的辩护职责，也是法治建设的需要。相信辩护律师的未来之路更加宽广，不需要死磕、也不需要勾兑，技术辩护时代，不再遥远。

▶▶主持人 孙 沣◀◀

好的，非常感谢余安平律师的精彩讲解，下面首先有请翁京才律师对余安平律师以上讲授做点评。

点评人

翁京才

诉讼法学博士

民盟成员

华夏公司辩护联盟副会长

北京大成（福州）律师事务所合伙人

▶**点评人　翁京才**◀

余安平律师对辩护有非常深的认识，我在网上和他有比较好的互动，今天他针对这个以审判为中心的主题谈了庭前说服艺术、庭审中的说服艺术以及庭后的说服艺术，对这三个阶段的说服要点也进行了详细的分享。庭前的说服艺术要注意哪些问题，庭审中的说服艺术要注意哪些问题，庭后的说服艺术要注意哪些问题，这些都说的非常好，这有利于法庭在最后判决的时候进行考量。但是，同时我这边也跟大家建议一点儿，就是余律师所提的这些都必须建立在充分阅卷的基础上才能提出这些东西，余律师是推定刑辩律师已经充分仔细地完成了阅卷。其次，庭审辩护中，余律师提出我们要尊重当事人、充分利"用罗伯特议事规则"的适用来考虑被害人家属心情等这些方面。

我特别赞同余律师说的庭前说服艺术中向主审法官、合议庭成员、审委会提交书面意见。余律师说地非常好，大家在提交书面意见前一定要衡量清楚是否提交？我个人看法就是要结合你办理的案件，如果你提交了书面意见——辩护人法律意见，但最终却成为退补提纲的初稿，很可能我们这个辩护是一个失败的辩护，因此，你要考量一下书面的辩护人法律意见，能够达到什么样的效果或者你希望达到什么样的效果。

关于以审判为中心的说服艺术，余律师已经说的非常详细，我个人觉得很受用。我很遗憾，刚做律师的时候怎么就没有这个机会来听一下这样的讲座，那我就可以少走很多弯路，因为我刚才说的阅卷后提交书面意见，我就吃过一次亏，刚做律师的时候不懂事，认为我们有什么意见和他们好好谈一谈，主诉检察官也诱导我非常乐意跟我谈，我洋洋洒洒写了一万多字，后来庭审进入更焦灼的状态，把我自己的辩护逼到更难的境地。通过今天这个讲座，我们许多人就可以避免这问题。

最后，我对余律师的庭前说服、庭中说服、庭后说服，谈一点点我的个人不成熟的看法，与大家共同来探讨是否可行。

在充分阅卷后提问题，也就是开庭之前、案件移送到法院起诉之后，这段时间，我认为是我们辩护律师非常重要的黄金辩护时间之一。在这个时间段，我们已经充分地、详细地阅卷了，阅卷之后要进行考量我们刚刚所说的，能否提交详细的书面的辩护人法律意见来达到我们的有效辩护的目的。如果你认为这个案件定性都错了，不管是有罪无罪、此罪彼罪，我都觉得这个时候都应该有个详细的辩护人法律意见，从实体到程序进行详细的论证，然后，寻找与主审法官正面沟通的机会，把我们的意思表达到位，争取获得主审法官的基本认同。在这些事情做完之后，如果不是太见效，或者卷宗太多，那么为了提高庭审效率，也为了在法庭上体现我们辩护人是有理有据讲理的律师，我们不是胡搅蛮缠，除了辩护策略，我们更有法律技术，那么我们要考虑是否申请召开庭前会议。

上面是关于庭前说服我个人的一点点小看法。那么关于庭中说服的问题，我觉得余律师说地非常好，我们只是针对公诉人的观点发表意见，不是针对检察官发表意见，这样才不会导致我们律师和检察官之间起冲突，更有利于法庭在平和的氛围中查明案件事实。但是，我觉得除了考虑被害人家属心情之外，如果案件里有同案犯的情况下，我认为可能还需要考虑同案犯家属的感受，以便所有的辩护律师形成一股合力，更好地去说服法庭。我在上个月开了一个庭，这个庭有 6 名被告人，这是一件涉及 10 公斤的贩毒案件，在庭审中我就发现很多律师都不考虑其他同案犯家属的感受，然后自说自话，这样子我觉得是在内耗。

关于庭后的说服艺术，我认为庭后的说服艺术刚才余律师说了，依他的习惯是开庭的时候提交一份辩护词，开庭一周后再提交一份补充辩护词。我一般都是在开庭后一周之内提交辩护词，因为我们要根据庭审情况补充一些东西、调整一些东西，同时我的习惯是会把相关的法律法规、相关的经典判例、相关的学理学说都摘录、复印、复制出来，然后将要点标示清楚。如果是复印的，我会在上面用不同颜色的荧光笔将它画出来并提交给法庭，目的就是让法庭主审法官、合议庭成员一目了然，一下就知道我们的辩护律师的观点，更好地给他们灌输我们辩护律师的想法，以便他们能够接受我们辩护律师的观点。

今天，关于以审判为中心的说服艺术问题，余律师分别从庭前、庭中、庭后三个阶段进行了非常到位的讲解，我这个谈不上点评，仅是结合自己的办案经验与大家一起探讨、供大家参考，谢谢大家！下面请齐律师给大家做更精彩的点评！

▶**主持人 孙 沣**◀

感谢翁京才律师的精彩点评，下面让我们欢迎齐保宽律师为大家点评。

点评人
齐保宽

安徽文瑞律师事务所专职律师
安徽省律师协会刑事专业委员会委员
阜阳市律师协会刑事专业委员会委员

▶**点评人　齐保宽**◀

各位群友，晚上好。非常荣幸受一梭烟雨——余安平律师的邀请，担任本次讲座的点评嘉宾之一，10天之前我接受余安平律师的邀请，当时余安平律师给我讲的这个题目，说实话也是这几天一直非常忐忑，不知道今天要讲什么。我对余安平律师比较崇拜，当时在研修班与余安平律师是同学，如果我记得没错的话，余安平律师他以前是历史专业的，转行做律师，可以说余安平的历史文化知识非常深厚，同时余安平律师又是一个非常多产的律师，我说的是文章，我们如果关注过余安平律师和微信的朋友都知道余安平经常在百忙之中写出相当有内涵、相当有自己独到观点的文章。他的微博、微信的文章我大部分都看过，由于本人是一个草根出身，不具有很深的刑事方面的理论，因此对于余安平律师今天讲授的以庭审为中心的有效的说服艺术这个题目，平时看的相关内容比较少。由于我的县域，平常就是接的小案，平常的工作就是每天接待当事人、阅卷会见、出席法庭、写辩护词、与法官进行沟通，所以说我对这个题目，虽然也知道，但是总结比较少，可以说没有总结过，因此，对本次点评上也谈不上点评，谈谈感想吧。

作为一名县域律师，我办的都是小案子，但是不妨碍我从自己的角度来谈谈我的看法。从 2014 年开始十八届四中全会就明确地提出了要推进以审判为中心的诉讼制度改革，并且明确规定，要确保侦查、审查起诉的案件事实，经得起法律的检验。应当讲已经从顶层设计的角度确定了今后要围绕着以审判为中心的总目标，展开我国的刑事司法改革。大概在一年前吧，最高人民法院也在司法文书中也作出了审判应当以庭审为中心，事实证据调查在法庭，定罪量刑辩论在法庭，裁判结果形成于法庭，这也充分说明了最高人民院法院已经启动了以庭审为中心的改革进程。因此，以庭审为中心和以审判为中心的这两个提法，已经成为新一轮司法改革的两个焦点。

对此，不管在出外学习交流的过程中，北上广的律师，包括法检两个部门的具体负责人，以及我们本地的公检法司各部门包括社会上的各级人士，对这个以审判为中心，或者是以庭审为中心，这两个焦点问题，都有不同的看法，应该是众说纷纭吧。那在我发表感想和分享感想之前我首先要说明的是在微信朋友圈中，我首先发布的这个预告中是"以审判为中心：有效辩护的说服艺术"，而余律师的讲课稿是"以庭审为中心：有效辩护的说服艺术"。这个以庭审为中心，在十八届四中全会的《中共中央关于全面推进依法治国若干重大问题的决定》已经确定，最高人民法院实际发布的文件是以审判为中心，那么我们必须要注意以庭审为中心和以审判为中心，是不能等同的，是有所区别的。

第一点，我认为以庭审为中心，是要求法官在审理案件时，应当以法庭审理为中心而非依照以前的案卷笔录，书面的笔录为中心，要形成自由的心证。审判活动的特性要求法官必须直接接触和审查证据，直接要听取控辩双方的意见，再作出判断，法官内心的确认也要凭借庭审活动之后才形成，当然才具有一定的正当性，庭审是保证合理证据的条件。而审判为中心，则是指整个诉讼制度都要围绕审判程序的构建。审判程序在整个刑事诉讼过程中，应当讲具有中心的地位，具有决定的作用，主要体现在，审判是处于整个刑事诉讼活动的中心，侦查活动是为审判进行准备活动之一，起诉时开启审判程序的活动，当然还有后来的刑罚的执行，是落实审判结果的活动，侦查、起诉和执行，都是要服务和服从于以审判为中心，同时，侦查审查起诉活动，都应当围绕审判中对事实调查、证据认定、法律适用的标准和要求展开。对于起决定作用的就是对被告人的定罪、量刑的最终确认，必须要通过审判程序来决定，任何人未经审判不得确定为有罪，侦查起诉程序中对犯罪嫌疑人的指认只有程序作用，对外不具有有罪的法律效果，因此也需要由审判程序来确认，我们在以庭审为中心或者以审判为中心的改革过程中，必须要明白以庭审为中心和以审判为中心所解决的问题和包括的含义两者的侧重点是不一样的。

另外我们必须要明确，"以庭审为中心的改革"和"以审判为中心的改革"是相互促进的，也是互为前提的。一方面想要实现以庭审为中心的法庭模式，前提是司法人员必须要以审判为中心的刑事司法理念，同时又有以审判为中心的刑事诉讼构造，其前提也必须要以法庭调查认定证据为中心。所以法官的自由心证形成于法庭而非直接的法庭宣读笔录，让法庭的审理流于形式，通过以庭审为中心的法庭审理，才能够对侦查和起诉起到一定的规范作用，这个规范作用才能够有利于促进我们的司法。

以庭审为中心与以审判为中心也是相互促进的，说到以庭审为中心的诉讼制度改革，作为刑事辩护律师，进行有效的说服法庭，采纳辩护意见，争取到公正公平的判决，第一个必须要做的，就刚刚我完全同意翁律师的观点，有效辩护的前提必须要阅卷，并且是有效的阅卷。也就是能够说服法庭的基础是什么？我认为就是案件的事实证据，以及有关的法律规定，那么说服法庭有力的事实证据和法律规定的前提就是有效阅卷。我们从仔细的阅卷过程中可以形成内心的确认这个案子到底是要进行无罪辩护还是量刑辩护，还是存疑辩护以及辩点上的寻找只能从材料中的反映，包括程序辩护，同样也要卷宗材料中反映。

我在刑辩过程中说服法庭的辩护观点和主张，攻其一点致其证据体系崩溃。比如说在某个案例过程中这个案子如果你眉毛胡子一把抓，法官也不知道你要说什么，你说的这个终极问题是什么。但是这个案子，如果你在一点重大的缺陷上发现漏洞，寻找到突破点，就可以一举突破；比如说在一些案件中，根据刑法的规定造成经济损失为结果才构成立案条件的犯罪，我们就可以从这里的损失成立不成立，这些损失是不是被告人的行为造成，或者说这些损失与被告人有没有因果关系，有时候效果反而更好。

第二点，我认为应当注意的是要在有效说服法庭的时候，对审判机关的内部分工有充分的了解。比如说你知道这个案件用独任制，简易程序，那么法官自己有没有决定权。重大疑难案子，需要分析什么样的案件属于重大疑难或者是什么样子的案件需要提交给审委会讨论，如果我们可以知道内部操作的这个程序之后，可以帮我们将有效辩护意见，提交给各位审委会的委员，甚至分管院长，争取到说服审委会，这就是余安平律师在这个有效说服一书中所讲到的我们说服的案件有影响和有能够决定的所有法官才能争取到的最理想的结果。

第三点，我认为说服法庭必须要注意语言的艺术。当然我的普通话不太好，但是我认为作为刑事律师，如果同样的语言，用艺术的语言表达，可能更容易得到法庭和法官的倾听。你能注意到的是尽量要使用这个标准的语言，要使语言有魅力，注意要明确清晰，符合逻辑，精当明了，形象生动。但是必须要注意，不能说自己认为很深奥的，很难懂甚至说空泛的言论，这个时候容易引起法官的反感，如果法官听不懂，肯定就不容易听取我们的意见。另外，提交庭后的辩护意见要注意专业术语要准确，语言要朴实自然有亲切感，有说服力，要恰当，还要丰富多样，切记不要使用一些生僻的、粗俗甚至华而不实的语言，导致法官非常反感。对于在法庭中的口语，辩论过程中要吐字清楚，避免重复，精神要振作，不能无精打采，有气无力，因此在有效辩护过程中，一定要注意语言的艺术。

第四点，对于有效说服法庭的艺术上，浙江刑委会主任徐宗新律师关于"十大辩护方法"，我认为他总结地很好，他的"十大辩护方法"也可以在网上搜索到，在现今的司法诉讼过程中，可以充分借鉴，目的是更容易让法官采纳我们的辩护观点。最后我完全同意余安平律师的有效辩护说服艺术。

余安平律师从开庭前、开庭中和庭后三个方面进行讲解，同时翁京才博士也发表了自己的观点，我认为作为刑事辩护律师，能够做到有效辩护来说服法官采纳辩护意见的道路只有一条——专业。只有专业的刑辩律师，才能赢得法庭的认可，除此没有别的道路。以上是我自己的体会，普通话不太标准，听不清楚请谅解。有不足的地方，希望大家指正，最后非常感谢余安平律师的邀请，希望我们多交流吧，谢谢大家！

▶主持人 孙 沣◀

非常感谢齐保宽律师的精彩点评，点评嘉宾朱国平博士发来一则书面点评代替语音点评。

▶**点评人　朱国平**◀

就余安平律师的讲座内容，感悟如下。

1.关于有效辩护的定义

赞同余之"让无辜者免受冤屈，让有罪者罚当其罪"论，简言之，使得所该得，勿失所不该失。逾此界者，若不是忽悠当事人，要么共同犯罪／侵权，要么窝赃饰罪。

2.关于有效辩护的分节

辩护旨在使当事人出罪或减免罪责刑，应当涉及有关罪责刑之全部因素，覆盖侦诉审执申之全部诉讼阶段／时间区段，各阶段／区段有异，辩护目的、方式、策略当有不同。余论述基本健全，但或囿于时间及准备，各阶段／区段的特殊性及其比较尚可强化。

3.关于以审判为中心的理解

侦诉审辩应有各自的理解或者侧重，就辩护而言，不宜机械理解为在法院／法庭决一死战，战在法庭，功夫在庭外，至少就事实与证据之辩而言是如此。节节设防、步步为营、各个击破是谨慎有效之法。即使真可"一招致敌"，也不倡临时出击，即使辩护人有这个智慧，侦诉审也未必有。

4.关于说服的原理与策略

除非侦诉审共同定下陷害当事人决心，无人愿意（顺利）构罪陷害，此系辩护人与侦诉审共同话语基础；但乞求其"放过"当事人（这是滥权），不如通过陈明不罪及从减免依据，慑止其敷衍懈怠、知错不改（这是渎职），后者更见功效也绝少风险。

▶**主持人　孙　沣**◀

好的，接下来有请龙元富律师闪亮登场，做精彩点评。

▶**点评人　龙元富**◀

各位新朋友、老朋友大家晚上好。今晚这个话题选得非常好，说服的艺术是辩护律师的核武器，或者说是辩护工作的最关键的推动。

我同时也要说余律师选这个话题，选得稍微有点大，为什么这么说，首先我要提醒各位听到的人注意，辩护的说服艺术不仅仅是说和写，实际上是整个辩护活动的价值追求，这是整个辩护活动的一个主轴，一个整体的展开，所以这话题是很大。今晚我们余安平律师的这个话题很大胆，当然他真的很聪明，直接以开庭前、庭中、庭后如何说服法官，用四两拨千斤的办法就和这个话题挑了个遍，但是事实上这个演讲的展开是不够明显的。至少我认为说服的艺术，应该包括几个问题，第一个问题是对谁来说，你是个什么角色。你要说给谁听，你想达到一个什么目的，这是第二个问题。第三个问题是你要达到的目的你要说什么。最后一个问题是怎么说。我想余律师他本来的意思也是包括这几个方面的，但是没有做这样逻辑性和一个辨析、分解，因此显得大而化之。

我们律师面对谁说这是明确的。在法庭上主要是面对两个对象，一个是公诉人，另一个是法官，刚才在前面的几位嘉宾都说得很好，都讲述了自己的见解，而我想说的是大家可能对这个问题的思考都有待更进一步的完善，其实我个人认为在法庭上你面对面需要攻破的对象是公诉人，但是最终落脚点还是法官。这个其实大家心里都非常明白，是个常识的东西，法庭是三角结构的，控辩等腰，法官独立中间，作为裁判者接受双方的论证与辩论，最后得出自己的内心确认，这就是说服的基本内在的逻辑模型。

至于说什么，刚才各位律师都说地很对，说什么取决于你整个的辩护准备，包括你的阅卷、会见，庭前调查，相关的研究等，这些准备决定了你能说什么，如果你庭前没有准备，你想说的很精彩，只能是云里雾里，胡说八道。

另外说什么概括起来，我在这里也说一遍我经常讲的内容，说起来有四大内容，一是对证据的分析和阐述以及自己对证据审查的意见，二是案件事实的部分，三是常识常理常情，也就是情理分析，四是法律适用的阐释。真的要说什么，概括起来就是这四项内容。

你要说服法官，除了要搞清楚面对谁说，知道说什么，确实还有个怎么说的问题。

这个问题，其实在古希腊和我们古代中国都有非常好的范例，比如古希腊苏格拉底、柏拉图、亚里士多德都是修辞大师，我们中国春秋战国时代，专门有本书叫《战国策》。

好了，不想讲得太多，这个话题很好也很大，今晚肯定讲不透，希望有第二次、第三次继续这个话题，我讲的就这么多，谢谢大家。

▶**主持人　孙　沣**◀

好的感谢龙元富律师的精彩点评，感谢主讲人余安平的无私分享和精彩讲解，同时感谢翁律师、齐律师和朱检察官，相信这场法律盛宴，会为各位群友带来满满的收获，感谢大家收听和陪伴，下期节目同一时间再会。

浅谈法官内心确信及辩护人之应对

主持人：李靖梅　主讲人：张元龙
点评人：朱国平　余安平　龙元富

▶**主持人　李靖梅**◀

今天是中秋假期的最后一天，中南刑辩论坛第二十六期公益讲座，继续为大家语音直播，由中南刑辩论坛群主播，中南经济犯罪辩护论坛、金牙大状联盟全国群等多个群联合直播。

我是主持人李靖梅律师，中秋是月满人圆的节日，是收获的季节，首先祝各位朋友假期愉快。今晚由张元龙律师为大家讲授"浅谈法官内心确信及辩护人之应对"，由朱国平检察官、龙元富律师和余安平律师做点评。下面我们用掌声欢迎各位老师。

▶**主讲人　张元龙**◀

各位群友、各位同仁，大家晚上好！感谢大家牺牲休息的时间来听我的讲座。今晚我讲座的主题是"浅谈法官内心确信及辩护人之应对"，第一部分主要是谈影响法官思维之因素，第二部分谈我们辩护人如何进行专业应对。

我们参与刑事案件辩护工作，目的就是希望能够做到有效之辩护，切实维护好当事人之正当权益，让无罪的人免遭冤狱，让有罪的人得到公正裁决。但是如何才能达到理想之有效辩护和取得成效呢？我们辩护人是代表私权利的一方，最终的案件裁决不是由我们作出，而是由公权力来行使和决定，诉讼的框架和规则设计，就需要我们能认真地说服或影响裁决者，让他们内心认可我们的观点。司法实务当中，公权力行使人，他们之"内心确信"一旦形成固定思维并且确信，成竹在胸时，就很难改变。这种内心确信，甚至影响着我们辩护人后面的辩护工作。

法官的内心确信，是指法官在诉讼中，通过听取当事人的举证、质证、辩论、审阅卷宗、查找法律规范依据等活动，并运用既有的法律知识，按照一定的诉讼规则，对争议标的证据的采信、法律适用、裁判等问题，在内心上形成某种确定且坚信的结论性意见，产生成竹在胸的感觉。法官的内心确信一旦形成，就很难被改变，之后的工作法官会找与这内心确信相吻合的证据或依据，而与这内心确信相反的观点和意见，他们往往会排斥。在这里，我主要是与大家分析案件移送法院进入审判阶段后，庭审之前，法官之内心确信受到之影响，而我们辩护人在司法实务当中应如何应对的问题。

一　影响法官思维之因素

法官首先是人，是一个有思想的人，由一名普通的学生逐渐成长起来，从法学院校毕业通过国家司法考试进入法院系统，从一名书记员、助理审判员逐渐走上了审判长工作岗位。那么，有哪些因素会影响到法官之主观思维判断呢？本人只能以点带面地进行概括和略作陈述。

1. 外围环境影响

每个人都会接收外界环境信息，通过眼睛所看、耳朵所听，获取的周围环境与人息息相关之信息，从而对人产生影响。主审案件之法官也不例外，在他审理该案之前，他脑海中对于该类案件之看法相当重要。特别是，当此类型案件就在他身边发生过，那么，这时法官早已形成了对此类案件之固化思维，决定了他会先入为主。他是以被害人一方为角度，还是会站在被告人一方考虑，需要看之前事件对其影响之利害关系类型，有使得其利益受损之看法；如果事不关己，往往不去关注；还有一种，其家属利益牵连其中之得益或损益，也会让其受到影响。

比如在一宗入室盗窃案中，审理该案的审判员家中刚发生了类似的案件，或他的亲属家里刚被入室盗窃过。那么，此时，审判员因亲身经历过此被害之痛苦，内心肯定会对入室盗窃之犯罪嫌疑人形成一定的偏见。这种偏见，甚至会盖过他清醒的大脑认识，还有可能，他在没有看案卷前，内心就已确定此被告人有罪，甚至想着如何重判被告人的情况。

2. 某人打招呼

法官审判之案件，往往都涉及社会的利害关系或人与人之间的利益关系。从公权力解读，为了维护社会的正常秩序、和谐稳定的社会关系和法律的权威；从私权利考量，为了维护被害人之利益，同时也防止打击犯罪不力导致被害人不断上访；从被告人角度看，为了人身自由权利甚至自己的生命权；从司法机关以及具体办案人员看，涉及单位案件办结率、年终成绩考核、优秀评比与个人升迁之命运。因此，每一宗案件的背后都是多种利益在交织，审判员除了审判案件外，遇到由他人打招呼的情况在所难免。招呼类型有多种多样，轻重不同，来源不同，对审判员产生的影响也不同。从对被告人是否有利来看，分为不利之招呼，有利之招呼，居中公正之招呼。但无论如何，都会让审判员在主观上对案件产生先入为主的看法，至于看法是深是浅，之后是否发生改变，则另当别论了。

本人需要说明的是，我们国家提出以审判为中心的司法体制改革以来，法官在案件审判当中需终身负责，以自己的主见判断案件，而受他人之干扰会越来越少，这正是法治进步之处。另外，我们辩护人根据事实和法律提出自己的专业辩护意见，不能找人打招呼，一则违法犯罪，违反律师执业纪律和道德；二则一旦案件后面有什么变故，可能给自己带来牢狱之灾，终身吊销律师执照。辩护人同有关办案单位和办案个人有效沟通，可以有沟通渠道方便交流，但不赞成"找关系"。

3. 认知力影响

法官的认知力是由其专业知识和实务经验决定的。专业知识方面，通常大学本科学的是法律专业，正规科班出身，也有的先学其他专业，后改学法律走向了审判员的岗位。实务经验包括处理案件之能力，在别人身上学习长处，也包括在社会上处理问题的能力。这些都会决定一个人的思维结构，这思维结构具体到案件中，就会对案件某些争议点产生认知力问题。认知力会导致审判员对该问题的看法，达不到国内或国际理论界在该问题上研究较高水平的那一步，而我们的法律是制定法，经济和社会的发展总是领先一步的，往往争议点就总在进步与立法规制之间的空白处。这里，认识力就会决定审判员对争议问题的看法，而这看法就决定了他的内心确信。

例如在辩护人申请对"变相肉刑"之非法证据排除时，由于变相肉刑很难取到如"肉刑"一样的证据，最高人民法院的司法解释是要求"变相肉刑"导致了被告人无法承受的地步，并做出了违背自己意愿的供述。怎样才能算是"无法承受""违背自己意愿"，除了辩护人提交相关证据或线索外，需要审判员的认知判断。此时，往往有的法官判决"排非"申请成立，有的认为不成立，这就是审判员认识力的不同了。还有，面对一些特殊问题时，这些问题可能是专业在某个领域之点上，然而辩护人又没有申请专家证人出庭，这个时候，不同的审判员可能出现不同的判断，这些都是我们辩护人需要引起足够重视的。

4. 性格影响

一个人的出生和成长环境、成长经历决定了这个人的性格。人的性格对人的影响是一生的，他会让人产生看待这个世界、某个事物或问题的视角，以及解决问题的方法。看待任何一件事物或问题，都会有不同视角，而出现不同的结论，这是符合自然规律、事物本质和法则的。往往就是由于视角不同，而导致案件的结果不一样。司法实务当中，我们工作就是争取自己的视角能被得到支持和认可，并得以伸张，从而做到有效辩护。法官的性格，通常情况下有好强型、粗犷型、斯文型等。在大的原则背景下，具体到细节，往往会决定他们审查问题的视角不一样。

当对被告人是有利还是不利之争议焦点问题上，就会持不同的看法，而有不同的结论，这些都是需要我们辩护人考虑到的。当然，随着国家的立法越来越完善，案件保障程序公正确保之下的实体也相应会公正很多，法官因性格导致的视角影响，只要我们辩护人提前布局，足够判断，还是能使我们的辩益损失到最小的。

二 辩护人之专业应对

1. 以客观证据来推翻审判员之先入为主的内心确信

前面有述，如果案件审判员形成先入为主之内心确信，至于这先入为主何种原因，辩护人一般可能揣摩得到，也可能无法得知。但是，这种内心确信一旦形成固定形态，直接影响到后面我们辩护人之辩护工作，要么庭审流于形式，审判员会为庭审稳固其内心确信找理由，对于其相反的观点却会抵制。那么，我们如何来有效纠正这种内心确信呢？需要客观证据来有效摧毁。根据刑事诉讼法，主观证据带有很大的主观性，此时提出，难令审判员采信，但是与案件有关联的客观证据是不能回避的，否则审判员不是判断错误的问题，是渎职问题了。例如，在一起聚众斗殴犯罪中，辩护人提交了当时的现场视频，或找到物证等客观证据，那么这些足以对案件事实产生重大影响，甚至可推翻原有一些主观证据的采信。

司法实务当中，还有鉴定意见、专家证人出庭等以第三方形式出现的证据，都会对审判员先入为主思维产生重大影响。辩护人在专业应对时，应提前布局，有效应对。

2. 法官模棱两可时，需要有人能叫醒

日常生活当中，我们出现一种情况，就是左右为难，不知如何是好，审判案件当中的法官也会出现这种情况。当控、辩两种力量相当，两者理据也相当时，审判员不知如何是好，好像控方观点也在理，辩方观点也在理。按刑事诉讼法规定，当无法作出对被告人不利之判决时，应将这有利归于被告人，但司法实务当中，有这么容易吗？审判员需考虑来自多方面的问题。在这个时候，就需要有辩护人能将他叫醒。当人在左右徘徊时或沉寂于某种固定思维而不能自拔

时，往往需要一个专业人士，把他唤醒过来，让他坚定信念到自己认可之内心确信上来。在叫醒的方法上，有通过见面交谈形式，有文书来往打开其心结形式，有通过第三方影响把"声音"放大，足够影响到他等形式。

3. 走在影响到他先入为主之前面

走在影响到他的前面是我们辩护人最常惯手法，这个手法需要律师对案件高度负责，一宗案件到了审判阶段以后，辩护人为了做到有效辩护，可以先提出法律意见书给法官，让法官对案件有所了解，先入为主地确信我们是有理的。其中是很微妙的，案件一到法院，我们律师先交一份法律意见书给法官，让法官先看我们的法律意见书再看案件，这个法律意见书怎么写，内容的格式是怎么样的，都是很讲究的，同时要注意及时和法官保持沟通，包括电话沟通和当面约谈，提交文书以后，建议第二天就打电话给法官确认。

在当面约谈法官的时候，最好是两名律师一起。注意交流的细节，其中一名律师主要讲，另外一名律师补充，主讲的律师态度最好是温和一点，补充的律师最好是粗犷一点，法官有迷惑的时候，能及时听进我们的观点，还有可以从侧面来敲击，从第三方来影响到法官。

例如一宗案件在侦查阶段就有错误，到了审查起诉阶段也隐瞒错误，仍然起诉至法院，我们可以通过控告侦查人员或者公诉人，认为其不认真履职，制造错案，并将控告同时抄送给法官，让法官通过第三方的影响不要先入为主地相信检方。具体到个案上，每个案件的操作手法不一样，不同案情方法不同。

4. 给他台阶下，申请回避

往往当法官先入为主，形成内心确信了，是听不进辩护人任何观点的。对于这样的法官，我们如何应对？首先，在案件进入审判之前，辩护人应该熟悉案情，针对焦点证据，让法官没有办法绕开，观点必须确认。甚至要经过研讨作出很大的努力得出有力的辩点找到命门，命门找到了，法官是绕不开的。我们常针对案件召开案件讨论会，综合多位专业律师和专家的观点和意见，并在会后多次酝酿，最后制定出辩护策略和方法。在这点上下功夫，就是是否能有效辩护的区别所在。

以我们正在办理的案件为例，这是一起深圳法院审理的抢劫案，一审法官判决被告 5 年有期徒刑，但检察院提出了抗诉，认为其是入室抢劫，对此我们高度重视，在深圳市中级法院尚未开庭的时候，我们向深圳市检察院提出了要求其不支持抗诉的申请，并约见了检察员当面沟通，提交了相关证据，也对原有证据进行分析，同时将此法律意见书抄送给二审法院。但在我们与二审法官交谈的时候，法官与我们沟通很不耐烦，并直言已确信上诉人有罪。这对辩护人而言是很不利的，此时我们就要申请该法官回避，否则庭审会对辩方十分不利。

但是在申请回避的时候，我们必须要考虑到，如果申请回避不成立，有可能这个法官会报复我们，所以我们申请回避的理由充不充分，要去考虑的因素太多。对于回避的申请，刑诉法有规定，其中有利害关系的，或者与本案有关联的，或者是收受贿赂这三种情形。其中第四种情形是回避的兜底条款，即其他可能影响案件公正审理的，这个就是我们辩护人必须要掌握的，你申请回避有没有充分的理由，就是排除上述三点之外，你的理由充不充分。

万一申请不成立，未做回避，法官对这个案子会有什么回应，对这个案子的审理会有什么影响，我们辩护人应该如何应对，这些我们都要充分考虑。

最后，辩护人所做的一切工作都是为了维护当事人的合法权益。在证据方面，在法律适用方面等，我们必须都要熟悉；同时我们在与公权力部门有效沟通的时候，每一个细节都要认真把握，从而维护被告人的合法权益，促进社会的公平正义。

我的讲座就到此结束，谢谢大家收听。

▶主持人　李靖梅◀

好的，感谢张律师的倾情奉献。今晚张律师讲得非常细致，从实务方面和法官心理角度来讲述，我个人也感同身受。其实，"审前辩护"这个环节确实非常重要，所以，我自己做案件的时候也是抓紧这个机会和法官尽量去沟通，无论是书面的还是当面的语言沟通。谢谢张律师。下面我们将话筒交给朱国平检察官，由朱国平检察官对张律师今晚的主题讲座进行点评。

▶点评人　朱国平◀

本人不擅微信语音点评，请各位大神见谅。为引玉，兹抛砖如下。

（1）法律共同体之核心要义。对同一案件，控辩审三方最终面对的，应当只有一个法律事实、一个法律依据、一个论证理由、一个判决结果。其重中之重者，在于控辩审三方虽然立场不同，甚至是同一方的不同成员观察事物和分析问题的方法迥异，对同一考察对象都有自己的不同理解，但无论是公诉人的指控，还是辩护人的辩护，抑或是法官的审理，都旨在还原案件事实，作出公正裁判，促成控辩审以及被告人、被害人乃至社会公众有关本案的普遍共识，借此维护并且强化司法和法律的权威和尊严，捍卫并且拓展人民的权利与自由。

（2）对于绝大多数案件而言，没有任何一位公检法人员会因为利益驱动或者外来干预影响偏离自己的认知，作出违心的处理。因此，绝大多数案件处理不公，甚至成为冤假错案的原因实是办案人员的认知错误。律师的作用与职责之主体部分，在于帮助办案人员获得有关案件事实与裁判规则的正确认知。一言以喻之，律师未言明案件的症结及其正确处理方法，办案人员处理不当，主要是能力水平问题，难以苛责，但律师已然言明，办案人员仍我行我素，则系渎职与滥权。

（3）对于极少数案件而言，或有少数办案人员会因为利益驱动或者外来干预影响偏离自己的认知，作出违心的处理。但其作此处理的前提预设是该案件看似模棱两可，当事人、律师、其他办案人员不知其限度，没有人敢"霸王硬上弓"。对于此一情形，律师的职责与作用在于，以事实为根据，以法律为准绳，言明案件本身及其处理的刚性，慑止其徇私心理，堵塞其枉法路径。

谢谢大家。

▶**主持人　李靖梅**◀

朱检察官通过文字，用三点为大家点评，我个人认为点评的非常到位，也很确切，很贴近法官和律师的现状和办案中间这个实际情况，接下来我们有请余安平律师为我们做点评。

▶**点评人　余安平**◀

各位群友，大家晚上好！我是大家的老朋友余安平律师。刚才听了张元龙律师的主讲与朱国平检察官的点评，对他们重视说服法官高度认同。下面，我结合自己的办案心得，谈谈对法官"内心确信力"及辩护人之应对方法。

审判阶段律师的"有效辩护"，需要"说服"办案法官，避免其"偏听偏信"。正如张元龙律师所言，办案法官很容易"先入为主"认为被告人构成犯罪甚至重罪，这就需要辩护律师先期介入，改变办案法官的"偏见"。辩护律师与办案法官最好的沟通方式是阅卷时当面沟通，然后向法官提交一份完整的法律意见书。律师在法律意见书中，应当列明基本案情、法律事实、本案焦点、本案疑点、法律分析、律师意见。辩护律师甘当办案法官的"法律顾问"甚至"文案助手"，帮助他们发现疑点、分析疑点、解决疑点。有明确法律依据的辩护观点与类似的法院判例，对说服办案法官内心确信被告人无罪或者轻罪极为重要。

说服办案人员容易，说服办案机关太难。辩护律师应该在办案人员没有形成自己明确意见时及时说服他，并通过他去说服办案机关。我曾办理过一单传销案件，张某被骗入传销组织后，又把自己的同学蔡某骗入传销组织，蔡某趁看守人员不备跳楼坠亡。公安机关以非法拘禁致人死亡立案侦查，审查起诉阶段辩护律师介入提出无罪辩护，理由是张某不是直接行为人也不是指使人。检察院改变罪名，以组织领导传销活动罪起诉至法院。我们在庭审前向主审法官、公诉检察官提交了法律意见书，认为被告人不构成犯罪，对被害人的死亡不具有刑法意义上的责任，被告人本身也是受害者而且不能预见到蔡某会坠楼死亡，不符合组织领导传销活动罪的构成要件。我们还向受害者家属发出了法律意见书，更多是强调张某不是蔡某死亡的真凶，张某也是受害人，并愿意向蔡某作出赔偿尽一份心意。与办案法官交流时，法官也认可我们的意见，但认为判无罪太难，领导关心的是"一条人命"。庭审法庭辩论基本是按照律师法律意见书的"焦点"与"疑点"展开，法院最终作出了"关多久、判多久"的一年有期徒刑判决。

办案法官也是法律人，内心都有一份"清官情结"。他们都希望自己判决的案件对得起良心，这就是辩护律师说服办案法官的基础。张元龙律师对说服"时机把握"极为精准，例如阅卷后立即约见法官、提交法律意见书后次日电话联系办案法官，甚至在处理检察院抗诉案件时把重点放在说服上级检察院不支持抗诉，这就使得辩护律师的意见更容易被办案人员"收到"并"收下"。辩护律师与办案机关之间是合作关系而不是对立关系，其目的都在于查明事实准确适用法律。辩护律师说服办案人员的过程，既是帮助办案机关减少冤假错案，也是帮助被告人免受冤屈。庭前多一些沟通，庭上少一些偏见，有效辩护不再遥远。

谢谢大家。

▶**主持人　李靖梅**◀

谢谢余律师的建议和参考，谢谢余律师的精彩点评。下面有请龙元富律师为我们进行点评。

▶**点评人　龙元富**◀

各位老朋友、新朋友，大家晚上好！今晚张律师讲的主题，话题非常大，就是法官的内心确信与我们辩护律师辩护工作的辩证关系如何处理的问题。这个问题非常大，张律师通过我们两个一起正在办理的案件来讲的，首先我就这个案件做一个简单的介绍，就我所知，这个案件的家属也在听我们讲座。

在我们之前，据我所知，至少有 6 位律师介入，一审律师也做了很大的努力，但是最终还是失败了，失败的原因我认为是辩护的专业性不是很到位。我仔细看了一下庭审笔录，尤其对被害人在法庭上的发问是非常糟糕的，完全是顺着原来的笔录来询问，这是最大的忌讳，因为律师在法庭上面对被害人发问的时候，你绝对不能对着笔录来发问，一定是从对案件本身的调查研究中来。

这个案件确实有一个很大的难点，在于案件确实是在他家里发生的事情，双方都有伤、有刀这个情节，最糟糕的是，把别人的手机夺了过来，还把手机拿走了，而且手机到后来一直找不到了，等等，有很多特殊的情节，所以这是这个案件的特殊性。一直以来，我把刑事案件大概划分为两大类，一类是较难办案件，另一类是普通案件，这个案件也可以叫作难办案件，很稀奇古怪，很多巧合的东西刚好就凑在一起了。

在我们介入之前，当事人表示这个案件不再请律师了，但是后来为什么又请了呢，因为在我会见了两次之后，他发现我对他还是有很大帮助的，最后才决定聘请我们。

这个案件的成效之一，也是最大的成效，就是我们将抗诉打掉了。上级检察机关不支持原来的公诉机关的抗诉申请，或者说他的抗诉书。我不知道大家对这个抗诉的流程清楚不清楚，就是原来的公诉机关对原来的判决不满意的话，他就提出一个抗诉意见，这个抗诉意见要经过上级检察机关的审查，审查之后，他决定支持抗诉，那这个抗诉就正式进入了这个程序；如果上级机关经过审查认为这个抗诉不成立或者是没有必要的，那么就不支持抗诉。所以支持抗诉意见比抗诉意见更重要，那么我们现在就是让上级机关明文表示不支持抗诉，也就是把支持抗诉打掉了。

实际上，我们今天真正的话题，张律师讲的是我们发现法官在面对检察官的时候，他内心那种巨大的摇摆、不确定性。开始拿到这个案件，看到我们的意见后，他就说，这两天我们肯定放手审，甚至可能庭都不用开了。当时我们看了，确实判得一塌糊涂，后来他仔细阅卷发现有抗诉意见在里面，他来个180度转弯，说一审判决确实有道理。张律师看到这种情况表示彷徨，就问我怎么办，我说我们肯定坚定不移，按照我们的步骤一步步往前走。

我坚信我们的第一步就是一定要拿掉抗诉，否则的话对后面整个案件的办理会带来重重阻碍，结果我们按照既定方针，按照专业的基本要求一步步往前就把那个抗诉打掉了，打掉以后就发现问题了，因为那法官反反复复，那我们怎么办，所以张律师决定申请这个法官回避。

今晚张律师讲的主题还是内心确信的问题。内心确信对于法官来说，是一个异常复杂的，涉及专业和非专业心理学以及非心理的因素，智力和非智力因素，各种力量的博弈，非常的复杂，也是司法里面最复杂的问题。面对这个问题我们律师应该怎么做呢？我个人的意见是作为专业人士，你只能按专业套路，殚精竭虑，竭尽所能，做你能做的事情。

对这个案件而言更加复杂，我们就这个案件跟很多人讨论过，讨论的时候大家都对其中一个细节表示疑问，就是他把人家手机抢过来，装在自己口袋里走了，后来又扔掉了，这个怎么解释。我个人的理解是不能用日常生活的眼光、用平常人的眼光看法律，尤其是刑法，而必须用专业的眼光。大家都应该知道，事实这个概念在刑法学里是非常复杂的。

很多人也没有完全搞清楚什么叫作定罪量刑当中的案件事实和犯罪事实的问题，我个人大概给大家梳理一下，就是从原生态的、案发当时的客观事实，通过证据，我们从这里面提取信息形成证据事实，再通过我们一个思维模型将其整理出来，成为一个案件事实，然后再通过法律规范对事实进行剪裁和重新组合，形成所谓的犯罪事实，也就是规范事实，也就是法律规定，应该具备的法律要件要素事实，在这个基础上我们才能认定他是否够构成犯罪。事实上很多人忽略了这个复杂的过程或者叫逻辑链条，我们可以从一审判决本身看出他有问题，法官的内心是没有确信的，就是这些情节，你把手机抢走了，然后干了什么，找不到了，他没解释。但是事实上我们从整个案件的审理拖延到一年多，然后是入室抢劫但是又只判5年，从这两点来看，一审法官已经注意到了很多问题。二审的辩护，我们律师要做的，就是紧紧扣住法官内心这种不确信。

一审法官真正内心不确信，哪些方面不自信，这状况是怎么样，要深入去挖掘，这是我们二审辩护真正的焦点和重点所在。我就到此为止吧，谢谢大家！

▶**主持人　李靖梅**◀

好的，感谢龙元富律师，今晚的讲座就到这里结束。谢谢主讲人，谢谢各位点评嘉宾，谢谢各位群友。

刑事辩护的思考与感悟

主持人：李靖梅　主讲人：王常清
点评人：黄坚明　余安平　董玉琴　远利杰

▶**主持人　李靖梅**◀

大家好，这是中南刑辩论坛第二十四期公益讲座时间，我是今晚的主持人李靖梅律师，欢迎各位同仁在百忙之中相聚在微信群，分享本期讲座，感谢各位老师在百忙之中无私地为大家分享他们的知识。今晚的讲座，仍然进行多群同步直播。

本次的主讲老师来自清华大学法学院、北京泽永律师事务所的律师、执行主任王常清老师，今晚的主题是"刑事辩护的思考与感悟"。同时，今晚的点评嘉宾阵容相当强大，他们分别是广东广强律师事务的黄坚明律师、广东卓凡律师事务所的余安平律师、广东海埠律师事务所的董玉琴律师和河南大鑫律师事务所的远利杰律师。

好的，下面让我们以热烈的掌声欢迎王律师为我们分享讲座。

▶**主讲人　王常清**◀

大家好，我是北京泽永所的律师王常清，受张元龙主任的邀请，很高兴今天能和大家在这里交流。

我是 2007 年开始执业，2012 年年底进入王永杰律师的专业团队成为了一名刑事辩护的专业律师。在这几年中办理了不少刑事案件，特别是有王主任的悉心指导，自我感觉在业务上有了一些进步，对刑事辩护这个领域也有了一些粗浅的认识，算是初窥门径吧。

在接到张主任分派任务后，我用了很长时间考虑和大家交流些什么，最后还是决定选择这样一个比较宽泛、随意的主题。上次听了周涌大律师的讲课，非常的严谨专业，受益匪浅，不愧是资深刑辩律师。我这次讲得更多的是针对刚接触刑辩业务的年轻律师，主观的、不成熟的东西比较多，也算是和年轻律师之间一种的探讨和交流吧。如果说周律师的讲座是论文，我这个只能算是随笔。

言归正传，这次讲座大概有五个方面的内容，会穿插着讲一些我们办理的案件，希望能给大家一些启发。有错误，也希望大家不吝赐教。

一　无罪辩护和罪轻辩护

给当事人做无罪辩护还是罪轻辩护这可能是刚开始办理刑事案件的年轻律师很纠结的一个问题。每个律师的操作也不太一样。有些律师无论案情如何，一律做无罪辩护，也不管辩护观点是不是强词夺理，能不能自圆其说。还有一些律师呢，出于这样或那样的原因不愿意做无罪辩护。去年我在南京六合区办理了一起故意伤害案件，当地律师准备辩无罪，结果检察院找到司法局，要求律师放弃无罪辩护，最后这个律师还算负责任，和家属商量了一下退出了。其实这样的情况大家也能够理解，毕竟律师的酸甜苦辣我们自己都很清楚。但是不管怎么样，一旦发生这样的情况，当事人的利益确实受损。

我个人对是否做无罪辩护这个问题是这么看的。

1. 如果有无罪的辩护空间，要坚持进行无罪辩护

我们办理刑事案件，要阅卷、会见，还可能调查取证。如果通过这些工作，发现案件中确实有无罪辩护的空间，那么我认为，在这种情况下要坚持进行无罪辩护。当然这里说的无罪辩护的空间，有些是有争议的问题。比如在诈骗、合同诈骗这类案件中，是民事纠纷还是刑事犯罪，行为人是否是以非法占有为目的，立法上本身就含糊，实践中的争议也比较大。今年我在廊坊办理了一起合同诈骗案件，被告人签协议时约定了担保物，后来由于被告人预料之外的原因，担保物被其他案件给执行了结果导致履约不能。在这个案件中，我就提出了无罪辩护的观点，认为被告人不是以非法占有为目的，案件中只有违约的问题不存在合同诈骗。另外在洛阳办理的一起案件中，当事人为筹到钱确实说了假话，但拿到钱不是为了挥霍或转移，而是为了暂时渡过困难，他也确实在不遗余力的想办法还钱，这类拆东墙补西墙的案件在实务中相当多见。那么，能不能认为被告人有非法占有的目的呢？我认为要具体问题具体看，如果从被告人认知的角度看，借钱或筹钱时他将来是可以还钱的，对还款资金进行了安排，就不能认定诈骗。当然为了论证当事人有还钱的安排，还应当对案件所涉及的投资项目、资金安排等做相应的调查取证。总之，只要无罪辩护的理由能够自圆其说，不牵强附会，我认为刑辩律师还是应当提出无罪的意见。

2. 部分案件在做无罪辩护的同时，应当进行罪轻辩护，也就是所谓的"骑墙式辩护"

这个问题确实要分情况，有些案件检方指控的基本事实是不存在的，在这

种情况下确实没必要做罪轻辩护了，否则可能会影响无罪辩护的效果。但在另外一些案件中，案件事实争议不大，但在法律评价上控辩双方存在有罪与无罪的分歧，在这些案件中，可以在无罪辩护的同时阐明罪轻的理由。实践中，有的法院会将定罪和量刑来分别组织辩论，但更多的是不加区分。我们办案时，如果遇到这种情况，往往会使用"假设合议庭不采信辩护律师无罪辩护的观点，认定被告人构成犯罪，辩护人也认为如何如何减轻或从轻处理，理由1、2、3……"这样的措辞。比如被告人在共同犯罪中作用较小；比如他不是犯意的提出者；比如案件情节轻微，应当免于刑事处罚，真诚悔罪应当适用缓刑等。总之，在这些案件中我们应当选择这种骑墙式辩护，否则，一旦判有罪，罪轻的理由无法得到阐述。

3. 如果案件确实没有无罪辩护的空间，就应当把工作重点放到罪轻辩护上，不能为了无罪辩护而无罪辩护

如有些案件，犯罪事实很清楚，当事人也认罪，这类案件进行无罪辩护基本没有意义，谈不上维护当事人的权益，这样的案子就应当以当事人的合法权益为导向，把工作重点放到罪名辩护和量刑辩护上。比如我们在内蒙古赤峰办理的一起案件中，被告人收购、宰杀病死残的驴、马等大牲畜，把生肉贩卖到肉贩手里，最终流入市场。基本事实没有争议，辩护的重点就放到了生产、销售伪劣产品罪、生产不符合安全标准食品罪还是非法经营罪这三个罪名的适用问题。当然辩护律师应当选择最有利于当事人的罪名进行辩护。在我们代理的另外一起贩卖、运输毒品案中，检方指控贩卖冰毒7公斤，我们的当事人被列为第一被告。基本事实清楚，人赃并获，2名被告人也都认罪。根据案情，我们把工作重点放到了被告人犯罪地位的辩护上。我们认为从2名被告人从犯罪中所起的作用来看，我们的当事人要明显次于另外1名被告，因此应当认定为从犯。一审法院虽然没有采纳从犯的意见，但把我们的当事人从第一被告变

更为第二被告，当然一审判了 2 个死刑。二审我们继续辩护，最终二审法院认为我们的当事人在犯罪中的作用略次于另外一名被告，将死刑改成了死缓，当事人最终保住了命。

二　当事人翻供和认罪

相比较刚才谈到的一点，当事人翻供和认罪的问题更加敏感，对新手的刑辩律师来说，确实需要好好把握。

先说翻供。首先应当明确，在任何情况下刑辩律师都不能引诱、教唆当事人做虚假陈述，更不能帮助当事人编造谎言对付侦查、公诉、审判机关的讯问和庭审，这一点不仅有巨大的风险，而且有悖刑辩律师的职业道德。但是，刑辩律师同样不能打压当事人如实翻供，不能说，当事人一翻供，律师就说你之前的笔录不是这样说的，不能翻供。这么做，同样违背了律师的职业道德。总之在这个问题上，一要尊重客观事实，二要尊重当事人的意愿。那律师能做什么呢？我觉得律师应当客观的而不是诱导性的向当事人阐述各种法律后果。比如在当事人提出他之前的有罪供述是因为侦查人员刑讯逼供时，律师可以说，按照法律规定，刑讯逼供取得的证据是非法证据，应当依法予以排除。你可以回忆侦查人员刑讯逼供的线索，及时向律师提供。律师可以代理你进行控告，也可以向公诉机关、审判机关提出非法证据排除。另外，律师还可以告诉当事人如实供述是案件的重要量刑情节，如果你之前的有罪供述并不属实，要及时改变口供、说明原因。如果之前说的是真实的，后来又翻供，可能会影响到你的认罪态度，也可能会导致自首不能被认定。需要提醒新手律师的是，我们会见当事人时一定要作笔录，要让他签字，这个非常重要。一来是出于办案的需要，另外也能有效避免执业风险。

　　与翻供相对应的是认罪。对于当事人不认罪的案件，律师有没有必要引导当事人认罪呢？我个人的意见是没有必要，但是律师有义务把不认罪可能发生的法律后果向当事人如实告知。我们知道，在近年来被翻案的著名冤案中，普遍存在当时的辩护律师要求当事人认罪，自己做罪轻辩护的情形。结果错案被纠正后，律师成了千夫所指。其实从刑辩律师的角度，这些同行当时的做法也可以理解。毕竟无罪案件少之又少，如果认罪，争取个好态度，说不定可以保住命。但是，最终的后果很严重，案件的真相被湮灭，当事人最终冤沉海底。不得不说，冤案的发生，这些律师是有责任的。所以说，在是否认罪这个问题上，律师还是应当充分尊重当事人本人的意志，毕竟当事人才是最了解案件真实情况的那个人。

　　下面我附带谈一下南京虐童案中当事人认罪态度的问题。对于这个案件，媒体广泛报道，律界同仁也很关注。在养母一审被判实刑后，一些同行对我们的辩护方案提出了不同的意见，认为应当把无罪辩护的工作由律师来做，当事人本人应当当庭认罪，这样即使无罪辩护的意见不能被采纳，养母也不至于被判处实刑。事实上，这样的方案我们也考虑过，也与当事人进行了交流。我记得我们当时说，法律规定适用缓刑的条件是真诚悔罪，如果你当庭不认罪，一旦法院判决有罪，很可能判实刑。养母很明确地说，"我不认罪，我是冤枉的。不管法院最后怎么判我，我都不认罪。办案机关违法办案，我绝对不向他们屈服"。在这种情况下，我认为律师在已经阐明可能发生的法律后果的情况下，就不应当给当事人作工作了。否则，这与律师的法律职责和定位相悖。

　　在这里我多说几句，其实这个案件法院判处养母缓刑根本没有法律障碍。我们知道，刑法上规定适用缓刑的条件有一条是真诚悔罪。有人说，悔罪的前提是认罪，你都不认罪，根本谈不上悔罪。其实不然，养母在一审、二审中多次表示后悔，而且她虽然一直坚持不认罪，但她所不认可的只是检方指控的罪名也就是对打孩子这件事的法律评价，至于起诉书指控的打孩子这件事本身，养母自始至终都是承认的。因此，这个案件中，养母完全符合适用缓刑的条件。

三　如何通过阅卷寻找辩点

阅卷是办案之本。上次周律师也讲到了办理刑事案件要下笨功夫，我深有同感。一切精妙的辩护思路都是建立在认真阅卷、充分掌握案情的基础上的。特别是对年轻律师来说，更应当在阅卷上下功夫，你可以没有扎实的法律功底，可以没有丰富的办案经验，但是下笨功夫一遍一遍看卷，只要想，还是能做得到的。电影《霸王别姬》里有句话，"不疯魔、不成活"。要想成为一名优秀的辩护律师，确实要有一种近乎偏执的认真精神。

那么，如何通过阅卷找到辩点呢？可能大家都有自己的心得。我简单谈谈我的一些体会。案卷中的材料，大体上可以分为这么几类：书证、程序性材料、言词证据包括讯问过程的同步录音录像。

第一，书证。在办理刑事案件中，书证是相对容易被忽视的。有些同行，在阅卷时对一些财务报表、转账凭证、工商信息之类的书证并不复制，其实这并不妥。有些案件的辩点，就藏在这些繁杂的书证中。特别是一些财产性犯罪的资金往来证明，一定要一笔一笔地对。拿我们之前办理过的一起非法经营的案件作个例子，检方指控当事人非法经营期货业务。资金往来有几百笔，我们一笔一笔地对，再结合财务人员的证言，结果发现这些并不都是经营期货业务的，有相当一部分是合法的业务，结果检方全部计入案件的涉案金额。所以，对于书证，千万不能忽视。

第二，程序性材料。经常办理刑事案件的律师都知道，司法机关特别是侦查机关的程序性材料经常会有各种错误。对于一些普通的瑕疵，不影响案件定罪量刑，与实体关系不大的，我个人认为我们可以不把辩护重点放在这里。但是对于一些关键的程序性错误，可能影响实体认定的，就有必要较真了。比如鉴定程序违法，程序上的错误直接导致鉴定意见不应作为定案的证据，直接与实体挂钩。再比如毒品案件中毒品的起获只有一名侦查人员在场，拘留证签发时间晚于第一次讯问时间等，这些关键的程序上的错误会直接关系到证据的效力，案件事实的认定。如果存在这些问题，我们应当作为辩护的重点。

第三，言词证据。大多数案件中言词证据都是案卷材料中最重要的内容。对于言词证据，我们建议大家最好要列表，就是把每一次的讯问笔录、证人证言的重点内容进行抄录、列到表中，相互比对。通过比对言词证据，我们经常能够发现案件中的疑点，继而形成辩护思路。比如被告人在进入看守所之前认罪，进入看守所之后随即翻供，这有可能存在刑讯逼供的问题。比如讯问笔录时间超长，或者在凌晨进行，或者几次讯问笔录的时间间隔很短，这就可能存在疲劳审讯的问题。再比如几个控方证人或者被害人对案件关键细节的描述存在重大矛盾，这说明有人做伪证，或者几个人的笔录完全一致，一字不差，这就说明事先有通谋或者侦查机关在做笔录时舞弊等。

下面我举个针对被害人虚假陈述的辩护实例。我今年在深圳办理了一起诈骗案。案卷中被害人有 5 次笔录，均称某年某月某日，他面对面给了被告人500 万元现金，后来我们经过调查发现在被害人说的那日的前一天，被告人从深圳飞到了北京，在北京住了一宿后，在当日下午 5 点坐飞机从北京飞回了深圳。我们也取得了相关的证据。但是，这里面还存在问题，即在被害人陈述中，并非说明是那一天的哪个时间点把钱给了被告人。所以一旦被害人知道了我们手中的证据，很可能将时间说到 9 点甚至 10 点以后。因为北京到深圳大概飞 3个小时，从机场到深圳市区大概 1 个小时。如果被害人明确的时间点很晚，我们这份证据就丧失了作为不在场证据的证明力。为避免意外，我在庭前并未向法庭提交这份证据，在庭审中也坚持先向被害人发问再出示辩方证据。法官同意了我的要求，我随即向被害人发问，要求他明确那一天给被告人现金的时间点。被害人说是中午。为了把这个证言做实，我又问，时间过去很久了，你能记得清这个时间点吗？答曰："能"。之后，我们向法庭出示了这份不在场的证据，取得了很好的辩护效果。

第四，同步录音录像。对于职务犯罪和可能判处无期徒刑以上的案件，法律规定需要对讯问过程进行同步录音录像。如果在会见当事人时，当事人提出侦查人员在讯问过程中存在刑讯逼供、诱供骗供等不法行为，或者通过与当事人核对，当事人提出讯问笔录与当时所说严重不符的，律师一定要认真观看同步录音录像。比如我们办理的一起毒品案件中，录像中当事人明显嘴角流血，这就是刑讯逼供的铁证。另外，实践中普遍存在讯问录像的内容与笔录存在较大的出入，甚至一些关键的供述在录像中并没有。比如我们在兰州办理的一起贪污案，笔录中有详尽的认罪供述。但录像中当事人根本就是一言不发，一直是侦查人员在说，只因为当事人没有反驳，于是这些内容就被记录成当事人自己的供述。大多数公诉方对此有一个统一的口径，就是同步录音录像并不是证明当事人供述的证据，讯问笔录才是。只要当事人签字了，笔录内容就是属实的。录像只是为了证明并不存在刑讯逼供等非法行为。这个观点显然站不住脚。当事人签过字只是推定当事人所说与笔录一致。如果有确凿的证据证明笔录与所说并不一致的，当然可以推翻笔录。总之，对于上面所说的这两种情况，同步录音录像应当重点观看，因为这直接关系到案件的定罪量刑。

四 律师取证

律师代理民事案件，往往会用很大精力取证，但在刑事案件中，律师对调查取证积极性并不高。为什么？因为有风险。但是对于一名合格的刑辩律师来说，该取的证还是应当取，但是取证过程，一定要谨慎、规范。只有这样，才能自我保护、规避风险。下面我按照证据的种类，简单谈一下如何取证。

先说客观证据。首先必须明确，律师在任何情况下都不能伪造证据或指使家属伪造证据，这一点无须赘言。事实上，只要律师取证程序规范，相对于主观证据，客观证据的取证风险并不大，当然，一定要规范。如果是律师自行取证，尽可能要求出示证据的单位加盖公章。如果是家属提供证据，由律师组织交给法庭的，一定要做笔录，让家属对证据的真实性负责。

向辩方证人取证。这些证人之前没有做过笔录。如果有可能，律师尽可能安排这些证人出庭。需要注意的是，律师除了给辩方证人做笔录，尽可能减少与证人的接触，特别是尽量不要与证人私下里谈案情。

最后说说控方证人，也就是已经在侦查阶段做过笔录的证人。向一些关键证人、被害人取证，比如受贿案件中的行贿人，强奸案件中的被害人，风险还是相当大的，应当特别谨慎。案件事实争议比较大的，可以坚持要求法院通知证人、被害人出庭，尽可能在庭上发问。这类案件，大部分法院还是会安排关键证人出庭的。法庭实在不配合，律师必须自行取证的，首先，一定要安排其他律师进行见证。其次，尽可能安排在律师事务所中取证。最后，一定要全程录像，即从证人与律师见面，直至证人离开全程。当然，律师在取证时措辞一定要客观中立，不使用任何诱导性、威胁性的言词，确保取证合法。

总之，律师取证在实践中是有风险的。但对付风险的办法不是逃之夭夭，而是要想办法通过规范的操作规避可能存在的风险。

五　与公诉人之间的沟通与辩论

首先，我想与大家探讨一下在审查起诉阶段究竟要不要向公诉机关递交法律意见书。有一些案件我们是在侦查阶段、审查起诉阶段介入的。通过会见、阅卷、取证，已经形成了完整的辩护思路。那么，在审查起诉阶段，要不要向公诉人阐明辩护的观点和思路呢？新律师比较容易犯的一个错误是对公诉人知无不言、言无不尽，把自己的辩护意见和盘托出、毫无保留。结果，公诉人对律师的辩护思路了如指掌，庭审效果可想而知，最重要的是，当事人的合法权益难以通过庭审得到维护。那么，如果不与公诉人做任何沟通也不妥。审查起诉阶段是刑事案件处理的一道重要程序，不起诉的案件虽然不多，但相对于法院判决无罪的案件，比例还是要高一些。我们办理过多起通过向公诉机关递交法律意见书，阐明无罪辩护的意见，最终公诉机关对案件作出不起诉决定的案件。比如浙江东阳吴英父亲吴某某诬告陷害案，办理案件中，我们向东阳检察院递交了法律意见书，认为指控罪名并不成立，检方最终决定不起诉。所以，辩护律师绝不应该因为怕泄密就放弃在审查起诉阶段为当事人辩护。那么，说也不是，不说也不是，到底该怎么办呢？这个问题确实两难，我说说个人的意见，也不一定周全。

首先，我觉得法律意见书一定要递交。但话说到什么份儿上，这个确实要精心考量，既要切中要害，引起公诉人的充分重视，又要点到为止不能毫无保留。当然，原则是这个原则，具体怎么操作，确实还得根据案情具体决断。其次，无罪案件还是尽可能与公诉人面谈或者电话沟通。如果有这样的机会，辩护律师一定要做足功课，因为双方会对案件交换看法，这也是控辩双方的初次交锋。争取在最短的时间内，用最简短的话说服公诉人，对于无罪案件，这个非常关键。

上面说的是审查起诉阶段，如果案件是在审判阶段，因为公诉机关已经起诉，除非公诉人有明显的撤诉意向，否则这个阶段不能轻易地向公诉人泄露辩护思路。当然，在适当的情况下，可以向法院在庭前提交法律意见书。因为很多法官在开庭前会阅卷，了解案情，这个时候递交法律意见书，会让法官更了解律师的辩护思路，有助于律师意见被采纳。

最后，我谈一下律师在庭审中与公诉人的辩论问题。辩护人与公诉人之间的辩论不仅发生在法庭的辩论阶段，在质证阶段本方举证，对方提出质证意见，本方进行答辩，对方可能再回应，同样存在辩论。辩护人应当抓住一切辩论的机会阐述本方观点影响法庭。另外，在公诉人讯问被告人时，如果存在诱导性发问或讯问与案件无关的情况，辩护人应当及时提醒法官制止公诉人。从某种意义上讲，这同样也是一种辩论。有些律师不愿意与公诉人针锋相对，总是愿意自说自话，你发表你的观点，我说我的。我认为这么做不妥，所谓真理越辩越明，只有有针对性的发言，双方观点激烈交锋、激烈对抗，才能最大限度的还原事实，还原法律，使法官居中作出公正的判决，这也是刑事诉讼制度设立的初衷。我们都看到"快播案"中辩护律师精彩表现，确实，这才是法治的精华。当然，一切激烈的辩论，一切精彩交锋都应当紧紧围绕事实与法律，所谓"发乎于事实，止乎于法律"。如果脱离了这一点，搞人身攻击，那都是无益和无趣的。特别是极个别案件中公诉人水平不高，不谈案子，却对律师的执业操守和执业水准指手画脚，夸夸其谈。有些律师会愤而反击，于是乎，庭审变成了口水仗。我虽然理解，但不赞同这些律师的做法。毕竟，律师参与庭审的职责是最大限度维护当事人的合法权益。庭审不能充分辩论，辩护观点不能充分展开，受伤害的最终还是当事人。所以，首先律师不应脱离案情对公诉人搞人身攻击，其次在公诉人率先发难的情况下，要及时提醒法官制止公诉人而不是与公诉人吵架。

好，以上就是我这次与大家交流的全部内容。都是一些粗浅的观点，也是一个新手的妄言，谬误在所难免，希望大家能够包容。最后，特别感谢张主任的邀请，感谢各位点评老师。感谢李靖梅律师，谢谢大家！

▶主持人　李靖梅◀

好的，感谢王常清律师以实例的模式，为大家深层次，从不同的阶段，分享他的办案经验和技巧。下面我们有请黄坚明律师为今晚王律师的讲座进行点评。

点评人
黄坚明

广东广强律师事务所高级合伙人
四川大学法学院法律硕士

▶点评人 黄坚明◀

大家晚上好，今晚我先对王律师讲座谈一下自己的几点感悟。

第一，谈谈我对王律师授课情况的直观感受。王律师的口才比较好，表达非常通畅，废话少，所举案例多，有种信手拈来的感觉，从侧面反映出他确实做了很多刑事案件，实际做到有效辩护的案例非常多。就他今晚授课内容而言，干货多，分析全面，利用有效的时间，传授了非常多的内容。

第二，无罪辩护难于登天，对任何刑事律师而言，无罪辩护成功的概率是很低的。大家都清楚，在现实国情下，无罪辩护是非常难的。我也多次授课分享律师无罪辩护成功的办案感悟，但我仍然强调的是，不管无罪辩护如何艰难，在条件允许的情况下，律师应敢于亮剑，敢于无罪辩护，敢于无罪辩护到底。

第三，律师不敢或怯于无罪辩护，在刑辩业务中是常态现象。有些地方的律师是不敢做无罪辩护的，或者说他想做无罪辩护，但也没有办法跟当事人进行有效沟通，或者是在当地的公检法给他施加压力的前提下，哪怕是他本人认为被追诉人是无罪的，他也不敢做无罪辩护。

我以前主要是办理广东本地的刑事案件，后来就经常去外省做一些刑事案件，结果发现，如浙江，我们在浙江办理了很多起刑事案件，当地律师不敢为某些案件做无罪辩护，哪怕他们明知相关案件的当事人是无罪的，他们也只能找一个轻一点的罪名做"他罪辩护"。我当时听了觉得非常恐怖，为什么就不敢做无罪辩护呢？我们实在想不通。这就是我们律师要勇于追求，对于有条件的无罪辩护，律师应该勇于亮剑，勇于追求最好的效果，这是关于无罪辩护这个勇气问题。

第四，刑事律师应敢于对当事人说"不"。当明知案件当事人涉案行为已构成犯罪，但当事人要求为他做无罪辩护，或者是当事人或其家属均知悉其委托的案件是有罪案件，潜在的刑罚很重，如死刑或无期徒刑。但当事人或家属会问我："能不能做缓刑，或者被抓之人有没有机会很快出来，或者通过其他方式达到这样的目的？"我的答复很简单：找全国范围内最著名的律师，都很难实现你的期待。

为什么我要讲到这一点，我们为什么要对当事人说不，根源就是要对当事人负责。律师遇到一些无罪的案子，我们确实要做无罪辩护，但对有些确实涉嫌犯罪的案件，我们不能为了无罪而做无罪，不能为了炒作案件或其他不当目的，蓄意违背了当事人利益，坚持错误的无罪辩护做法。

第五，司法实务中，我们经常做无罪辩护，对那些确实无罪的案子，我们认为在庭上也好，在准备文书的时候也好，遇到这种案子，就是非常激动的事情，就觉得做无罪辩护是一件很爽的事情。

这里我讲两个案例。第一个是涉及走私毒品的案件，涉案毒品数量为 44.688 公斤，这是中央电视台"6.26 国际禁毒日"专门报道的案件。经过我们辩护，此案最终是无罪结案，办案机关已经正式撤销了这个案件。这是无罪辩护彻底成功的案例，也是我办理这么多案件中最成功的案例。我为什么要提到这点，我认为如果自己在整个职业上没有办成一起无罪辩护成功案例的话，这该是比较遗憾的。

第二个案例是去年在佛山办理聚众扰乱社会秩序罪的案件。我举这个案例的目的，就是想说明律师应敢于在庭上与公诉人对抗，这听上去有点怪异，因为律师的主要目的是说服法官，何必与公诉人硬碰硬。但对辩方坚持无罪辩护到底的案件，辩方律师应设法控场，敢于与公诉人对抗。在这个案件中，庭审时间从下午 2 点一直持续到晚上 7 点多，且我一个人在庭上发言时间，就占所有律师发言时间的 60% 以上，且此案并非特别重大复杂的案件。

这个案件，现场有上百位村民在旁听，我也在整个庭中全身心投入，庭审结束之后内心充满自豪感。我当时内心的想法是，律师能通过自己的专业，帮助当事人，那种感觉就是律师职业荣耀感最直接的体现。这个案件是 2015 年 10 月 2 日开庭，2015 年 12 月 30 日当事人就获取保释放，应该说辩护效果不错。这样的案件，若辩护不到位，不给力，当事人被判 3 年以上有期徒刑是大概率事件，原因是我的当事人是第一被告人，且《刑法》明文规定相应刑期是 3 年以上。

第六，律师应重视庭前辩护。刚才王律师还谈到在审查起诉阶段律师应如何作为的问题。根据我们的办案习惯，在侦查、审查起诉和审判阶段，我们都会提交详尽的法律文书给办案人员。

如侦查阶段，若我们认为犯罪嫌疑人的行为是不构成犯罪的，我们会给侦查机关出具建议撤销案件的法律意见书，会给检察官出具建议作出不批准逮捕的法律意见，会书面申请向经办的检察官反映我们的辩护意见。再如在检察院审查起诉阶段，我们会出具建议检察院作出不起诉决定的法律意见书。若涉及退回补充侦查的情形，每退侦一次我们都会根据办案机关收集的新证据，出具新的法律意见书。

当然要防范一点就是不能给检方留下把柄，陈述到对犯罪嫌疑人不利的东西。确实像刚才王律师讲的，我们不能把所有的辩护思路、招数都透露给检方。辩护工作肯定要留有余地，肯定作相应的预案。

第七，我最后强调的一点，高水平的律师应学会控庭，主宰法庭。判断一个律师专不专业，肯定要看他在法庭上的表现，他在法庭上的发言好不好，他讲的内容专不专业，审案法官是清楚的，当事人或其家属也是可以作出自己的判断。没有对比，就没有伤害，诸多律师同台竞技，就是检验律师综合能力的最佳场所之一。

就如我刚才所讲的那个佛山案件，我们在庭上辩了几个小时，但法官没有打断过我们的发言，检察官当庭就提出一些威胁我或反对我的发言，但法官对我的发言是容许的。只要我当时讲的话是对当事人有利的，只要法官没有打断我的庭上发言，那我当然是竭尽全力，无罪辩护到底。

综上所述，对刑事律师而言，最基础的问题是责任心，然后是专业能力的问题，你有专业辩护能力，在庭上自然放得开，自然就能找到辩点，然后在法庭上作出精彩的辩护。我的点评就到此结束了，谢谢！

▶ **主持人　李靖梅** ◀

谢谢黄律师，谢谢他以自己所办案件为大家分享的精彩点评。下面我们欢迎第二位点评律师余安平律师为我们做点评。

▶**点评人　余安平**◀

各位群友大家好，刚听了王常清律师与黄坚明律师关于"刑事辩护的思考与感悟"发言，让人受益匪浅。2 位律师结合自己办理的案件谈了如何进行无罪辩护，尤其是如何质证，如何同办案机关交流沟通，下面我来谈谈我的看法。我的点评分为 4 个部分，即侦查阶段无罪辩护、审查起诉阶段无罪辩护、审判阶段无罪辩护与律师调查取证。

一　侦查阶段无罪辩护

刑事辩护的难点与重点是无罪辩护。律师对一个案件判断是否可以进行无罪辩护，第一次会见犯罪嫌疑人最为重要。在侦查阶段特别是批准逮捕之前，律师及时介入案件会见当事人，是争取无罪辩护的最佳时机。律师会见犯罪嫌疑人需要解决 3 个问题——侦查机关询问了什么，犯罪嫌疑人回答了什么，律师判断出侦查机关掌握了什么。律师通过自己的问话技巧与"反侦查能力"去发现侦查机关掌握的证据是否存在硬伤，从而判断是否可以进行无罪辩护。

我曾代理过一桩贩卖毒品案件，犯罪嫌疑人接触的 2 名指控其贩卖毒品的人员不是在同一时间同一地点出现，没有发现毒品，犯罪嫌疑人坚决否认贩卖毒品只承认有过一次吸毒，犯罪嫌疑人尿检系阴性。我会见嫌疑人后，立即判断出该犯罪嫌疑人周某不构成贩卖毒品罪，2 名证人的指控都是孤证。我向检察院提出不予批准逮捕法律意见书，检察院采纳了我的意见，没有批准逮捕也没有附加条件，周某被直接释放。

律师在侦查阶段不能阅卷，却可以通过询问犯罪嫌疑人了解其本人的口供与侦查机关的问话，甚至可以通过犯罪嫌疑人了解侦查机关取证程序是否合法。律师需要帮助犯罪嫌疑人查看侦查机关要求其签名的各种书证手续是否完整，从而律师不能直接查阅的证据都可以借助犯罪嫌疑人来查阅。

我曾代理过一桩掩饰犯罪所得收益罪案件，犯罪嫌疑人吴某购买了他人废旧摩托车，他认为是收"废品"，公安机关认为是收"赃物"。公安机关提交的关键证据是物价部门的鉴定书，犯罪嫌疑人有律师的提醒也就很注意鉴定书的关键内容。律师发现物价鉴定书存在巨大漏洞，即涉案摩托车已经达到法定报废年限，显然不能按照正常使用的摩托车进行价格评估。律师根据犯罪嫌疑人提供的信息，向公安机关提交了不构成犯罪的法律意见书，也向检察院提交了不予批准逮捕法律意见书，本案最终以达不到立案标准为由无罪释放。

二　审查起诉阶段无罪辩护

律师在侦查阶段需要"隔空猜物"需要通过犯罪嫌疑人去"刺探军情"，而在审查起诉阶段则可以堂堂正正查对案件证据是否存在漏洞。律师与办案机关最好的交流方式是通过法律意见书，不过律师指出办案机关的证据漏洞也应该"有技巧"。凡是可以退回补充侦查的证据漏洞，律师尽量不要去"提醒"，毕竟律师关注的是当事人利益；凡是退回补充侦查都无法补正的证据或者办案机关已经用尽了退回补充侦查权力，律师可以作为请求不起诉的事由。作为辩护律师，我没有义务帮助办案机关确定嫌疑人"有罪"。

我曾办理过一桩生产销售有毒有害食品罪案件，即犯罪嫌疑人叶某等人制作死猪肉 2 万斤销售到外地。生产销售有毒有害食品罪，关键证据有两个，第一个是鉴定为"有毒有害食品"的报告书，第二个是"2 万斤"的称重笔录。第一个关键证据被我们在侦查阶段否定，办案机关把罪名改为生产销售伪劣产品罪。第二个关键证据被我们在审查起诉阶段发现，但担心侦查机关可以重新称重补正，直到两次退回补充侦查后我们才提出意见——"2 万斤"死猪肉没有称重是如何出来的？涉案死猪肉"2万斤"一斤不多一斤不少，显然是人为制造出来的。本案虽然在"三打"期间没有办成无罪案件，但一审法院仅仅做出一年半有期徒刑的判罚，当事人也较为满意。

三 审判阶段无罪辩护

律师在侦查阶段、审查起诉阶段的作用是"有效拦截"，如同"战区导弹防御系统"。在前两个阶段"拦截"失败，律师就要进入审判阶段，此时需要"破坏"公诉人的指控。在法院阅卷后，律师应该立即制作法律意见书提交给审判庭——许多法官直到开庭前才阅卷，律师的法律意见书可以避免法官阅读了检察院起诉书后"先入为主"。

我今年年初代理过一桩2450万元的网络诈骗案。我在审查起诉阶段已经发现侦查机关对电子证据的取证程序不合法、取证资质也违反公安部规定，那么建立在电子证据基础上的某会计公司的价格鉴定也就不合法。我在第二次退回补充侦查后向检察院提出不起诉法律意见书，但检察院不予理会。开庭前我们向法院提出不构成犯罪的法律意见书，诈骗罪诈骗金额无法查明，建议法院作出无罪判决或退卷。庭审的焦点就是2450万元的是如何计算的、取证程序是否完整。庭审结束后我向法院提交辩护词，认为本案证据不足应该作出无罪判决。后来深圳市中级人民法院避开诈骗数额，直接以被告人张某账户中被转入16万元（我们认为是正常劳动报酬）为由，很模糊地作出一年半有期徒刑判决。被告人已经被羁押一年，对判决很满意，不愿意上诉。

律师有时不得不用无罪辩护来促成轻罪判决，这是律师的无奈，但也是律师尽量帮助被告人减轻羁押期或免予羁押的可行性选择。律师的理想需要理性的追求。在庭审中以无罪辩护的气势将公诉人的证据逐一推翻，事后提交辩护词时与被告人商量可以考虑认罪妥协。甚至有些法官直接与被告人家属或律师联系，只要被告人认罪可以处几个月有期徒刑、判处缓刑甚至免予刑事处罚。

我曾代理过一桩贪污案件，7名被告人庭审时集体翻供。犯罪嫌疑人第一次翻供机会是在移送看守所后，此时翻供与在侦查机关不一致很容易解释，律师一般都会要求嫌疑人实事求是——是你做的就是你做的，不能隐瞒；不是你做的就不是你做的，不能强拉到自己身上。面对7名被告人集体翻供，律师就要"保护自己"，我们当时几名律师集体发表声明，"尊重被告人对事实部分陈述的权利，是否将被告人当庭翻供补充入起诉书由检察院决定，我们仅就检察院的指控证据进行质证"。该案件反贪部门过于大意，以为几名被告人在侦查阶段"认罪"足矣，没有客观证据予以佐证，结果在庭审阶段陷入被动。检察院先是撤回起诉，第二次起诉后四次开庭，结果以被告人认罪、法院判决被告人免予刑事处罚与缓刑结案。律师在庭审中需要"死磕"，但在判决中需要一定程度的妥协。

四　律师的调查取证

王律师、黄律师都提到律师调查取证的问题。我认为调查取证是必要的，律师应当积极调查取证。为了保障律师安全，律师向个人取证尽量在办案机关或其他律师事务所，由办案机关或其他律师事务所见证来确定证人证言的"安全可靠"。当然，如果是向政府机关或企事业单位取证则不受这条限制，法人不同于自然人。我曾代理过某东江非法采砂案件，侦查阶段就向水务部门调查取证，发现涉案公司有采砂资质，而且没有超出采砂范围，没有被责令停止开采，只是数量存在争议。先是申请取保候审成功，一年后以没有证据为由取消取保候审予以释放。

刑事辩护是一个长期工作积淀的过程，律师面对的是公权力，其实也是"原告"，他们有责任论证自己作出刑事措施有充足的证据且证据来源合法有效。律师在庭审前需要"拦截"，在庭审中需要"破坏"，在庭审后征得当事人同意可以"妥协"。辩护律师的工作主观上是帮助当事人减轻罪责甚至免予冤屈，客观上是帮助办案机关提高办案能力，推动法治社会的进步。辩护律师是刑事案件的"谏官"，避免办案机关"偏听偏信"，帮助其查明事实力求公平公正。

▶**主持人　李靖梅**◀

谢谢余律师，谢谢无私的分享，接下来我们有请董玉琴律师为我们做点评。

▶**点评人　董玉琴**◀

感谢主持人，感谢张元龙主任的邀请，我是董玉琴，前面王律师讲得非常好，黄律师和余律师的点评也非常精彩。

首先，我就今天的执业感悟，侧重讲一下我作为刑辩律师的成长之路。可能群里很多都是年轻律师，我们深圳这边很多人邀请我讲这个话题，第一个阶段先来以我为主旨给大家讲一个成长过程。我是甘肃人，在兰州拿到执业证就来深圳，现在整整10年了。刚来深圳我一个人也不认识，一点关系都没有，就在深圳老老实实地做了3年助理，给主任做助理、做内勤、做行政等什么都做，虽然工资很低，但是我要在这里跟我们这个资深大律师、老律师跟前学做一个执业律师应当具备的素养。

比如接案子，我们一定要签合同开发票，一定要小心谨慎，一定不能拿了当事人的原件，判决书要么我们自己领，要么让当事人领完之后要签收，一定要在当事人面前维护律师的正面形象，不能让当事人抓住把柄等。尽管工资低，但是每当看见在开庭的时候，师傅那慷慨激昂，振振有词的强大气场，远远压过对方的时候，我总是下定决心，一定要好好学习。用师傅的话说，就是要耐得住寂寞，要站在巨人的肩膀上，才能更快地成长，这也就是我当助理将近3年的原因。

我的第二个阶段，二三年的时间刚刚独立之后，在第一个月接到两个小案子，也就打破了师傅说"这个小董你离开了我会饿死的预言"。慢慢做一些小案件，案件虽然不多，但是要有良好的心态，要帮所里很多律师干一些活，你可以主动去找他们干干免费的活，可能现在有的年轻律师，有时心态不好，认为免费的我不做，法援的我不做，但是谁都不傻，长期下来，别人肯定不能让你白干，肯定看你各方面能力上来了，会给你费用，而且说不定这个费用比你想到的还更多。

那时候我们经常参加深圳律协的活动，经常参加义工联的活动，在劳动局，信访办值班，大运会的时候，提供咨询服务，也经常参加社区、收容所、看守所、福利院以及上街指挥交通这样的义务性的活动，用这些丰富多彩的生活来提高自己各方面的能力。在法律方面提供咨询处理突发事件，增强自己的专业能力和应急能力，又可以和各种各样的人接触，增强自己的生活阅历和经历。这是在做公益的方面。在做业务的方面，我几年前到现在还一直在做市区两级法援的案件，法援的领导时间长了就觉得你这个处理应急能力，应急事件的能力增强了，也经常给他们义务干活。仅2012年的时间，劳动争议我就做了55宗，这时候我把手下的一个小妹妹专做劳动争议案件的，也锻炼出来了，未成年人犯罪的案件也不少于80宗，这几年我做法援的案件已经有200宗以上了。

第三个阶段就是走上专业刑辩之路的4年。4年的时间对一个人影响非常重要。我在兰州的第一位师傅主要是做刑辩的，我自己也非常非常喜欢做刑辩，喜欢对抗、喜欢在庭上慷慨激昂，喜欢在茫茫的案件中找出蛛丝马迹，喜欢在公检法和看守所的地盘上找他们理论，因为在一般老百姓眼中，怕这个地方，但是我们刑辩律师就是不怕，所以我个人比较喜欢这种感觉。

我也确确实实是个地道的西北"汉子"。经常听我在庭审的同事说你平时说话是这样的，但是一到庭上说话立马提高八度，声音也变得更加中性，我想这是多年练出来的。记得在最开始做律师的时候也经常会紧张，看到同案律师马上写出一页的辩护词，马上交给法庭，我总是很羡慕他的才华。

因为觉得自己是很草根，写作水平和口才也都比较普通，但是多年之后，通过多少的案件积累，不知不觉中，自己也慢慢能做到这一点了。记得一位老律师说进法庭要像回家一样熟悉，我一直为此而努力着。记得这些年我一直到处跑地学习和参加刑辩和毒品辩护的相关业务知识，最初没能力上这些名校，现在北大、清华、人大、华政、武大这些都不止一次去学习。这个律协的课、牛律师的课、草原狼的课都一直在上。经常跟业内的大咖，聆听他们讲课，这些不管泰斗级的人物还是我们最高院院长，大律师，我们都经常听他们的讲课，去感受他们的专业水平和人格魅力。

在律协我带了几个研修班，在青工委和刑委会也结交了一帮同学朋友，这时候他们就知道你是做刑辩的，知道你擅长做毒品的案件，市法援把这些重刑案件交给我和我的团队来做，所以积累了大量的这种办案的能力。比如说有的法援案件离开庭只有几天，几十本卷宗等你来看，到有效的准备时间可能只有二三天，但是我们只能硬着头皮上啊，而且要责任心放在这里还要办好啊，随着全体团队的加班，有时候边开庭边了解情况。

等几天的庭审下来，案件也熟悉了，也有较好的庭审。还有的时候是再来不及拿着之前案件的质证意见去开庭，因为很多东西是相同的，法条自己都已经很熟悉了，信手拈来，所以也能开的差不多了，所以这种大量做这种重刑的法援案件，紧急的办这种法援案件，都能把我们的潜能激发出来，也能把我们慢慢地练出来。我现在办理很多案件都是法援的案件，这个同学的案件和刑委会同事的案件，还有所里的案件，也有很多都是别人接的，我们的费用可能不好说，但是通过我们办理跟他们出去和其他人去做的案件，他们知道哪些方面值得别人去用更高的律师费去邀请你去做。

记得一个同事让我帮忙，第二次开庭一个50多克的案件，因为是第二次开庭，只是一个最后的补充了，但是开庭的时候我们提出了几个重要的问题，法官就让所有程序又走了一遍。听说第一次庭审的时候女检察官嘴巴特别厉害，但是我们第二次提出所有的疑问，变动发问质证的时候她就没话可说了。刚开完庭之后，我们提交的辩护意见也是一件变动意见和法条汇总在一起，有30多页，我们这个同事看到我们的专业意见和工作量的时候很不好意思地说，就算是帮忙了，就算是做法援了。

这几年我自己做比较多的是毒品案件，去年做了21宗案件，所以现在也给自己贴了所谓毒品辩护律师的标签。以上是我个人刑辩律师的成长之路。

第二个环节就是简单说一下我对执业的几点思考。第一点我认为有良心的心态。一个年轻的律师一定要耐得住寂寞，要练好基本工，不要太计较，一定要多做案件，不管是金钱、经验还是知识、阅历，肯定会赚到一项。就好比我之前做的法援案件，说实话我们都是贴本在做，但是，本来法援的案件一个阶段只是会见一次，开庭可能只有一次，但是因为我们是重刑案件，我们面对的当事人可能就是掉脑袋的事情，我们不可能只会见一次，我们都是至少二次三次，开庭也都是二三次，就是这些免费的顺着贴本的法援案件，就能把你的本事练出来了。我们做的多了，所以气场也就能镇得住杀人犯、大毒枭，不然一个小女孩谁听你的。我们在自己的案件中练就这种本事，我们也能收到几十万元的律师费。

第二个是专业化的学习。我认为年轻律师在做了几年之后，要根据自己的兴趣和业务选定一个方向，多学习业务知识，多参加各类论坛活动，多走出去旁听优秀律师的开庭，因为这些活动对自己各方面的能力提升得非常快。

第三个就是责任心问题。我们是刑辩律师，当事人把生命或者自由交给我们的时候，我们一定要认真对待，尽自己所能，将案件做到尽善尽美，才能赢得当事人和公检法的尊重，比如去年我们代理东莞的一个毒品和色情案件，我们这个群里好几个同事都是我们的同案当事人的律师，有19本卷宗不算多，但是只有为数不多的几名律师复印了全部卷宗，而大多数只是复印了与自己有关的，当然这和排在后面的一些无关紧要的案件部分也是正常的，但是只有我们准备了阅卷笔录、发问提纲、举证质证提纲和各式各样的对比表格。比如毒品数量的矛盾表格，比如见证人的表格，比如视频资料的对应表格，比如口供对应表格，而恰恰是在光盘当中有很多很多问题。这个案件有14名被告人，律师有20几位，但是只有我们看了光盘，因为在检察院的时候，这个检察官坚持不让这37张光盘给我们看，我们很不服气。3名律师去找检察官，申请了三次就是不给，他说这个案子是领导照顾的，不能给你们光盘，我说为什么，那我写申请，写完申请递交过去，2位主办检察官拿了刑诉法过来和我们理论，但是我们也拿出了正好翻到了卷宗当中一些矛盾的地方，不合常理的地方，检察官不好意思，说本来不能给你们看，你们就看一下吧，所以只有我们才看到了光盘。

再说下责任心的问题。一起中山枪支案件，本来起诉的时候从侦查机关过来的时候案件时有56支枪，但是我们就翻阅所有案件材料，把1000多份快递单全部翻出来，我们怎么都核定不出来枪支有56支，散件有1010件，就给检察官写了我们的要求和建议。第二次又写了他有立功，提供立功材料，我们做的调查笔录，交给检察官，要求检察官去提审他。

现在这个起诉书已经出来了，56 支枪支被改到 39 支，并且立功抓获了好几个人的线索和情况以及其他立功情况都已经体现到起诉书当中。我们又去走访了现场，因为他有好几个小的立功我们还没有核实到，我们都是这样工作，检察官去见当事人的时候也大声说你们律师还是很敬业的。

第四个问题就是要老练的回答当事人的提问。为什么我想到这个问题呢，记得昨天我去见走私案件的当事人的时候他说，"等一下，我的数额已经出来了，是 330 万吧，你告诉我，到底能判多久？"我就这样回答他，请你不要问我具体能判多久，其实你心里清楚，我心里清楚，我第一次会见你的时候，法条是怎么规定的，我非常明确的告诉你了。而你呢，在里面天天学习，你们在看守所关的很多涉嫌走私，你经常看到他们的判决书，你心里可能比我更清楚，但是只有 330 万元的数额，我无法认定。你不要认为 330 万元就定了，因为在走私案件当中，根据我们经验，不一定是这个数字，最后决定数字的，比如说有些案件根据海关没有抓到实物，他是根据双方，你准备要走私的一些邮件、一些文件表格来认定你将要走私的是多少。第二种情况，有些像你的案件是 2012 年案件，但是海关核定价格的时间又是 2015 年的，你想一下，2012 年发生的事情 2015 年核定的时候肯定是要高一些的，因为物价都是涨的。还有一种情况，比如计价标准，海关有三种，什么内部价，参考价……，这几种价格都是不一定的，我们就不要考虑其他的一些从轻，减轻的情节，光这 330 万元，数额都不一定能确定，你让我怎么跟你评估。所以我们在回答当事人的一些问题的时候，一定要老练，不能让他们抓到把柄。

最后我再回忆一下我们今晚的主题，一个是无罪辩护，2012 年刑诉法出来之前，当时有个案件，我做一辩，另外一个同事做二辩，法官觉得案情很简单，就拖到 10 点半才开庭，但是一听到我们要做无罪辩护，一听就恼火了，因为证据审查就要一天的时间，法官就花了一个多小时给我们辩护人和家属做了多次的工作，最后我们觉得火候也差不多了，就同意做罪轻辩护。同时，前段时间在中院，我也是这样做的，公诉人听着听着就问，辩护人你是要做无罪辩护？他说无罪辩护你怎么将罪轻的意见拿出来了？我就拿出依据说，律师在定罪和量刑两个方面都是可以分开做的。

最后一个问题就是与公诉人交流问题。我认为在庭前多与其沟通，但是我们要拿着证据，拿着法律文书，不卑不亢地和他们沟通，两处观点，提出各类申请，提出法律依据，他们其实还是很喜欢的。庭审中我们也要注意跟公诉人交流，开庭的前一个阶段，如果你专业，敬业也会尊重你。

好的，今晚我的点评到此结束，谢谢各位。

▶主持人　李靖梅◀

谢谢董律师，您从 4 个方面为我们进行了论述，无论从心态还是执业过程方面都给我们的年轻律师，作出了指引和要求，感谢您。下面有请袁律师为我们进行点评。

点评人
远利杰

河南大鑫律师事务所律师
华夏公司辩护联盟监事长

▶**点评人　远利杰**◀

好的，谢谢主持人的介绍，王律师今晚的讲座非常精彩，下面我就说说听完主讲人和点评人授课内容的感想吧。

第一，我认为我们做辩护人一定要做到有气魄，该出手的时候就出手。上个月我在陕西有个案件，侦查机关对当事人进行了威逼，但是当事人也没有"配合"他，我到看守所会见当事人的时候，其谈到被威逼的过程，回到酒店我就写了一份控告信，直接寄给了陕西省人民检察院，最后，也是因为我书写的这份控告信，当地的侦查机关最后作出了让步，在证据不足的情况下，最终办理了取保候审，这是我要说的第一点，作为律师一定要有胆魄，不要唯唯诺诺去和公检法沟通。

第二，就是谈一下刚刚王律师讲的阅卷，一定要仔细的阅卷，要找准辩点。我就属于王律师所说的对办理刑事案件下笨功夫，也有很偏执，很认真的办案的心情，所以对案件的阅读的次数都会有好几遍。比如我5月份办理的一个辽宁的案件，是非法吸收公众存款，涉及客户的合同非常得多，我在阅卷的时候发现公安机关在收集的时候非常粗糙，有些合同缺失了很多，针对这些情况我们向法院提出一些证据应该排除，因为这些证据涉嫌办案人员作假，最终这样的观点也受到了法官的认可，最后导致法官认为案件的事实有不清楚的地方，在多个回合的法律沟通之下，给我的当事人判处了3年以下的有期徒刑，当事人还是比较满意的。所以我说的第二点就是我们一定要仔细阅卷。

第三，我想谈谈沟通的问题。我认为沟通要有三个"及时"。首先我们办案的过程，一定要及时。作为律师我们不能被委托人对案情的描述来左右我们的思想，因为委托人他们看不到卷宗，一定要及时的和委托人进行沟通。其次对案情的进展，我们一定要及时和当事人去沟通。最后是我们要及时地跟进案情的进展。同时，我们也要注意对于案件的一些额外的律师方面之外的工作要及时提前考虑并且安排。比如我们上两个星期，辽宁另外一个案件，法院给我们当地的洛阳司法局邮寄了缓刑相关的一些社会调查报告的一些材料。我们都知道判处缓刑，法院都需要在判决之前对被告的社会情况进行调查，所以我当时意识到后及时打电话给委托人进行了说明，让他在家里面密切关注法院寄回来社会调查的文书。

最后，我们希望下次和大家再次讨论，谢谢大家，感谢张元龙主任，感谢各位。

▶ **主持人　李靖梅** ◀

感谢各位群友，谢谢远律师又一次以自己的亲身经历为大家将今天的主题做了一个总结性的点评。远律师强调我们做律师要有胆魄，敢于与公权力平等沟通，仔细阅读卷宗找准辩点，与公诉人沟通，与当事人沟通，与委托人沟通要及时，及时跟进案件。

今晚的每一位律师都从不同的角度为我们分享了我们在刑事辩护中应该吸取的教训和经验，今晚的讲座就到此结束了，谢谢大家，让我们期待下一期的中南刑辩论坛讲座的到来，祝大家晚安。

实体内容篇

律师伪证罪之防范路径

主持人：李靖梅　主讲人：张元龙

▶**主持人　李靖梅**◀

各位群友，大家晚上好。今晚为我们带来这场公益讲座的主讲人是张元龙律师。接下来，请张元龙律师开始讲座。

▶**主讲人　张元龙**◀

各位群友，大家晚上好。

我们今天一起探讨律师伪证罪之防范路径。2012年，新《刑事诉讼法》的实施拓宽了我们辩护人的辩护空间，赋予了我们律师诸多辩护权利，要求我们律师为犯罪嫌疑人或被告人做有效和精准的辩护。在案件犯罪事实上，有效辩护就是要求我们能挑战控诉方的证据，其中很大层面是律师通过调查取证来达到有效挑战的目的，但是我国《刑法》第306条律师伪证罪的规定是悬在律师头上的一把利剑。如何既能有效辩护、尽职调查取证，又能有效防范律师之伪证行为，我认为伪证行为具体所指向的"引诱"罪状模糊，是导致伪证罪之根本原因。律师应通过办案实务技能和技巧，采取一些措施，来有效防范律师之伪证罪。

一　律师伪证罪之表现

律师伪证行为，规定于我国《刑法》第306条之中。《刑法》第306条规定，在刑事诉讼中，辩护人、诉讼代理人毁灭证据、伪造证据，帮助当事人毁灭证据、伪造证据，威胁、引诱证人违背事实改变证言或者作伪证的，处3年以下有期徒刑或者拘役，情节严重的，处3年以上7年以下有期徒刑。

第一，由行为人直接毁灭、伪造证据，即由行为人亲自实施的作为或不作为。

第二，行为人帮助毁灭、伪造证据，即真正毁灭、伪造证据的不是辩护人，而是其提供了便利或通过作为或不作为使他人实施。

第三，行为人威胁、引诱证人改变证言或作伪证，即通过自己行为影响到第三方实施了作为或不作为。

（一）辩护人亲自毁灭、伪造证据，这种可能性不大

因为毁灭、伪造证据，在具体的司法实践当中是比较容易认定的，其行为也比较直观。"毁灭"，就是使案件的证据消失或丧失证据的能力。"伪造"，则是表现为将某种证据从无到有或从有到无的过程。因此，辩护人直接实施毁灭、伪造的可能性不大，在以往的律师涉案案例当中也相当少见。作为一名辩护人，深知要经过大学本科学习，通过国家统一法律职业资格考试，然后到律师事务所实习期满，才能拿到律师执业资格证，律师这份职业来之不易。我认为，大多数人还不至于为了一定目的，冒着蹲监狱的风险而直接、公然去毁灭、伪造证据。那么导致一些律师蹲进监狱的原因是什么呢？我在前有作陈述，真正让律师蹲进监狱的是后两种情况：一是"帮助"当事人毁灭、伪造证据；二是威胁、"引诱"证人改变证言或作伪证。

（二）帮助当事人毁灭、伪造证据，是侦查阶段辩护人履行辩护职责容易涉及的行为

"帮助"，就是指在某种信息不对称情况下，将某种信息提供给他人，或提供服务，力所能及地使得某个人达到某种目的或完成某项事情、任务等。"帮助"，在具体表现形式上，主要是信息的不对称使他人获之而实现，或尽其所能让他人完成某种事项。正是这样，不同的出发点、不同的视角看待"帮助"，就会出现不同的结果。尤其，在律师新介入一宗刑事辩护案件中，为了能有一定的经济效益，在提供信息方面，会有一些大胆的言语，这样使得"帮助"出现双重的重合。这种"帮助"，辩护人认为是正当执业行为，而从另外一个角度看，符合我国《刑法》第 306 条所规定的帮助罪状。

（三）行为人引诱证人改变证言或做伪证

"引诱"，才是真正让律师处于不利局面而进监狱的问题源头所在。引诱，是指行为人使用手段，使人认识模糊而做错事。其同义词包括诱导、劝导、诱惑、吸引等。具体表现形式为通过金钱、财物、物质性利益或其他非物质利益，加以引导、诱惑，并促使相对人进行违法的行为。这里的诱惑和诱导，都有一种"怂恿他人"做某项事情的意思。正因为如此，某些辩护律师为了履行辩护职责，在工作中就有一种怂恿他人做某项事情、引导性的特点。在司法实务当中，犯罪嫌疑人或被告人及其家属、家属身边的人，很大程度上都是没有法律知识或缺少刑事法律知识的，对于案件处理和审判，肯定没有律师作为专业人员那般知晓和精通。因此，作为辩护人之律师，在履行职责时，利用自己的业务能力，肯定有给予当事人某种讲解、说服、解答疑惑或帮助等执业行为。但是这些行为，从另外一个角度看，就是前述"引诱"字词所具有的特质。这也正是我国《刑法》等 306 条规定的"引诱"罪状所具备的模糊性特征。

新《刑事诉讼法》的实施，出人意料的是，对律师伪证罪并没有作排除或者作出让步，而是在《刑事诉讼法》第 42 条作了补充性规定。"辩护人或者其他任何人，不得帮助犯罪嫌疑人、被告人隐匿、毁灭、伪造证据或者串供，不得威胁、引诱证人作伪证以及进行其他干扰司法机关诉讼活动的行为。违反该款规定的，应当依法追究法律责任，辩护人涉嫌犯罪的，应当由办理辩护人所承办案件的侦查机关以外的侦查机关办理。"这条规定，是对我国《刑法》第 306 条的补充，只是将第 306 条之诉讼代理人改为其他任何人，并增加了"其他干扰"条款，这样打击面还增大了，条文对于伪证行为的内容规定还是一样。

二 律师伪证实务认定焦点分析

我国《刑法》第 306 条规定的律师伪证行为，在司法实务当中，主要表现为规定的内容模糊，导致实务认定上，行为人实施行为时的主观心态难以认定。

（一）帮助罪状的模糊状态

我国《刑法》第 306 条规定了辩护人"帮助"当事人毁灭证据、伪造证据的情形，但对"帮助"如何界定，无具体的立法规定或司法解释，适用起来也可作扩大解释，也可作保守解释，仅凭办案人员的主观判断。例如，刑事诉讼法规定律师可以"无障碍"（凭律师执业证、介绍信和委托书）会见犯罪嫌疑人、被告人，会见交流情况不受监听，对交谈内容无规制。律师把会见交谈得来的情况，转达给犯罪嫌疑人或被告人的家属，而这家属也就是同案的在逃犯罪嫌疑人或证人，家属、亲友为了被羁押的亲人不被刑事追究或少承担责任，结合犯罪嫌疑人供述，实施了毁灭证据、伪造证据的行为，那你律师不就构成了"帮助"之罪状了吗？

（二）引诱罪状的模糊状态

我国《刑法》第 306 条对于"引诱罪状"的规定也是模糊状态的，可扩大解释，也可缩小解释。引诱证人违背事实改变证言或者作伪证，律师在执业过程当中，通过知悉犯罪嫌疑人或被告人重要的案情，或者知晓侦查部门侦查内情，将信息传递给犯罪嫌疑人或被告人的亲友、旁边的人，和他们进行沟通、交流，会被理解为"引诱"；律师在侦查阶段提供辩护意见或拟定辩护思路，同家属进行沟通时，也可以被认为辩护人涉嫌引诱他人之表述。

辩护实务当中，来办理委托手续的家属很多也是同案的证人；另外，有些家属可能带着目睹、知晓该案经过的亲朋、好友过来，一起到律所办理委托手续。律师在和他们进行沟通或商讨案件的过程中，这些朋友，可能就是同案证人。律师接待他们时，透露过或分析过案情给他们听，对于关键信息，亲友救人心切，后续该证人在控诉方的证言改变了。那么，这律师不就成了"引诱"证人违背事实改变证言或者作伪证了吗？

（三）主观心证难以认定

律师伪证罪，在犯罪主观方面是"故意"，然而，主观层面的故意包含了直接故意和间接故意两种情形。在司法实践当中，故意即被理解为积极行为，这里，《刑法》第306条对所涉及的犯罪主体是何种主观心态，没有明确规定，非常含糊。这样势必影响到当律师尽职尽责、履行辩护职能，却被认为主观心态上有违法犯罪的故意，这就使得辩护律师的人身安全会处于一种不确定的状态之中。

就犯罪的主观心态来讲，由于"直接"与"间接"故意并不容易分辨，同时凭办案人的主观心态认证，因此，到具体的个案当中，很大一部分律师被侦查机关追诉，其行为与伪证罪结果之间并未存在直接的因果关系。而之所以被侦查机关追诉，恰恰是因为界限模糊，没有一个明确标准的认证，让故意与过失之间的界限有了执法者想象的空间，导致司法实践当中难以准确落实。

当然，作为具备专业法律知识的执业律师，理应全力维护犯罪嫌疑人或被告人的合法权益。为了履行辩护职责，对案件、对当事人、对家属负起责任，采取一些积极的辩护手法或相关措施，也是合法和正当的，不能就因此理解为犯罪行为。张明楷教授曾经提出过，"即便一位律师行使辩护职能，实施的行为具有一定的违法性，也不宜认定为本罪"的观点，无疑是在为辩护人辩护。然而，这些正好说明了我国当代的律师制度现状，律师尽职尽责辩护，往往容易被误解为触犯了《刑法》第 306 条的伪证罪。

2010 年在重庆"打黑"过程中，作为犯罪嫌疑人龚 ×× 的辩护律师李庄，就以辩护人伪证罪被重庆市江北区公安分局立案侦查，直至被重庆市第一中级人民法院以该罪判处有期徒刑 1 年 6 个月。更甚者，2011 年，即将刑满出狱的李庄，再次以相同罪名，被重庆市检方再次起诉，险些被"赶尽杀绝"。由于是关键证据出现矛盾，重庆市江北区人民检察院才撤回了起诉。一名辩护律师遭受如此对待，先就里面真实情况不论，但有一点，只要《刑法》第 306 条存在，刑辩律师随时可面临牢狱之灾。那李庄案给我们引发了什么样的思考呢？

龚 ×× 举报指出，李庄在会见其过程中暗示其翻供的方式是"用了一个眼神"。区区一个眼神，能说明什么，还不是直接言语交流、沟通或教授呢！难道这眼神与"引诱""暗示"之间能有必然的联系吗？然而，法院就以此为线索，再结合其他证人证言进行定罪。也就是犯罪嫌疑人龚 ×× 在"律师执业中"得到的对律师伪证行为的指证，加上外界其他证人的佐证，即定了李庄伪证罪。对于这样的审理结果，法律界有很多质疑的声音。但是，不同主体出于不同的立场就会得到不同的答案。但问题就在于案件的定案，基本上都是依据主观性较强的证人证言，并无相当数量的录音录像、物证和书证。由此可见，认定律师伪证罪所依据的证据并不要求那么多，证据链条也不要求那么完整。然而，犯罪嫌疑人的举报、证人证言陈述，往往都带有很大的主观性。由于出发点不同，不同角度、不同利益出发点，受教育程度不同，就会造成人们对同一事物的看法不同。

三 律师伪证行为与尽职辩护两者容易重合

近年来，国家提出了依法治国方略和建立以审判为中心的诉讼体制模式。

以审判为中心的司法体制模式，要求我们能挑战公诉方的证据，新的《刑事诉讼法》也为辩护人拓宽了辩护的空间，规定了一些重大原则，其中不少是使得律师提前介入到案件侦查阶段，及时了解案情与犯罪嫌疑人被审讯情况，对侦查部门形成监督机制，挑战侦查部门所取得的证据，依法保障被追诉人的合法权益，防止冤假错案的发生。这样，在司法实务当中由于辩护人身份特殊，维护犯罪嫌疑人或被告人权利成为其职业需要，辩护人就会充分、尽职、尽力地为犯罪嫌疑人进行辩护，以防止冤假错案的发生。因此，也就存在辩护人可能帮助犯罪嫌疑人或被告人脱罪（客观上被追诉人本身或许是有罪的或许是无罪的），辩护人为被追诉人避免刑事责任的追究，就成为其执业范围。

前有所述，在侦查阶段，律师会见不受监听，一定程度上加大了与犯罪嫌疑人沟通的尺度与深度，那么来说以下三种情况。

第一种，律师在会见犯罪嫌疑人过程中的规范制度。律师会见在无人监听"真空"范围内，完全可以和被追诉人交谈沟通任何内容，甚至包括帮助其避险。

第二种，律师在会见犯罪嫌疑人了解到相关案件重要信息后，与外面家属、朋友、旁人之间的一种传递信息的规范，是否无任何限制呢？还是有所保留？还有，律师在公安侦查阶段，能够让侦查部门取保候审，或者是检察院的不逮捕，使尽手段，穷尽努力，其中不乏律师会见可能教授犯罪嫌疑人如何脱罪、如何避罪、如何翻供之类型的，教授亲友如何配合里面供述的问题。

第三种，是律师为了寻求公诉方证据体系的突破点，除了从现有材料里找到证据链之缺点，更重要的是会从外围进行调查取证，寻求突破。调查取证除了寻找证据线索外，肯定会接触到知道本案案情的证人，也即侦查部门为了固定证据早已取证之证人或者被害人。

那么这些情况，定性为律师伪证行为还是尽职辩护行为，或者是一般违反执业纪律和职业道德的行为？新形势下，辩护人的辩护空间已拓宽，时代要求我们辩护人要尽职辩护，但尽职辩护采取之措施和行为，经常会与律师伪证行为相互混淆与交叉重合。

四 律师伪证罪之防范路径

在律师伪证行为没有被立法否定的情况下，我们辩护人采取保护措施并持谨慎态度是很有必要的，既相对保守，又能达到有效辩护之目的。

（一）提高认识，增强自我保护意识

律师办理刑事案件，必须在主观上加强自我保护意识，提高警惕，防止自己被伪证行为牵扯进去。主要表现在：（1）对于办理刑事案件委托手续之委托人、有交往之亲友身份关系需多留一个心眼，辨别一下是否同案犯罪嫌疑人或证人。（2）委托关系合法，手续齐全，收费开具律师所正式发票。一旦你不开具发票，势必造成你去迎合当事人，这样就很容易被别人利用。（3）遵守我国刑事诉讼法之规定，以及律师法、律师执业纪律之规定的要求。

（二）帮助罪状实务防范路径

帮助罪状防范，在于律师手脚干净。具体表现在：（1）律师会见内容，正常答复家属，限于口头沟通，不得将会见笔录拍照、复印给家属。例如，我们一位同事将会见笔录给家属拍照，后来这位家属也被刑拘了，在他手机里翻出了会见笔录，公安侦查人员报法制科要求追究律师责任，法制科工作人员找到司法局律管处要求追究该名律师责任。此事经多方人员努力，好不容易才得以化解。（2）不得将案卷材料拍照和复印给当事人。（3）正确地判断委托人、亲

友是否同案犯罪嫌疑人或证人。（4）不在犯罪嫌疑人与亲友间相互传递纸条。对于家属委托办理的事情，要多考虑，以防止被非法利用，例如"河南虚假立功案"。

（三）引诱罪状实务防范路径

对律师来说，接触控方证人是一个最危险的雷区。一旦证人改变证言，控方的证据失利，就可能将结果归责于律师，控方可能针对律师适用《刑法》第 306 条辩护人伪证罪之"引诱证人作伪证"这一条款。因此，我们辩护人要相当谨慎对待证人。

那么我们怎样面对证人呢？

第一方面，新刑诉法规定了"证人出庭"作证制度，因此辩护人可以传证人出庭，接受询问和质证。

第二方面，可以大胆作调查，但可以不取证，可另外调取非控方证人的证言，以推翻控方证人证言内容。

第三方面，必须向证人取证时，我们做到如下 8 条标准，可以有效防范律师伪证行为，表现在：

（1）必须由两名执业律师调查取证，加强自我保护意识。一个律师会很危险，哪怕另一个是助理或实习律师都不妥当；这样，公诉方如要追究辩方伪证罪时，增大了追究的难度；

（2）全程同步录音和录像，征得证人同意，才可向证人了解情况；

（3）尽量要求证人亲笔书写。因为律师通过一问一答形式，控诉方就会从一问一答笔录里面找到你诱导问话的内容，从而对你适用"引诱罪状"；

（4）询问证人的地点应选在自己律师事务所办公室，或者证人所在单位办公室，不可以到证人所在家庭或者第三方场所，包括酒店宾馆等地点；

（5）不能让自己的委托人或委托人的家属、亲友在场干扰证人，因为委托人以及其亲友最容易为了其利益和目的，向证人说这、说那，这样证人一旦反口，会把责任归责于辩护人与家属共同唆使证人作伪证；

（6）可以请无利害关系的第三方在场见证，如证人所在单位的领导等第三方在场证明律师的清白；

（7）应将书面证词与同步录音录像一并提交给法院；

（8）向法院申请证人出庭作证。

辩护人在主观上提高认识，在客观行为上采取一些积极措施，掌握律师防范伪证行为之程序和操作要领，通过这些制度和措施，尽最大努力有效避免伪证行为之发生。

好，以上讲座是本人对律师伪证罪之表现、司法实务焦点和律师尽职辩护与伪证两者重合，以及律师对伪证罪如何防范问题的分析和思考。我的讲座，就到此结束了。谢谢大家收听！

▶▶**主持人　李靖梅**◀◀

我代表大家感谢张大律师精彩、实用的讲课，同时再次感谢他的无私奉献！

由于预计时间已到，今天的讲课到此结束。

如何寻找刑案无罪辩护的辩点

主持人：刘敏　主讲人：周涌　点评人：胡东迁　伍金雄　张元龙

▶**主持人　刘　敏**◀

各位亲爱的群友，大家晚上好。我们今晚的讲座准时开讲，今晚讲座的主题是"如何寻找刑案无罪辩护的辩点"。今晚的主讲人是来自广东伟伦律师事务所的周涌律师，让我们用热烈的掌声欢迎周涌律师为我们讲课！

主讲人

周 涌

广东伟伦律师事务所高级合伙人
广东省律师协会评选首批广东省刑事法律事务专家
广东省律师协会刑事法律专业委员会副主任（第九届）
广东省律师协会辩论赛（2009 年）"最佳辩手"

▶ **主讲人 周 涌** ◀

大家好，很高兴和大家交流。今晚的主题是"如何寻找刑案无罪辩护的突破口"，我准备从 6 个方面和大家去做交流。

曾经有位律师评价说，成功的无罪辩护是刑事辩护律师的最高荣誉勋章，我深表认同。在为当事人辩白的同时，无罪辩护带给辩护人的荣誉感和成就感是无与伦比的。近期我连续办理了三宗半成功的无罪辩护案件，2015 年度业务的成功率也达到了 83.3%，可以给自己交一份满意的答卷了，这份成绩单来之不易。那么能够几个案件相继成功无罪辩护，我想这一切仰仗市场环境的改善，司法者更愿意听取和采纳律师的证据意见。一方面，的确是因巧，案件本身具有无罪辩护的客观条件；另一方面，辩护人把握机会的能力也很重要，否则再好的机会也会被浪费掉。那么什么是辩护人把握机会的能力？其中很重要的一点就是寻找案件突破口的能力，就是我们寻找辩点的能力。可以说找到突破口，辩护人就成功了一半，那么如何寻找无罪辩护的突破口呢？与罪轻辩护相比，有没有其自身的一些独立的特点和规律呢？那么从我的辩护经验来看，我认为无罪辩护和罪轻辩护，其实都是水到渠成的事情，没有本质的区别。但如果掌握了一些正确的辩护观点和方法，辩护人找到无罪辩护机会的能力就会更强，找到无罪辩护突破点的机会就会更大，下面我就和大家分享几点我自己的感受。

一 找到指控方最薄弱的环节

辩护的突破口一定是在指控最薄弱的环节，找到这个环节，攻其一点不及其余，那么我们做无罪辩护更要精于此道。

我曾经办理过一宗电信诈骗案，我是在侦查阶段介入的。办案人员介绍说是该犯罪嫌疑人通过用拨号器拨打国际长途并在 3 秒内挂断的方式，造成电信运营商国际间的结算损失，并因此获取第三方支付的报酬。我听了介绍之后，第一反应就是这个案件不构成犯罪，我做过多年电信运营商的法律顾问，按照电信运营商的规则，3 秒内挂断是不收取话费的。你自己承诺不收取话费，人家拨打了，3 秒内挂断了，怎么又给你造成损失了呢？即便犯罪嫌疑人利用这个规则损人利己，也只能说明电信运营商的规则有漏洞，需要更改，而不是将责任转嫁，甚至视为犯罪予以打击。在确认了这一事实之后，我马上就向办案部门提出该犯罪嫌疑人不构成诈骗罪的法律意见书。我的核心辩点就是 3 秒挂断不收取话费的规则。这个辩护观点，可以说抓住了侦查案件事实最薄弱的环节，最终这个案件在检察阶段做了不起诉处理，达到了无罪辩护的效果。

二　要下笨功夫

找到案件的突破口的确是要下笨功夫，辩护人要想在侦查部门和公诉部门花费了大量人力、物力、财力筑起的这道城墙上找到一个缺口，功夫不下到家，谈何容易。

我到法院阅卷的时候，很少只是摘抄部分，基本都是把全部卷宗带回来慢慢研究。如此我还经常发现，偶尔一页纸没有复印好或者没有复印全部，如果可能上面正好有重要的内容，就不得不再去阅卷，并且因此还经常有意外收获。经常到法院看到有些辩护人阅卷，只是复印很少部分，或者掐头去尾的，我很替他们担心。

俗话说，"知己知彼，百战不殆"，如果不全面掌握控方的证据体系，怎么找到控方的突破口？所以也不怪有的律师做无罪辩护只不过是自说自话，就是说不到点上，辩护意见自然也就不可能被采纳。

对于指控的全面分析论证，是寻找辩护突破口的一个基本方法，都必须要下一个笨功夫，否则不可能把握住辩护机会。那么如何就案件分析论证？一个案件的分析论证，一般包括事实、证据、法律适用和程序 4 个方面。

虽然是下笨功夫，关注小细节，但是着眼点要到位，要找到能够动摇指控的核心问题，发现问题才能达到基础不牢、地动山摇的效果。比如说案件事实问题，案件事实是否清楚，是认定犯罪的基础。但是有的辩护人就喜欢眉毛胡子一把抓，恨不得把起诉书的错别字都看清楚。其实作为辩护人应该对"事实不清"单独作出案件事实认定区分。不要纠缠于鸡毛蒜皮，而是要找出大问题。有的认定是不成立的或是不行的，但是却对案件的定性并没有什么实质性的影响，那么对这些事实不清的部分，不要去浪费时间；但有的事实不清，会影响案件准确定性的，辩护人要把握住，就是那些足以影响案件定罪和量刑的关键点是什么，要挑出来，并且区分对待，看是否足以动摇对案件事实的认定。

我最近办理的一个刀下留人的案件：一审被告人以非法制造、贩卖毒品罪被判处死刑，二审法院采纳了我的辩护意见，以事实不清为由发回重审。二审判决下来之后，我去会见这个被告人，看到他的死刑脚镣被去除了，一身轻松，作为辩护人还是很有成就感的。这个案件是一起毒品案，我为之辩护的被告人是第一被告，被指控参加两宗制造、贩卖毒品行为，共计制造、贩卖毒品氯胺酮达到八百多公斤，数量特别巨大，而且之前曾经两次抢劫，两次被判刑，是累犯，有从重情节。这样的被告人，在法官眼中基本上是杀无赦的对象。那么这个案件为什么能起到发回重审的效果呢？关键就在于辩护人对案件关键事实不清的一个准确把握。

我在研究案件的时候，注意到了一个细节。该名被告人交代，中国台湾籍人向他购买毒品的时候出的价太低，于是他表示这个价太低，买不到，但如果自己制造还可以，台湾人同意了他的提议，所以先后预付了 300 万元给他。这一事实也得到了和他共同制造毒品的另外一名被告人的证实。就是从这里，我找到了这个案件的突破口，找到了辩护的方向。既然这个台湾人明知道要制造毒品并且同意了，就有共同制造的犯罪故意，就是共同制造，那么这个案件的定性就应该是共同制造，而不是制造、贩卖。如果在一般的毒品案件当中，区分制造和贩卖的意义其实是不大的，但在我这个案件当中，意义就非常重大，直接关系到对这名被告人的定罪和量刑。因为如果是单独制造或贩卖，我这名当事人的罪行都是最重的。他收的是300万元购买毒品的预付款，这笔预付款就成了他制造毒品的出资，他的出资就是最多的；而在贩卖行为当中，洽谈与200公斤的交货都由他一个人完成，他的作用也是最大的。所以综合两宗犯罪，他出资最大，作用最大。但是，如果他与台湾人的关系不是贩卖关系，而是共同制造关系，那么他收到的预付款就是台湾人的，是台湾人出资最多。与此同时，他的另外两名同伙，分别有50万元、20万元的出资，那么相比较而言，他本人反倒是没有出资；而纠集制毒师傅等，一些行为也是另外一名被告人实施的，这样的话他就只不过是起到了一个穿针引线的作用，他的作用相对而言就变得没有那么重要。虽然案件也还有其他一些可以辩护的地方，比如说如实供述、认罪态度好以及证据的合法性方面存在一些问题等，但是我把辩护的着力点放在事实认定不清上，因为我认识到，就这个案件而言，如实供述、认罪态度好等都不足以保命，案件的突破口就在于事实不清，只有把这个点把握住了，才有刀下留人的可能性。所以我的整个辩护方案都围绕这个突破口来设计，二审法院采纳了我的意见，以事实不清为由发回了重审。

虽然是下笨功夫，但是也要讲究一些方法，才能达到事半功倍的效果。在分析指控的证据是否充分时，如换位法、分段分析法、对比分析法都是可以用的。第一，换位法，我们经常说证据链要完整，中间有缺口证据就不充分。所以辩护律师的任务就是找出控方证据链的缺口。怎么找出呢，就是换位思考。在构建有罪的证据链中，发现证据存在的薄弱环节，然后再围绕这个找出证据本身存在的问题，以及证据之间存在的各种矛盾从而打开证据链缺口。

第二，事实切分分析法，事实切分分析法是我办理刑事案件时一直使用的重要方法，我经办的这个非法制造毒品案就是一起成功的用事实切分分析法办理的案件，被告人被控制造200公斤毒品，如果指控成立，至少要判无期徒刑。我首先将案件事实分段成几种待证事实，待证事实切分后，再在案件材料中寻找能够证明上述每一段事实的证据，看有无事实清楚并且有合法有效的证据来证实这个是不是事实，一旦哪一个待证事实证据达不到充分证明的效果，这个地方就是一个辩点。如果在阅卷的时候，功夫不到位，做得不够细致，不注重细节，很多东西就会被忽略掉，事实切分分析法就是这样一个很好的方法。从司法实践来看，法官对证据的合法性考虑比较少，但是相较而言对证据的矛盾会更加重视，只要不能排除合理怀疑，就有可能存在错案，法官不能不考虑。第三，还可以用证据对比法。将某一案件的有利证据和不利证据相对比，发现证据之间的矛盾，指出矛盾的问题，根据具体情况，具体对待。

另外，对于下笨功夫，还包括比如对犯罪构成进行分析的时候，要注意紧扣犯罪构成的要件。有的人在对犯罪构成的要件进行分析的时候，喜欢按照自己的理解自由发挥。

再者就是相关的法律法规一定要收集齐全，做到有法律依据，如果认识法律出错，那么论证结果就可能有差错。最后就是，细节、词义，法律概念一定要弄清楚。

三　要"巧办"

在下笨功夫的同时还要找巧方法，如通过"借脑"的方式，包括向法官"借脑"。我认为,关注法院判例能让我们知道哪些辩护观点在实践中是行之有效的,辩护观点背后有判例支撑,特别是最高院的判例和上级法院的判例,得到法官采纳的概率还是很高的,所以我在寻找辩护突破口的时候很注重收集判例,效果还是不错的。

除了向法官借劳之外还有向检察院借劳,包括从检察院的补充侦查中来寻找突破口。如果辩护人有心,可以在其中找出很多辩点,批准逮捕决定书、起诉书和起诉意见书存在差异,说明认识前后不一致,至少是有争议的。这种前后不一致,甚至会影响到证据收集,因为不同罪名对证据要求是不一样的,所以这种不一致,很有可能是我们辩护的一个突破口,可能会影响定性。律师有时候对当事人的自我辩护意见不够重视,过分相信自己看到的卷宗材料,过分相信在办案过程中征集显示出来的事实,实际上,被告人作为事件的亲历者,他们的辩解意见是很重要的,有的案件被告人辩解可能让我们看到一个更完整的事实。有的被告人的辩解意见比我们单纯的想法,更具有说服力,所以说关注被告人的辩解意见也是找到辩护方向的一条主要途径。再有是向同行借,包括这个从其他律师同行中找观点,再来就是从同行的讨论中来激发灵感,甚至有些律师所或者有些律师,用模拟法庭的方式,我觉得这样的方式是非常好的,有利于找到案件突破口,还有的就是向专家介绍。

四　寻找辩护突破口,态度也很重要

笨功夫和巧办都抵不过一个良好的态度,态度决定一切,在寻找辩护突破口,特别是无罪辩护突破口的时候,我感到有三种态度很重要,第一是敢,第二是定,第三是精。

第一个敢，就是敢于想、敢于追求、敢于做无罪辩护。有的专家学者建议，律师不要轻易做无罪辩护，认为无罪辩护的效果不好。法官当中也有类似的观点，觉得律师动不动就做无罪辩护，对无罪辩护持一种不太认可的态度。我们的不少律师同行对无罪辩护也视为畏途，十分谨慎。其实，对无罪辩护持谨慎的态度固然没有错，但凡事都是辩证的，不轻易做无罪辩护不等于不做无罪辩护。如果经过严密的分析论证，的确是无罪的案件，而且各方面考量也适合做无罪辩护，我认为还是应该坚决做无罪辩护，否则就是失职，会留下遗憾。

不过有民事诉讼经验的律师都会有个感觉，做被告的代理人比做原告的代理人容易。因为做原告需要考虑的东西很多，管辖、主体、诉讼请求、法律关系、事实、证据、程序，少一个都不行，少一个都可能会出问题，都可能会败诉。而被告代理人就相对容易得多，只要从原告的起诉当中找到一个致命的突破口，就足以让原告败诉。大量的民事诉讼当中，原告的诉求被驳回的不在少数，在刑事案件当中，这就相当于无罪判决了。原告起诉的时候没有做准备吗？或者说所做的准备一定不如刑事案件中侦查办案部门的准备工作充分吗？可能会有这样的一些成分，但未必全都是。不过有一点肯定不同的是，民事案件当中，法官的裁判会相对超脱一些，没有刑事审判中这么多的顾忌，或者说这么多的先入为主。

第二种态度就是定。什么叫作定呢？就是定力，不要受别人的影响，更不要被起诉书或者起诉意见书牵着鼻子走，要有自己的独立见解。律师在承办案件的时候，会收到来自各方面的案件信息，包括之前的辩护律师对案件的分析，以及被告人家属打听到的来自办案部门的一些权威的意见，有的还说的很肯定，好像毋庸置疑。对这些意见，律师可以做一个参考，但切记不要人云亦云，受其影响，一定要有自己独立的见解，而独立的见解又来源于对案件的认真研究和分析。

比如，当事人之前请的律师对预测不乐观，但我们没有受这些消息影响，我的团队同事一起彻夜对这个案件分析，得出起诉的罪名不成立，当事人不构成犯罪，考虑到案件如果在法院审判，法院判决无罪的压力会比较大，所以我们采取"两步走"的策略。第一步是向法院、检察院提出法律意见书指出存在的问题，说服检察院撤回重新审查起诉；第二步是检察院撤回重新审查起诉，再提出不予起诉的法律意见。最后，检察院采纳了我们的意见，撤回重新审查起诉，并且做出了这个不起诉决定。

在其他的案件当中也经常会发生类似的情况，辩护律师不能人云亦云，要有自己独立的见解，这种独立的判断来源于你身后的《刑法》《刑事诉讼法》等规定，来源于你丰富的刑事辩护经验。

第三种态度就是精。精益求精，对辩护要持最高最严格的标准，追求极致，不容许有遗憾。如果将自己的每宗案件都当作自己的作品，就会要求精益求精，追求极致，你就会提高到这个标准来严格要求自己，就会对案件有种不甘心、仔细研究、反复切磋，研究深了就会看到别人看不到的问题，找到别人忽略的突破口。

我近期办了一个徇私舞弊不移交刑事案件罪的无罪辩护成功案件。这个案件涉嫌两宗不移交刑事案件的犯罪事实，第二宗又涉及三个犯罪事实，实际上总共涉及了四个犯罪事实。与此同时，还涉及假冒商标与近似商标、假冒公司名称等重要概念的区别，涉及生产假冒伪劣产品与销售假冒伪劣产品的区别，涉及销售未遂的构罪标准的把握等问题。而且，这个案件还是检察院的自侦案件，让检察院自己否定自己一般来说是很不容易的。对这样的案件，如果律师对辩护的要求和标准不高，就很可能忽略案件的定性问题，转而做有罪的罪轻辩护，那么如果真的如此，对当事人来说，结果就是天壤之别。

我本人有个特点，接到一个案件之后，首先是往无罪的方面去考虑，只有排除了无罪的可能性之后，才做罪轻的辩护。但排除无罪可能性的这个过程，我会花大量时间和精力去琢磨。这个案件经我反复琢磨，一个细节一个细节地抠，最后还真有新的发现，其中有两个比较值得回味的细节。

一个细节是被告人担任负责人的支队在查获一批假冒插座并认定已经达到追究刑事责任标准之后，就把这个案件移交给公安机关办理，后来被告人受朋友的请托，找到承办案件的某公安机关的负责人协商，该办案部门之后把这个案件又交回给工商部门处理，被告人随后对这个案件做了罚没处理。不琢磨的话，这样的案件事实没有什么问题，但是仔细琢磨之后就发现，还是有一些细节经不起推敲。这个案件已经由工商部门移交公安机关处理，那么办案部门就是公安机关，如何处理就由公安机关决定，所以说从工商部门的角度来讲，移交程序已经完成，那么工商部门和相关办案人员客观上已经不可能再构成徇私舞弊不移交刑事案件罪，不符合"对依法应当移交司法机关追究刑事责任的不移交"这样一种客观要件。至于将案件交回工商部门办理，是移交程序完成之后，作为办案部门的公安机关作出的决定，如果说有问题，那首先应该是公安机关的问题，这个突破对全案的突破是一个关键。

还有一个细节，就是第二宗指控，这个支队查扣了一批侵犯注册商标专用权以及假冒伪劣的电线电缆，事后货主与被告人联系表示愿意买回这批电线电缆，为了完成支队的罚没任务，也为了帮助前一宗案件的请托人，该被告人对于查扣的物品做了罚没处理，没有把案件移交公安机关追究刑事责任。第二宗案件经我们研究很快就发现，所谓假冒注册商标的两种产品，其实都不是假冒产品。一种是侵犯企业名称，属于不正当竞争；另一种是属于近似商标，都不构成假冒注册商标罪，不符合移交的条件。那么真正有挑战性的，是其中有部分不合格的电线电缆，价值有人民币五万多元，的确已经超过了《刑法》规定的生产销售假冒伪劣产品罪 5 万元的立案标准，应该要移送。那么这个点其实很容易被忽略，如果稍不留神，可能就认为是已经构罪了，但是经过仔细研读"两高"的司法解释，发现这里面还有一个"未销售"的特别处理规定，就是"伪劣产品尚未销售，货值金额达到《刑法》第 140 条规定的销售金额 3 倍以上的，以生产、销售伪劣产品罪（未遂）定罪处罚"。也就是说，根据"两高"的司法解释，没有销售的伪劣产品金额至少要达到 15 万元以上，才能达到追究刑事责任的标准。而这个案件当中，不合格电线电缆是现场查获，还没有销售，也就是说，仅仅人民币 5 万多元是远远达不到 15 万元的追究标准的。

就这样经过反复的琢磨，看似铁案的难点一一被突破。根据以上分析，我向检察机关提交了法律意见书，要求对该案做不起诉处理，经过慎重考虑，检察机关采纳了我的辩护意见，作出了不起诉决定。这个案件共有四个突破口，任何一个突破口没有找准，都不可能得到无罪的结果。这个案件能够一一突破，取得不予起诉的效果，没有精益求精、追求极致的精神，这样的结果其实也不容易达到。追求无罪辩护的过程，很多时候是"山重水复疑无路，柳暗花明又一村"，功夫下到就可能会有意外的收获，所以说寻找无罪辩护的突破口，态度很重要。

五　火力要猛

案件辩护的突破口一旦确定，要用足够的火力来打击，以达到一锤定音的效果，伤其十指不如断其一指。即便是找到了辩点，找到了辩护的突破口，如果辩护的力度不够，辩护的效果可能还是会大打折扣。我的感受是，当你的辩护意见属于可以采纳和可以不采纳之间的时候，很大可能就不会被采纳；但当你的辩护意见属于不能不采纳的时候，采纳的可能性就很大。辩护如同作战，也要有制胜的策略，我在辩护的时候就喜欢用毛泽东主席总结的制胜法宝——"集中优势兵力打歼灭战"，所以在找到辩点之后，我通常会集齐足够的火力来打击、来突破。

六　不要为无罪而无罪

提出无罪观点应反复斟酌，并充分考虑辩护的有效性等综合情况，在充分研究分析的基础上决定是否做无罪辩护。

我承办的一起走私案件，已经进入了审判阶段，在对案件进行初步的分析之后，我准备做无罪辩护。当事人是一名香港两地车司机，被指控的犯罪事实是：受托为一家在内地的来料加工工厂运送保税货物的时候，没有按照规定在工厂卸货，而是把货物按照委托人的要求卸到了其他地方。如果按照他涉嫌走私的金额，法定刑是3年到10年，即使以从犯来从轻处罚，估计也是3年到5年。但从在案证据来看，没有证据证明当事人主观上有帮助走私的故意，也没有查到保税货物必须运送到工厂的规定，那么这个工厂客观上也存在发外加工的情况。经过反复斟酌，我觉得这种情况是属于刑法规定的拟制罪名，符合多次为同一走私人运送货物，以走私共犯论处的规定，做无罪辩护的法律依据还是不够充分。而且，能证明当事人被海关讯问之后就交代了相关事实，符合自首的规定，具有从轻、减轻处罚的法定情节。如果认罪再加上自首应该能得到轻判，但这轻判究竟是从轻还是减轻，从轻、减轻的幅度有多大，在这个问题上我还是有一点纠结。辩无罪概率虽然小一些，但毕竟还是有机会；辩有罪虽然可以获得从轻，但是能够多轻没有把握。

最后我决定从判例当中来找答案，功夫不负有心人，在收集了数十份走私案件的判例之后，终于找到了一份上级法院的判例，情况非常相似，法院认定司机是属于从犯，减轻处罚，而且减轻是按照下一档法定刑的最低刑来量刑。所以在反复斟酌之后，我决定做罪轻的辩护，同时在开庭前就向承办的法官提交了上级法院的判例，并初步提出了我的意见。当事人也当庭认罪，态度非常诚恳，法院最终判处有期徒刑 1 年，除去此前关押的时间，再有几个月就可以释放，当事人很满意。

而在同案当中，有的律师做的是无罪辩护，效果并不理想；有的被告人虽然请了辩护律师，但是在取保期间脱逃没有归案。我想，这两种情况都是律师对案件的研究不到位，对案件的结果没有作出科学的预测，所以在辩护方案以及对策的选择上出现了偏差。

这个案件最终的辩护方案我认为还是很成功的，那么如果不是用这样的辩护方案，这个案件最终应该还是会被认定有罪，而且不会有这么轻的一个判决结果。所以对一个案件是否做无罪辩护，应该经过严密地论证之后，综合全案的情况再决定，才能达到最有效的结果。

今晚我的分享就到这里，再次感谢张元龙主任的邀请，感谢主持人和各位点评嘉宾的辛勤付出，谢谢！

▶**主持人 刘 敏**◀

非常感谢周涌律师给我们带来精彩的讲座，周律师用他自己的案件来告诉我们，如果想在无罪辩护当中找到辩点，这六个环节是需要注意的。最后，周律师也明确告诉我们，无罪辩护是有效辩护当中的一个方面，而成功的无罪辩护是我们刑事辩护律师的最高荣誉勋章。接下来我们有请今晚的点评嘉宾胡东迁主任为我们做点评。

点评人
胡东迁

浙江腾智律师事务所主任律师
浙江省律协刑事委员会副主任
杭州市律协刑事诉讼委员会主任
浙江工业大学法学院客座教授

▶**点评人　胡东迁**◀

各位群友好，我们的群主、主持人好，大家好。

刚才，我非常认真地听了周律师的精彩讲座。周律师拥有深厚的法学功底和丰富的办案经验，他结合自己办理的无罪辩护成功案例来谈如何寻找无罪辩护突破口这一问题，内容全面、深入，而且非常生动。可以说是将自己多年办案的干货都奉献出来了，非常实用，我也从中受益良多。

我从事刑事辩护也有二十多年了，办了将近1000个刑事案件。其中，做无罪辩护的也有不少，但是能够彻底地取得无罪辩护成功的案例并不多。至今，真正拿到无罪判决书的只有一件，其他案件虽然实质上是无罪了，但大多以检察机关撤回起诉、不起诉或公安机关做撤销案件的方式处理。所以，我的第一点学习感悟，与周律师说的一样，就是刑事辩护难，无罪辩护成功更难。但是不管怎么难，作为一名刑事辩护律师，我们应该以维护当事人的合法权益，以他的最大利益作为我们工作努力的方向。如果我们在接受案件之后，通过对案件的了解、分析和论证，认为这个案件实质是无罪的案件，那我们就要大胆地、勇敢地去做无罪辩护。

但是我们在做无罪辩护的时候，除了考虑案件本身的情况之外，还要综合考虑各方的因素，尤其是特定的政治、社会形势等环境，我们要权衡利弊得失，怎样辩护是对被告人损失最少，最有利的。有的被告人可能因为某一种原因，比如权力斗争或者是股东之间的利益纠纷等，他可能不止就这一件事情，后面可能还有很多问题，但是别人告他的时候，或者有关部门抓他的时候，考虑到不想将事情闹那么大，但是又要给他一点教训。这个时候我们是否选择做无罪辩护，就要充分地和当事人及其家属商量，要权衡利弊，这个时候我们要特别慎重。但是有些案件，我们发现当中一些关键的定罪事实、证据存在问题，或者法律适用上存在严重问题时，在没有其他更多顾虑的情况下，我觉得应该选择做无罪辩护，因为只有这样的分析论证才会更加全面和深入。在接受案件的时候，按照我的工作习惯，首先考虑无罪辩护，在无罪辩护不可能的情况下，才选择做有罪从轻辩护。关键是在于你善不善于发现案件存在一些关键的、薄弱的环节，能不能找到突破口。故我的第二点学习感悟是，是否做无罪辩护，要根据案件的各方面因素，做一个综合的分析判断，权衡利弊得失。

第三点学习感悟是，无罪辩护不只在法庭审理阶段，在侦查、审查起诉阶段就可以开展无罪辩护。刚才周律师讲的成功的无罪辩护案件中，有好几个就是在审查起诉阶段就做了无罪辩护，而且取得了非常好的结果。我本人承办的多起案件也是在审查起诉，甚至在侦查阶段就取得了非常好的无罪的辩护效果。刚才周律师讲了几个审查起诉的案例，我补充一个侦查阶段的案例。我们许多律师觉得在侦查阶段最多就是会见，不能做调查取证，也不能阅卷，我觉得这种观念也有所偏颇。只要案件具备条件的，就可以做无罪辩护，而不论其在什么阶段。如果在侦查阶段就已经发现案件无罪辩护的突破口，然后采用非常好的方式，达到预期辩护效果，当然也是一个非常好的成功的辩护，而且比在审查起诉阶段、审判阶段取得成功效果更好，因为对你的当事人来讲，早一天获得自由，比什么都重要。

我认为在侦查阶段做无罪辩护取得成功，一般从两个方面着手。一方面是管辖权问题。有些案件是明显出于不正当的目的，有的可能出于地方保护主义，或者出于某一种上级的压力将当事人抓起来。实际上他们所谓的指控的罪名，完全是一种手段或者借口。

我记得前年办理的一起合同诈骗案件，犯罪嫌疑人是浙江省杭州市人，被江西某地方的经侦大队抓了，但是我们这边接手的时候，发现这个案件很有可能是虚构的，因为这个犯罪嫌疑人根本就没有去过江西，也从未跟这个地方的企业或者个人有过经济上的往来。他其实是和浙江另一个市的一个老板有经济纠纷。这个老板想通过杭州的公安，以刑事手段来获取更好的利益，但是杭州公安办案比较规范，没有立案侦查。而且，因为这个老板在江西当地有投资，且投资量比较大，所以他就通过当地市领导的批示，让当地公安立案抓人，将我们这个当事人抓走了。我们去会见了三趟，都不让我们见，后来经过我们不屈不挠的斗争之后，终于见到了。了解了案件后，我们认为，本案是经济纠纷，即便涉嫌经济犯罪，当地公安机关也违反管辖权规定，应由杭州市公安部门来立案侦查。于是，我们就开始为他维权，向上级公安、检察机关及政法委提出了申诉控告。后来，将这个案件管辖权争回到杭州公安。后案件移送杭州市检察院审查起诉。在审查起诉阶段，我们提出这个案件实际上是经济纠纷，不是刑事犯罪，所谓的合同诈骗，事实不清，证据不足，不能成立。市检察院采纳了我们的辩护意见，将这个案件退回了公安机关，公安机关后来将他以取保候审的方式从看守所放了出来。这个案件能辩护成功，其中一个重要的关键点即突破口就是管辖权问题。管辖权争回来了，这个案件的辩护就成功了一大半。

另一方面是主体身份问题。比如贪污贿赂等职务犯罪案件中的犯罪嫌疑人是否具有国家工作人员身份的问题。如果我们律师取得犯罪嫌疑人不具有国家工作人员身份的证据材料，提出辩护意见，就能取得良好的辩护效果。我办理的好几起贪污贿赂案件，因为在报捕阶段提出这方面的辩护意见，得到检察机关的重视，后作出不予批准逮捕的决定，把人给放了出来，取得了辩护成功。

第四点学习感受是，提出辩护方案的时候一定要抓住要害，只有抓住要害，才能击中要害，取得辩护成功。所谓无罪辩护突破口，就是指对案件的定罪起关键作用或最薄弱之处。对此，刚才周律师介绍了从证据链、事实切分、证据对比、构成要件上寻找突破口的方法，以及向法官、检察官、律师同行甚至被告人借脑的方法，这些都是很实用、很有效的方法。在这里我想补充一下，在寻找无罪辩护突破口的时候，还要重视调查取证，不少律师同行害怕调查取证，因为存在巨大的刑事风险。从案卷本身找毛病、找矛盾，寻找无罪辩护的突破口，来做疑罪从无辩护，叫做"以子之矛，攻子之盾"。这是个常用的也是风险最小的辩护方法。但是有的时候，仅提出这样一些观点，可能还不足以让法庭或者检察机关采纳无罪意见。所以，我在做无罪辩护时，除了从案卷本身寻找突破口外，很重要的一点，就是借助调查取证来加强我们进攻的火力。例如，我经办的一个领导干部干股受贿案件中，在审查起诉阶段，我们通过深入调查，取得了其原始的出资凭证，一举推翻了受贿指控，取得了良好的辩护效果。所以要做无罪辩护，必须要找准突破口，在找准突破口后，要集中火力，精准打击，才能彻底地摧毁控方的证据链，达到无罪辩护的效果。

以上是我今晚学习周律师的讲座之后，结合自身的办案体会所作的几点粗浅的学习感悟和大家分享。谢谢大家。

▶**主持人　刘　敏**◀

　　谢谢胡主任对我们今晚讲座的点评，胡主任用他自己的案例对今晚周律师的讲座进行了一次非常精彩的点评，再次谢谢胡主任，下面有请伍金雄律师做点评。

点评人
伍金雄

湖北卓创德赛律师事务所高级合伙人
湖北省法学会刑法学研究会副会长兼秘书长
华夏公司辩护联盟副会长

▶**点评人　伍金雄**◀

主持人好，各位群友好。今天武汉又开启了看海模式。半个小时以前，我还在我们小区抢险救灾。作为今天的点评嘉宾，在这之前，我提前学习了周律师今晚讲课的课件，刚才又听了周律师的精彩讲座和胡律师的精彩点评。

我觉得无罪辩护是一个非常宏大的课题，也是我们律师肩上一份沉甸甸的责任，我结合周律师的讲座和胡律师的点评以及自己的经历，谈几点自己的体会。

我的体会有 3 个方面：

第一个方面，我们做无罪辩护，怎么辩？

第二个方面，是关于无罪辩护的几点感受。

第三个方面，是有关无罪辩护中几个技术性的问题。

今天提出来与大家共同研究。

　　根据法律的规定，结合最高人民法院及各地法院所做的无罪判决的案例，以及我个人的辩护案件，我将可能涉及无罪的情形分成了两类，即绝对的无罪和从疑的无罪。绝对的无罪主要是指没有证据证明被告人有犯罪行为，或者是有证据证明被告人没有实施犯罪行为这两种情况。从疑的无罪是按照法律规定有的证据不足，证据有疑点不能排除合理怀疑，或者是通过违法行为获得的证据。

　　事实上的无罪就是指上面两点，客观证据不能证明有罪，或者有证据证明无罪，或者证据不足存疑，或者是通过违法取证取得证据。

　　不管我们怎么分类，作为辩护律师，我认为接手一个案件后，我们研究案情的时候，应该有一个初步的判断，但是又不能被初步的判断影响了我们的思路，可以根据案情的进展来调整。但是我个人的体会是无论怎么分类、怎么研究，无论我们思考怎么辩护，都离不开刑法及刑法理论框架，以及《刑法》分则规定的罪名构成及罪状的要素。下面我提几个概念性的想法和体会。

　　不管哪类案件，可能涉及的辩护无外乎以下 5 个方面。

　　第一个就是主体，比如年龄问题，再有，职务犯罪的身份问题。

　　第二个就是行为及后果之辩，包括客观行为是否符合法定的要件，是否满足了《刑法》分则规定的罪行对特定后果的要求，比如滥用职权、玩忽职守所造成的后果。

　　第三个就是因果关系，典型的案件如嫌疑人将受害人打晕，又被第三者抛入河中溺亡。

　　第四个方面就是主观过错，即故意、过失。

　　第五个方面就是程序是否合法，或者说程序是否违法的程序之辩。从 2011 年开始，这个方面的案件数量有明显提升。比如，前不久我接手了一个贪污案件，基层检察院已经两次退查，并且检委会通过监督程序，已经作出相对不起诉的意见，但是嫌疑人仍然告状，他觉得冤枉。这样检察院就不高兴了，这么多程序都走完了，上级检察机关就开了检委会，又启动了侦查程序，我们接手以后就觉得这程序非常麻烦，后来我们通过跟基层检察院和上级检察院多次交流，最终还是取得了不错的效果，所以现在在程序方面的辩护量是提升了。前不久颁布了关于毒品的提取，涉及检测的规定，将涉毒案件的每一个环节都规定得非常详细清楚，我们办理涉毒案件的时候，就可以严格按照这个规定，充分利用这个规定作为辩护的武器。我们群里云南的惠律师之前讲毒品案件的时候，就提出了程序方面的重要性。

不管是哪个环节，不管哪一类案件，总有一些规律性的东西可以总结。这是我要说的第一个体会：辩什么？怎么辩？

第二个方面就是我自己关于无罪辩护方面的感受。我也同意周律师的观点，认为做刑事辩护，千万不能为了无罪而无罪。无罪辩护、罪轻辩护，还是要建立在事实证据、法律规范的基础上，我们所形成的辩护观点、辩护理由、辩护依据首先必须要能够说服我们自己，要言之有据、言之成理，如果自己都不能说服，当然就很难甚至不可能说服公安机关、检察院和法院。

我们群里有执业律师，有刑法方面的专家教授，有湖北省各级公安、检察院、法院的专家，那么我们在这个群里也就经常性地做一些交流，大家提出意见或者建议，按照周律师的说法，换位思考，我的观点、理由、依据，会不会站得住脚，哪里需要补强，尤其做无罪辩护的时候，一定要注意，从别人的角度看，这个辩护是不是有力、有利。如果我们接手一个案件，有可能无罪辩护成功，或者已经辩护成功了，但是这个时候并不是我们庆功或者沾沾自喜的时候，越是这个时候，我觉得我们越应该静下来思考，思考这个案件被告人为什么会走到被指控有罪，直到法院审判才宣告无罪呢？究竟是事实证据的问题还是对法律理解的问题或者是案件之外其他因素干预的原因，我们都应该思考。好的经验要提炼出来，加以完善，不好的要作为教训，这样对自己的律师事业才会有帮助，往大了说，对我们的法治建设也可以尽一点自己微薄的力量。

我的第三个方面感受是，刑事辩护尤其是无罪辩护是一门高深的学问，无论是策略的制定，辩护方案的形成，还是其他技术层面的，包括交流方式，都是很值得深入学习的事情，现在为止我仍然在向各位学习。无论怎么辩，辩什么，还是应该在事实、证据、程序、法律方面下功夫。万变不离其宗，刑诉法的标准，就是事实清楚，证据确实充分，程序合法，法律适用正确，量刑适当，所以说案外的招数都是辅助而已。

关于无罪辩护问题中几个技术性问题，第一个，是此罪和彼罪的关系问题怎么辩，按照刑诉法解释，法庭可以根据查明的事实和法律规定直接定罪量刑，但问题是可能构成的其他犯罪的罪行可能会比较轻，也有可能会比较重，技术上怎么处理呢？第二个，在共同犯罪的案件中，部分被告人做无罪辩护，就有可能出现被告人或辩护人之间，互相推卸责任的问题，这个时候，辩护人怎么维护自己当事人的权益呢？怎么样从总体上把握这个案件的无罪辩护？今天提出这两个问题，算是留给自己和大家进行进一步交流的理由和机会吧，那今天的感受就说到这里，希望有更多的机会和大家交流，谢谢大家！

▶**主持人　刘　敏**◀

谢谢伍律师的精彩点评，下面有请张元龙主任为大家做点评。

▶点评人　张元龙◀

大家好！主讲人讲座的这些内容，可能大家一时还无法消化，我来作以下三点说明。

无罪辩护是辩护律师的最高挑战，无罪辩护成功案例无疑是刑辩律师最美的皇冠。周律师讲了很多无罪辩护的要点，讲如何寻找案件辩护突破口，讲在案件最薄弱的环节来寻找辩点，讲阅卷全部复印，哪怕是缺了一页纸可能都不行，讲怎么动摇对方的证据等。还讲到具体的案例，对辩护经验归纳总结的相当好，非常得当。那么，在辩护实务当中，要进行有效的辩护，正确发现和挖掘案件有效的无罪辩点，我认为，辩护人在处理和当事人之间的关系及和外围其他人关系上，需要注意三个地方，这对寻找到无罪辩护辩点，有重大帮助和促进作用。

第一，辩护人和犯罪嫌疑人"两者合一"关系。这样直接说，可能不那么恰当，但辩护实务中，为了达到有效辩护目的，可能我们又需要这么去做。律师通过前期的会见犯罪嫌疑人或被告人，建立起犯罪嫌疑人或被告人对辩护人的充分信任，再经过后面的多次会见、正面沟通和充分阅卷以后，以及进行过必要的调查取证后，律师对案件事实的熟悉程度可以说非常深了，对案件指控有利事实面和证据，以及不利事实面和证据，均有充分的把握。这时，辩护人与犯罪嫌疑人或被告人之间的关系，非常微妙，可以说是"两者合一"。为什么？就是在于对于案件事实和证据的某些观点，两者是充分沟通和彼此信任的，目标是一致的，对于案件证据的质证和辩论，法庭上本人辩解和律师辩护在观点上是双方认同的，是"两者合一"的关系。如此，辩护出击，才会保证到辩护的质量。

第二，辩护人和家属"两者合一"关系。家属对律师的充分信任，和对律师要求家属积极响应、配合，均是极为重要的。有个别的家属委托和聘请律师，又不充分信任律师，回答律师提问时避重就轻、甚至隐瞒一些内容；当律师有需要时，也是不那么配合到位，含含糊糊，拖泥带水，有的还拖欠律师费不给付等，导致律师付出被迫打了折扣。

为什么说需要律师和家属两者合一关系呢？首先，家属是犯罪嫌疑人或被告人最亲近的人，往往最了解犯罪嫌疑人，最有可能知道案件一些重要的线索。辩护人需要发现和收集到线索或证据方面的蛛丝马迹，往往是由家属提供的。其次，律师的办案家属的配合尤为重要，如果家属不完全信任或配合不到位，让律师感觉缺少了来自家属的后盾支撑，工作成效无人认可。最后，律师在一定程度上搭建了犯罪嫌疑人和家属之间的桥梁，通过沟通交流，对律师熟练并深入把握案件、有效驾驭辩护，也是有重大帮助的。

第三，辩护人和案情之间两者合一。这也是今晚主讲人周律师多次强调过的。如果律师对案情不熟，对案件证据材料不熟悉透，就无从把握和寻找到案件事实或证据方面存在的问题，就无法对案件做有效的无罪辩护。这里面的内容会很多，其中，主要包括辩护人对在案证据的熟悉，对证据是否足以证明事实清楚的熟悉，对证据两面性的熟悉，对案件犯罪构成要件之核心事实点的熟悉等。只有做到了两者合一，才能让律师真正有效驾驭案件的辩护。

辩护人只有基本上做到以上几点，才能运用辩护之技能和技巧，使得案件辩护朝着有利的方向发展。

那么，今晚我的点评就到此结束了。

▶️**主持人　刘　敏**◀️

感谢周律师，感谢胡律师，感谢伍律师和张律师今晚给我们带来的精彩讲座和点评，今晚的讲座到此结束，谢谢。

主持人
周媛薇

毕业于广东财经大学法学院
广东登润律师事务所辅庭人员、网络部主任
华夏公司辩护联盟副秘书长
广州华辩法律咨询有限公司负责人

刑事辩护的艺术，无罪辩护经验谈

主持人：周媛薇　主讲人：王永杰　点评人：龙元富

▶ 主持人　周媛薇 ◀

各位群友，大家晚上好。很高兴我们又聚在一起，聆听本期新的法律实务讲座。本期讲座的主题是"刑事辩护的艺术，无罪辩护经验谈"，主讲人王永杰律师。

主讲人
王永杰

北京泽永律师事务所主任律师
中国民主建国会会员
华夏公司辩护联盟实务顾问

▶主讲人　王永杰◀

大家好！谢谢主持人。受到群主的邀请，能与各位相识我感到很高兴。我今天给大家分享一下刑事辩护的艺术，也是我的新书的名字，之所以起这个书名，我认为刑事辩护既是技术，更是艺术。

今天主要讲三大部分：

第一部分是刑事辩护的49条金律。

第二部分是我们辩护"吴英案第二季"的经验分享。

第三部分是我个人的一些感悟。对刑辨律师这个职业的看法；谈谈无罪辩护；细节的力量和大案如何辩护。

有律师说，给我一个大案，我也能出名。站在风口，猪，也能飞起来。可是如果被风刮起来后，没有飞行的能力，那么一旦风停了，飞得越高，摔得越狠。

一 刑事辩护的 49 条金律

我在经历了多起无罪辩护成功的个案之后，进行了深入思考，用通俗易懂的语言，总结出一份刑事辩护的指南——"刑事辩护 49 条金律"，其适用对象主要是冤案。该指南分为两篇，上篇主要是针对当事人的，下篇主要针对律师，在实务中可以借鉴。

（一）当事人篇

（1）办案人刑讯逼供的原因，大多源于他有破案的压力或者靠业绩升迁的动机。如果你身体有疾病，赶紧告诉他，希望他高抬贵手。因为一旦发生严重伤害或者死亡，他也将无法承受。

（2）如果你被打得皮开肉绽，要留下被刑讯逼供的证据，尤其是血痂，提取的 DNA 会成为法庭上指证刑讯逼供的利器，当然，就医的证明也管用。

（3）对刑讯人的控告要讲究策略，最终被查处的刑讯逼供者是低概率的，你的主要目的是借此换取无罪、免予刑事处罚或者轻判的筹码。

（4）对办案人的逼供，你一定不要拼死抵抗，活着，是第一位的，活着，对家人也是希望，你才有机会翻盘。

（5）当办案人让你认罪时，你可以回答：我没有罪。但是，我有父母、孩子，你们也有父母和孩子，请多些慈悲。

（6）很多当事人心存侥幸，到法院阶段才委托律师。经统计，律师提前介入的，批捕率可以下降 10 个百分点。

（7）面对法官，你要告诉他，判决书上是法官最后签字，在目前错案终身追责制下，如果法官徇私枉法，是要接受相关部门处理，甚至可能承担刑事责任。

（8）被告人家属不要给办案人送礼，此举不但不管用，而且等到经常收礼的办案人中招落马时，还会被牵连出行贿罪，搞不好人财两空。

（9）曾经呼风唤雨、前呼后拥、富甲一方的犯罪嫌疑人，一旦被刑事拘留，失去自由，就会面临树倒猢狲散的境地。家产被查封、扣押、冻结，你会连聘请律师的费用也没有。所以，平时要善交并善待律师这样的朋友，留点救命钱。

（10）如果被告人认为自己无罪，那么，被告人家属千万不要贸然"退赃"，这会成为办案机关确信被告人犯罪的重要证据，也会给辩护律师的辩护添乱。

这是律师们对自己的准客户和客户说的话。

（二）律师篇

1. 心理准备

（11）为职务犯罪案（以贪污罪、受贿罪为例）的被告人作无罪辩护较难。通常来讲，法院对刑讯逼供得来的口供也会采信。因为在我国的刑事诉讼分工当中，由检察院的反贪污贿赂局和反渎职侵权局侦查职务犯罪案件。同时，检察院又是法律监督机关，可以监督公安局和法院。因此，法官对检察官有所忌惮。

2. 阅卷、会见

（12）律师一定要复印全部卷宗，有时卷宗中的一张纸就决定案件的走向，能使陷入辩护僵局的案件峰回路转，柳暗花明，让被告人绝处逢生。所以，律师做好阅卷摘要，把几百页案卷精简成几页。寻找相似案例，收集指导案例，拓展办案思路，很实用。

（13）阅卷、会见后工作：找不利情节（逐一核实）、有利情节（逐一掌握）、潜在情节（两个字：找、造）。找立功情节需格外谨慎，坚决避免假立功，不要完全当事人化。

3. 调查取证

（14）指控犯罪是检察院的义务，如果律师取来反证，往往会收到出其不意的效果。如果律师不方便调查取证，可以申请检察院、法院调查。

4. 法律意见

（15）律师代理刑事案件，应当将工作重点提前到法院开庭前。律师在侦查、批捕、审查起诉阶段都要提出法律意见。

5. 认罪认罚从宽制度

（16）认罪认罚从宽制度，可以提前到检察院。

6. 庭前会议

（17）庭前会议靠法院主动召开是不够的，必须通过律师来推动进行，律师应当要求举行庭前会议。

（18）庭前申请书，是律师必备的格式化文书。庭前申请书内容：案由、请求、理由、要解决的问题。

7. 与被告人沟通

（19）律师的辩护权不是完全独立的，要和委托人协商，要忠实于委托人，保障委托人的合法权益。认罪、不认罪、上诉是被告人的权利，律师不能替代。

（20）律师在会见时，如果案情过于复杂，可以让被告人亲笔书写供词。这样，律师既搞清了案件事实，也避免了被告人翻供的风险。

（21）辩护无罪难，经过与被告人及其家属同意后，可以重罪辩轻罪，律师切不可一厢情愿。

8. 出庭辩护

（22）辩护不是表演，重要的不是说服委托人，而是说服法官和案件的决策者。

（23）辩护律师不要人身攻击，要内敛，话不在多，在于说的精准到位。

（24）律师和公检法办案人员在合法范围内，应保持正常关系。律师赢得尊重的方法是，法庭辩护的认真准备。

（25）公检法一方眼里常常只有赃款、赃物，忘记了证据的定性，习惯于从结果倒推罪名，律师需要条分缕析，讲明利害。

9. 交叉盘问

（26）警察不出庭，出庭难，有必要时，律师应当要求警察出庭。

（27）警察出庭了怎么办？你会盘问吗？律师普遍缺乏盘问证人的技巧，更缺乏盘问警察的技巧。盘问控方证人时，需要把问题内容分成若干个层次，若干个问题，要把重要问题隐藏在不起眼的问题中，不经意之间发问出来，让证人猝不及防。

10. 非法证据

（28）直接辩论刑讯逼供，易引起对立，可换一种方式，将刑讯逼供转化成非法取证、讯问形式的不合法。

（29）律师要把非法证据排除作为谈判或交易的砝码。

（30）依赖口供的案件，排除非法口供，证据链条断了，依法应当判无罪。但是，法律上的无罪不代表现实会判无罪，律师的临门一脚要把握好。

（31）口供排除方法：打印件与录像口供比对，不一致的，涉嫌伪造笔录。

（32）检察院通常对录像不移送，录像也是案件侦查的记录。笔录只有跟录像比对，才更有价值。

（33）刑讯逼供，办案人员不会承认，只要让法官产生合理怀疑就行了。

（34）瑕疵证据不一定是非法证据，能够补正的，不予排除。

（35）程序性辩护是反守为攻的辩护和进攻性辩护。程序性辩护的目的是宣告违法的诉讼行为无效。

（36）律师要把作为犯罪的刑讯逼供和作为程序违法的刑讯逼供区分开。

11. 申请与上诉

（37）任何请求都要书面申请，好处是法院要么书面驳回，要么记在庭审笔录（若没记，提示法官，能否记入笔录）里，从而使上诉有理由，如果一审程序违法，二审可以直接发回重审。

12. 二审

（38）法院的二审一般不开庭审理，律师可以递交申请书要求开庭。实际上，律师要求二审法院开庭的最好办法就是提交新证据。

（39）律师在一审时最好不要把辩方证据用尽，要为二审改判留点后手。

13. 精准辩护

（40）粗线条宏观辩护已经不合时宜，精准化辩护等于专业化辩护。

（41）精准化辩护，需要对罪名扎实掌握，利用交涉与谈判的艺术。

14. 取保候审

（42）即使犯罪嫌疑人被逮捕后，律师仍可以要求检察院对羁押必要性进行审查，要求对符合条件的犯罪嫌疑人予以释放或者取保候审。

（43）律师对于被告人被超期羁押的案件，不要被动等待，坚决依法要求取保候审。因为超期羁押的直接后果，就是非法拘禁。

（44）案件久拖不决的利弊，要仔细区分。如果被告人仍在羁押中，弊大于利；如果被告人已经取保候审，利大于弊。

15. 申请回避

（45）当法官询问被告人和律师是否申请回避时，律师可以说：由于对法官的身份不太了解，暂时不要求回避。那么在审判过程中，你就可以随时要求法官回避。

16. 媒体

（46）媒体只关注奇案，案件冤得足够奇特，才会引人注目。仅仅引人关注还不够，还需要律师整体的辩护方案加以配合。

17. 无罪辩护

（47）无罪辩护成功的标志：第一，促使二审法院撤销原判、发回重审。第二，促使检察机关撤回起诉。对于证据不足的案件，法院一般会建议检察院撤诉，这是无罪判决的替代品。第三，促使法院判处缓刑。第四，促使法院作出"实报实销"的判决。

（48）一个成功的无罪辩护，对公诉人来说就是灾难，公诉方不会轻言放弃。因此无罪辩护对律师辩护能力的要求极高。

18. 智慧

（49）律师一定要时刻提醒自己：唯有专业、敬业才能赢得法官的尊重；同时，律师要不断地提示法官，只有公正判决，才能双赢。当下，中国刑辩，需要智慧。

二　"吴英案第二季"经验分享

我是"吴英案第二季"律师团团长，主导了案件的辩护工作。

律师办案也需要战略和战术，吴英案很有代表性，比如：（1）企业家与政府的关系如何处理？（2）律师如何代理申诉和控告？（3）律师如何与媒体打交道？（4）律师如何有效辩护来最大限度地维护当事人权益？

我还需要说明：吴英案是一个备受全国关注的案件，当时的温家宝总理有过批示。吴、蔺的罪名不大（是诬告陷害罪），案子很大。蔺文财本身就是法律人，他只是帮助吴英反映一下情况就被抓了。"吴英案现象"表明司法的蛮横和律师执业的现状，也启发我们辩护律师代理申诉和控告时如何避免风险。

（一）吴英案第二季的人物

（1）吴英；（2）吴英的父亲吴永正；（3）吴英的申诉代理人蔺文财。蔺文财、吴永正涉嫌诬告陷害案，我为蔺文财辩护，我们泽永所的另一位律师给吴英的父亲辩护。

（二）案情简介

备受瞩目的浙江金华东阳"亿万富姐"吴英案，在吴英被减刑为无期徒刑后，再次因为涉案资产处置而引发关注。2014 年 7 月 29 日、30 日两天，东阳市公安局先后刑拘了吴英案代理人蔺文财、吴英父亲吴永正,其罪名是涉嫌诬告陷害浙江东阳市副市长陈某。

7月22日,刚被减刑为无期徒刑的吴英,在浙江省女子监狱当着代理人的面,写下一纸"情况说明"。"我叫吴英,今天回忆我以前向看守所递交过的检举材料,其中被举报人有副市长陈某,理由是他向我要过约十几万(块)钱,他不应该作为处置我公司财产的负责人。"

2014年7月30日我和另一位辩护律师王常清以及记者赶到浙江东阳市看守所。看守所说需要等待48小时,在等待的时间内,我们又来到杭州,浙江女子监狱要求会见吴英。

我告诉记者,"会见吴英的目的只有一个,就是核实吴英举报副市长陈某一事"。我下午又赶到东阳市看守所,要求会见蔺文财,当时媒体在现场直播我要求会见的情况,当地公安局的压力很大。

我们分别出具了以下文书。

1. 我们快递给东阳市公安局的管辖权异议书

理由是东阳市公安局应当回避此案,由上级公安机关指定异地公安机关办理。因为本案的被害人陈某是东阳市的副市长,东阳市公安局与东阳市副市长存在行政隶属关系,可能会影响公正处理案件,应当回避。

2. 我们给金华市检察院和东阳市检察院写的申诉书

要求检察院审查并责令东阳市公安局撤销此案。根据《人民检察院刑事诉讼规则》第555条第2款:"有证据证明公安机关可能存在违法动用刑事手段插手民事、经济纠纷,或者利用立案实施报复陷害、敲诈勒索以及谋取其他非法利益等违法立案情形,尚未提请批准逮捕或者移送审查起诉的,经检察长批准,应当要求公安机关书面说明立案理由。"

3.我们给东阳市检察院写的"要求听取律师意见书即律师法律意见书"

在审查批捕的第四天，浙江东阳市检察院的检察长亲自打来电话，说收到我们写的文书，他们会充分考虑律师的意见。很快，检察院对二人不批捕，予以释放。那么自然吴英涉嫌的诬告陷害罪没有进入侦查程序。

事实上，从迅速刑拘吴、蔺二人，直到记者大面积调查报道吴英案，东阳市公安机关在办理诬告陷害案的程序上，一直备受质疑。东阳市公安局长陈某被调离，副市长陈某不再担任吴英案的资产处置小组组长。

之前，很多业内人士预测吴、蔺二人将会被判刑。我们为此事召开专家论证会，寻求媒体的关注，加上律师的尽力辩护，成功地化解了本次危机，为今后律师代理申诉、控告树立了标杆。

三 感 悟

（一）刑辩律师这个职业

律师要加强自己的修为，在缺乏教养的人身上，勇敢就会成为粗暴，学识就会成为迂腐，机智就会成为逗趣，质朴就会成为粗鲁，温厚就会成为献媚。

作为刑事辩护律师，需要认真对待案件，善于寻找和发现其中的"亮点"。司法实践中，法院公正地处理案件，有时要看律师是否有足够的影响力，以及律师、被告人和家属是否足够地坚持。

对于刑事辩护，表面上看来，只要击破控方的证据链条，导致指控证据不足，就该无罪放人。但是，实践中远非如此。对于有些案件，律师有正当理由提出管辖权异议，要求证人出庭作证，要求非法证据排除，要求法院通知检察机关提供全程同步录音录像，法院不同意、不准许，律师抗议也不一定管用，面对这样的司法现实，那么律师下一步该如何破解？

刑事诉讼法规定证人出庭是原则，不出庭是例外。证人出庭非常重要，但是，利用书面证言给被告人定罪，目前仍是普遍现象。有些书面证言漏洞百出，律师可以直接比对。如果可能判处无期徒刑、死刑的案件或者职务犯罪案件，口供还需要与同步录音录像比对。

对于证人不出庭，法官往往会给出种种理由，比如，证人有病，证人不愿意出庭，通知不到证人等。

（二）谈谈无罪辩护

对待一个案件，律师要尽量找出无罪的理由，这也要靠律师的内功。中国的无罪判决率不到千分之一。最关键的是证明标准问题。我国《刑事诉讼法》中规定了"案件事实清楚、证据确实充分"，严格来说，这是一个哲学标准，而非法律标准，其最多是诉讼"证明的目标"，而不能充当"证据标准"。作为辩护人，我们究竟如何利用现有的证明标准进行"事实不清、证据不足"的无罪辩护，值得思考。证据不足有以下表现形式。第一，以孤证定案。第二，"一对一"的案件。"一对一"的案件主要有三种：其一是强奸案件，其二是受贿案件，其三是群伤害案件。前两类案件发生的场所都比较隐蔽，没有第三人在场，很难找到相互佐证的证据。

（三）细节的力量

律师不要总埋怨法官的裁判不公，应该扪心自问，我们自身是否已经做到极致？细节决定成败。以开庭为例，律师有没有提醒被告人注意一些细节？例如，我曾经辩护的一起合同诈骗案，有三名被告人。在开庭的时候，我的当事人穿着整齐、气宇轩昂，很有大老板的范儿，我为其做无罪辩护。而另一位同样做老板的李某则衣着邋遢，神情沮丧。他的律师同样不修边幅，夹一个破包，案卷皱皱巴巴，他为李某做罪轻辩护。法官在核对当事人身份时，李某说是公司老板，法官上看下看李某，李某胡子拉碴，衣服上满是汗渍。法官问李某两遍：你是公司老板吗？他说是。最终我的当事人被判无罪，李某被判 5 年有期徒刑。尽管穿着打扮这种小细节不会左右判决，也不会在判决书上不会写出事，但确是应当注意的。

（四）大案辩护

最后，关于大案辩护。大案辩护需要律师深厚的功力，律师搞不好会沉沙折戟。刑事辩护就像下棋一样，走一步，看三步。对判决结果准确预判，是律师必备的能力。律师讲出来的每一句话，和写出来每一份文书要达到何种效果，都需要细细考量。未雨绸缪，精准定位，胸有成竹。

打官司就像打仗，律师多读一读《孙子兵法》可能会发现读兵书跟读法律一样实用。法律技术重要，诉讼策略和智慧更重要，刑事辩护尤其如此。律师要考虑好你的 intelligence。律师需要把法律变成金律，金律变成胜率。

该结束了。在这么个夜晚，大家这么喜欢学习交流。学习，往往会使我们外在的光亮熄灭之后，内心的禅光就会亮起来。

▶ **主持人　周媛薇** ◀

感谢王律师的精彩讲演，有请龙元富律师点评。

▶ **点评人　龙元富** ◀

我来简单讲讲我听完王律师的分享之后的几点学习心得。我认为王律师谈的是他办案多年的成功案例的经验和心得，很多律师都已经表示，所说内容确实全是干货，没有任何水分，很值得大家去学习和领会。

王律师所著的《刑事辩护的艺术》我也有看过，其还有个副标题叫"无罪辩护经验谈"，刑事辩护的艺术这个标题很有意思，借这个标题，想谈两点。

第一，我一直以为，法律它首先是一门科学，然后才是艺术，这是我一直以来的基本认识。当然很多同行有不同的表述，认为辩护部分是科学，部分是艺术。因为从一个律师成长、发展的心路历程来看，我认为科学比艺术重要。所谓科学就是你掌握的知识以及必备的辩护技能，这就是辩护是科学的基本含义。辩护实践过程当中，一个律师是不可能去背法条的，就是说你必须要会灵活应用，要应用巧妙，在这过程中，辩护就会成为一种艺术。

记得我们死磕派律师出来之前，我们群里曾经有过讨论，讨论我们中国律师有几大流派，其中最值得大家关注的有两大流派，一个是技术流派，一个是艺术流派。技术流派，我觉得王律师今晚所讲的内容，其内涵就是我所讲的辩护技术，当然很多东西已经超出技术的范畴。这种技术的出神入化的应用也确实达到了艺术的境界。但是总体上他的做法属于当时我们讨论的技术流派的风格。当时有人说，艺术流派是什么意思呢？我认为艺术是技术不过硬，但是其具有很好的文学修养，表达的时候稍微有一些哗众取宠的价值取向，甚至有一些行为艺术作为自己辩护的一种手段。我之所以讲这个问题，其实技术和艺术在本质上来讲，是密不可分的，我个人认为没有脱离技术的体系。为什么这么讲呢？因为真正的艺术，真实意义上的艺术，一定是，必然是，也只能是你的技术发挥到了出神入化，发挥到了极致的表现，没有技术就没有艺术。所以我认为技术流派和艺术流派的区分是不太科学的。当时提出这个概念、这个区分的时候没有这么深入的思考，现在已经很少有人提及了。

这是我第一部分的关于技术和艺术的看法。作为一个刑事辩护律师来讲，怎么样才能达到艺术的境界。如果一个刑事辩护律师真的想达到刑事辩护艺术这样一个境界，究竟要怎么做？因为今晚讲课时间问题，王律师没有深入讲到，在这里我发表一点看法。

我认为一个刑事辩护律师要向刑事辩护艺术这个境界努力的话，是需要做许许多多的基础性的努力的。那必须要在案件的具体的办理过程当中，也就是在司法实践过程中去不断磨砺。你只是在口头上喊，没有去努力的话，是没有真材实料的。那么我们要在哪些方面进行努力呢？第一，我认为需要非常系统、全面、细致、方方面面的法学知识，我所说的法学知识不单单是平时经常性接触到的刑事诉讼法、刑法以及相关法律法规等，而且是整个法律系统方方面面的准备。

第二，我们必须具备法理学的修养。法理就是对法律的本质，对法律与生活、法律与社会、法律与文化、法律与其他社会现象相互之间的关系的理解与把握。其实刑事辩护讲到底就是四个字"敢辩、擅辩"。首先你必须敢辩，要有这个勇气。前面我们讲到，一个律师要想取得实实在在的辩护效果的话，光有勇气是不行的，要有勇有谋，智勇双全。就如王律师所讲的，我们除了要有勇气之外，更加需要擅辩，就是我们需要一种四两拨千斤的出神入化的神技。我们听说过"庖丁解牛"这个成语，所谓庖丁解牛就是把解牛的技术发挥到极致，乃至于出神入化，所以它就变成了一种技艺！这也就是王律师所讲的辩护的艺术，其实我觉得标准的表达不是艺术，是辩护的技艺！为什么叫技艺呢？我前面说了，艺术是技术发挥到了极致的地步就变成的艺术，也就是说技术的出神入化的应用。我们所讲的艺术不是虚无缥缈的那种东西，它是一种落实到位的东西，它必须结合案件的证据、事实、逻辑乃至于案件必须应用的法律规定本身。哪怕它离开以上任何一点，那就不是艺术了！

我的点评到此，非常感谢王律师精彩的分享和各位群友支持！

合理怀疑下的"三常"运用
与刑辩中的说理辩护

主持人：周媛薇　主讲人：张友明　点评人：吴雪松

▶ **主持人　周媛薇** ◀

各位群友，晚上好。我是今晚主持人周媛薇。本期的主讲老师张友明律师，今晚的主题是"合理怀疑下的'三常'运用与刑辩中的说理辩护"。下面我们请张友明律师分享今天的讲座。

主讲人
张友明

浙江海泰律师事务所合伙人
浙江省律师协会刑事专业委员会副主任
宁波市律师协会刑事专业委员会主任
浙江万里学院法学院客座教授

▶**主讲人　张友明**◀

　　刑事诉讼往往关系到一个人是否失去自由甚至生命的问题，因此定罪需要较高的标准。我国《刑事诉讼法》第53条规定，对一切案件的判处都要重证据，重调查研究，不轻信口供。只有被告人供述，没有其他证据的，不能认定被告人有罪和处以刑罚；没有被告人供述，证据确实、充分的，可以认定被告人有罪和处以刑罚。其中"证据确实、充分"应当符合以下条件："（一）定罪量刑的事实都有证据证明；（二）据以定案的证据均经法定程序查证属实；（三）综合全案证据，对所认定事实已排除合理怀疑。"本人对我国刑事案件证明标准作了以下几个层次的梳理：以事实为根据、以法律为准绳；事实清楚，证据确实、充分，程序合法；基本事实清楚；基本事实间接清楚（有生活在里面）；经验法则；常识、常理、常情的判案标准。

一　关于以"三常"为核心的经验法则的基本概念梳理

"三常"即常识、常理、常情，要求在诉讼过程中要运用"三常"排除合理怀疑，实际上是在司法活动中充分运用"经验法则"，在此基础上审判者进行合乎"三常"的自由心证、判决说理、辩方展开合乎"三常"的情理辩论，还可以将基于违反"三常"作为上诉理由。

（1）排除合理怀疑。所谓"合理"就是符合"常理"，就是符合经验法则，"怀疑"意为不能确定，无法排他——因此，排除合理怀疑即为"按照经验法则，能够确认该事实，排除其他可能"。

（2）经验法则的内涵。这里所说的"经验法则"是一种认识规则，不是案件事实的本身。所谓经验不是个体经验，而是每一个个体抽象出来的结果，存在于个体又超越于个体，成为普遍认识，又上升为社会常识。常理是常识的组成部分。

（3）"法则"即以一定条件为满足前提的规律，包括自然法则和思维法则，也包括生活习惯，道德伦理、交易习惯。专业人员有某专业内部的专业经验法则。"社会情理"实际上是一种道德伦理法则，经验法则具有高度的盖然性。经验法则不像科学规律那样比较固定，它依然可以证伪，对于法律规定只要举出相反例子就可以对其证伪。本人认为按照适用领域不同，可将"法则"做如下分类：①自然规则或自然规律；②逻辑推理法则；③道德法则、商业交易习惯；④日常生活经验法则；⑤专门科学领域的法则。

经验法则应用的司法实践——以具体事例、案例解读

（一）认定客观事实的"三常"介入

首先，针对关键事实与重要事实的"三常"介入，如打架时打人的位置不同将严重影响该案件结果。其次，因果关系中的"三常"介入：（1）追杀他人，他人逃入水库或者高速公路死亡，属于因果关系之内；（2）寒冷的冬天，甲丢100元入水，乙因捡钱溺水死亡，甲的丢钱行为与乙的死亡结果之间没有因果关系。（3）旅行中被人打伤，为了赶回家，途中不治身亡，打伤行为与死亡结果有因果关系。（4）甲杀乙，乙受伤，乙用迷信治疗而死亡，甲的行为与乙的死亡结果之间不能算有直接因果关系。

（二）认定主观事实的"三常"介入

1. 罪过形式（故意、过失、意外）

四个朋友，其中两个人夜晚骑车回家，不妨另两个朋友突然大喊有鬼，并推一人前置，导致一人翻车颅脑损伤死亡，这其中按"三常"理论应该可以排除故意的主观形态，过失或意外可以进一步推敲。

2. 特殊罪过（倾向性及倾向、动机性的动机）

售货员拍打12岁穿有短裤的女孩屁股和没有穿短裤的女孩屁股，威胁倾向故意不一样；行为人卖书画，不应当认定其知道某书画是淫秽物品（社会评价），即不能仅仅按照法学家来要求，也不能按照行为人要求，应当按照"行为人所属的外行人领域的平行评价"理论来进行客观评判。再如，警察出示逮捕证也可以按常理推断其在执行公务。

（三）认定案件事实的理论"三常"介入

事实认定"三常"在方法论的依据。法律规定实际上是"三常"的结晶，而涉案纠纷本质上也是因"三常"而起；司法过程体现为"三常"服务，法律的专业性和事实的"三常"性不矛盾；司法的结果归结为"三常"。

事实认定"三常"的价值论根据。法官在证据和事实之间的桥梁纽带就是"三常"，法官也是常人，不是上帝，对于案件的判断也需要基于经验法则。法官自由心证其实并不自由，因为他不能创新事实，不能"漫游"。他必须依据经过考验的原则和社会生活的秩序，依据"三常"的指导，受理性限制。例如，盛某敏案就存在合理怀疑：证人没有表达清楚，借款、还款的不合理因素。汇款后，电话内容中为什么有"对不起"？

三 "三常"的功能、作用——对事实、证据、法律等六方面的推定作用

（一）"三常"与"事实"推定

1. 事实推定和法律推定的区别

以下事例可以视为事实推定：下雨了，地就是湿的；地湿的，但不一定下雨。而法律推定则如以下事例直接适用法律，如宣告死亡制度中对下落不明 4 年的推定死亡，还有关于过错的推定，关于婚生子女的推定等也属法律推定。

2. 事实可以推定（犯罪不可类推）

如在火灾保险案件中，关于火灾的发生是否系保险人故意放火而骗取保险金的事实认定上，虽然没有直接证据予以认定，但可以通过以下事实和经验法

则予以推认：（1）火灾的发生是人为的；（2）发生火灾当时，门或窗都是锁上的，而门锁的钥匙在保险者手中，无人在里面放火，是外面放火；（3）保险者当时已经负债累累，濒临破产；（4）缔结保险合同在火灾发生之前不久等。

3."三常"证明力的四个层次

第一层，生活规律即自然、思维和检验法则。例如，关于人的指纹唯一性、人不可能同时在两地等，没有作案时间、空间。第二层，原则性经验法则（经验法则基本原则）。例如，骨龄检测确定年龄；血型和后代的关系；第三层，简单的经验法则。例如，如果回家，一般走近路；西部比东部贫穷；焦急使人暴躁。第四层，纯粹的偏见，如穷人肯定贪小便宜；有钱人不会贪小便宜。

（二）"三常"对证据评价（自由心证）的作用

在无特别因素介入的情形下（经受了特别的刺激），证人能够对一起很久以前发生的事情的细节记得非常清楚，就有悖于经验法则，值得怀疑，也就难以形成坚实的心证。证据之间是否存在矛盾也是通过经验法则来判断的。例如，受贿案件中行为人回忆的时间、地点、包装、票面、交付、言语等问题都需要经得起"三常"的考验。

（三）"三常"对法律概念的解释作用

法律解释目前的状况较为混乱，法律概念的解释离不开"三常"。如过失究竟是什么；防卫什么是明显超过必要限度；兜底条款的解释等。张明楷认为，立法者没有错，错在解释者，例如侦查阶段究竟有没有调查权。

（四）"三常"对法律行为具有解释作用

惠州的"最牛判决"中，对"非法占有"这一方面的认定就是以行为人后来反复存款，以及取款后逃跑等不正常的违反"三常"判断的行为来认定的。

（五）经验法则对"是否达到证明标准"的判断作用

在证明构成受贿罪的案件中，要证明交易的意思联络形成，须从事前、事中、事后等全方位来判断，世界上没有无缘无故的送钱，因此当时有没有具体的企图就是法官自由心证必须考虑的问题。

（六）经验法则是法官自由心证的应有之义

是对自己作出的裁判结果的正当理由，通过这一桥梁顺利从事实的此岸到法律的彼岸，实际上也是法官执业的自我价值标准。

四 违反或错误适用"三常"的法律后果——作为上诉、申诉的理由

首先，违反"三常"的一审判决是否可以上诉。正常来说，原审事实不清，证据不足；适用法律不当，定罪量刑有错误；违反诉讼程序并因而影响裁判的正确性，是上诉的普遍理由。因此对于违反经验法则的情况下是否能够上诉或申诉会有不同的观点。

有人认为这种情况与上述三点理由均不相符合，因此是不可以作为上诉或者申诉的理由之一的，不可以新添理由超越法律框架进行上诉、申诉。但是，最高人民法院的案例指导制度的意义实际上可以作为上诉的理由。指导案例实际上是将经验法则上升为具体案例，进而上升为国家意志，上升为法律经验，上升为法定经验。因此，笔者认为，违反或错误使用"三常"的法律后果可以对案件进行上诉或申诉。

五　结论

在诉讼中，无论是控辩双方的主张和证明、说明，还是法官的认定和裁判，都必然要运用以"三常"为核心的经验法则，离开经验法则进行诉讼和裁判是不可能的。因此，我们应当给"三常"为中心的经验法则以法律上的地位。

对于违反或错误适用经验法则是否应当作为再审的理由是值得探讨的。从刑事诉讼法规定看，强调改判的三个理由是有违法事实、新证据、程序违法，以此作为再审事由。应当注意的是，我们在限制法官判断主观性的同时，证据法定的弊端将随之产生。经验法则的客观性和判断的主观性之间的矛盾是一种内在矛盾，这种矛盾是无法彻底消解的。

无罪推定不是一项真正意义上的推定，它是一种方法，用来向陪审团有力的强调控诉方有义务排除合理怀疑来证明犯罪的每一个要素。"三常"也仅仅是一种产生合理怀疑的理由，仅仅是一种方法而不是结论，既有基于对控方的合理认定而排除辩方的辩解，也有基于辩方的理由而排除控方的指控。

刑法学不能脱离常识。作为法律人，应当有常识刑法观。法学就是人学。公平是"三常"、正义是法律、法规。运用"三常"有利于解决刑法、司法解释的生硬与法官产生共振，引导法官回到人情、常理上来，这也是有效辩护的应有之义。

点评人
吴雪松

四川晓明维序律师事务所律师
法学、经济学硕士

▶**点评人 吴雪松**◀

大家好，非常感谢友明给大家分享，关于他的"三常"理论，对我们刑事辩护律师来说，确实需要这方面的知识和功底，张友明律师讲得非常好，我在此也发表一点薄见。

首先，"三常"的重要性在刑事辩护领域里面是不言而喻的。友明律师为此也列举很多经典例子给大家讲解，我这里也有几个案例跟大家分享一下。

主要想突显如果没有"三常"理论，我们仅仅依靠法条的话，刑事辩护是要出问题的。

第一个案例，一个富豪人家的家庭保姆，看到主人家有一支很漂亮的笔，看着喜欢就藏起来带回家给家里还在读书的小孩用。这个保姆家里非常穷，没给孩子买过什么像样的东西。后来经过鉴定机构鉴定，这只笔价值接近 1 万元，按照当时四川对盗窃罪量刑标准的规定，盗窃 1 万元是达到了数额巨大的标准，量刑是 3 年以上 10 年以下有期徒刑。按我们的常理来讲，就只是偷了一支笔就要遭到 3 年以上 10 年以下的牢狱之灾，这是不符合常理的。凭常识而言，或者凭我们的良心而言，为一支笔判处保姆 3 年以上的刑罚，大家也是无法接受的。就一个保姆而言，她只是想要给小孩一支笔而实施盗窃，她也不会料想到这只笔的价值会上万，会使她陷入如此境地。

当时这个案子是法律援助案，我在为保姆辩护的时候发现，这个案件的量刑很容易出问题，如果真的严格按照法条来处理的话，是没办法实现真正的公平正义的。我当时的做法是用了个软招，我找到经办案件的法官，并对他们说，如果这个案子判处保姆 3 年以上有期徒刑，必定会成为社会热点引起群众关注，成为当地的负面新闻，对法院形象及法律公平正义的影响非常不利。我对那个被盗的富豪讲，既然你一支笔价值都上万元，经济条件应该是非常好的，如果这个案件深究下去，保姆被判处重刑，群众情绪不满，必定也会对你造成不好的影响，说不定也会对你财产来源进行深挖等。那个富豪自己也有这方面的担忧，担心引起关注自己的经济问题会被调查，所以他也积极主动的进行协调，最终这个案件的结果是保姆犯罪行为显著轻微，不予起诉。

就这个案件我自己的体会这就是"三常"理论最基本的运用。处理这样的案件，如果死板套用法律条文，实际上是不能实现公平正义的。类似的案件有很多，我再列举一个盗窃罪与隐瞒犯罪所得罪的案件。这是我一个朋友经办的案件，当事人收购了 5 辆电瓶车，价值不到 1 万块钱，但是按照最高人民法院的司法解释规定，收购 3 辆以上赃车，就要判处 3 年以上 10 年以下有期徒刑，而盗窃数额 1 万元以下的，量刑就在 3 年以下有期徒刑这个档，也就是说，同一个案子，收购电瓶车的人的量刑远远高于偷电瓶车的人的量刑。这是常人无法理解的，也是不符合法理的。所以不能完全依靠法条规定去处理案件，"三常"理论的应用或者自由心证的判断至关重要。

　　关于"三常"理论的概述友明律师已经讲得非常透彻了，我就不多作赘述，我只提一点，就是友明律师提到的"三常"很重要，而"三常"的表达更为关键，同时也是一个很现实、很迫切的问题。过去我们都明白其重要性，但对于公检法机关而言，他们更需要的是法条，需要案例，需要具体规定。若要他们大胆应用"三常"理论，他们往往不愿意去承担这个责任，或者不愿意做这个方面的研究和思考分析。友明律师在"三常"理论的分析上，相信大家都有很多共识，但是友明律师提出的一个非常独到的观点，就是"三常"的表达的切入点是什么？现在最高法会发布典型案例，法院网也会公布裁判文书，这都给我们提供了丰富的案例可以研究，我觉得案例分析是一个很关键的切入点。我们这个群里的都是各地的刑事律师，相信各位对"三常"势必也有一定的认识，我希望大家能集中精力，或者对"三常"的表达方面多下功夫，多总结一些经验，把"三常"理论很好地应用到刑辩工作中，能够取得切切实实的实效，这是一个摆在我们刑事律师面前的新课题、新挑战。希望我们各位群友，各位刑事律师能够在这方面多作研究多思考，让"三常"理论真正的开花结果。谢谢大家！

贿赂犯罪中几个需要厘清的问题

主持人：远利杰　　主讲人：伍金雄　　点评人：蔡正华

▶主持人　远利杰◀

大家晚上好，很荣幸又被邀请主持今晚的讲座。今天的讲座是由登润刑辩机构主办，感谢华辩网的工作人员。今晚我们有幸邀请到的主讲人是伍金雄律师，点评嘉宾是蔡正华律师。今晚主题是"贿赂犯罪中几个需要厘清的问题"，下面请大家欢迎伍律师登场。

▶主讲人　伍金雄◀

大家晚上好，下面跟大家分享我在办理贿赂犯罪案件中的心得。

第一部分　关于收受财物及时退还或上交的问题

一　"及时退还或者上交"的法律含义，是否仅仅指向时间概念

最高人民法院、最高人民检察院印发《关于办理受贿刑事案件适用法律若干问题的意见》（以下简称《意见》）第 9 条规定："国家工作人员收受请托人财物后及时退还或者上交的，不是受贿。"这里的"及时退还或者上交"，指向的是不是某一个特定的时间概念或者时间段，是否根据"退还或者上交的时间"认定是否犯罪？

有一种观点认为，参照中共中央办公厅、国务院办公厅《关于严禁党政机关及其工作人员在公务活动中接受和赠送礼金、有价证券的通知》第 3 条"各级党政机关及其工作人员在涉外活动中，由于难以谢绝而接受的礼金和有价证券，必须在一个月内全部交出并上缴国库。凡不按期交出的，以贪污论处"；以及《关于对党和国家机关工作人员在国内交往中收受的礼品实行登记制度的规定》第 3 条"按照第二条的规定须登记的礼品，自收受礼品之日起（在外地接受礼品的，自回本单位之日起）一个月内由本人如实填写礼品登记表，并将登记表交所在机关指定的受理登记的部门。受理登记的部门可将礼品的登记情况在本机关内公布"；再者，《中共中央纪委关于严格禁止利用职务上的便利谋取不正当利益的若干规定》第 10 条"收受请托人财物后及时退还或者上交的，

不是违纪"。持此观点者认为：只要行为人在收受请托人财物后在一个月内退还或者上交的，应当认定为"及时退还或者上交"，不是受贿。

我们认为，这种理解有失偏颇且与我们的刑事犯罪构成理论及现行法律相违背，不可作为对此类情况的认定和处理依据。

第一，上述文件，作为党纪、政纪规范要求，不涉及最为严厉的犯罪和刑事处罚问题而作出此类规定，无可厚非，但是却不是一个严格的法律概念和要素。至少，这类党纪、政纪文件，并没有严格执行现行法律中的"主客观一致"的归责或归罪原则。

第二，前述文件中指出的"难以谢绝"，本身就包含了"不想收、不愿收"的含义，而且是自始开始的主观意愿和心态。这就说明，单纯考察退还的时间从而决定是否构成犯罪，是有所欠缺的，也是不科学的。我们不能认为超过一个月就改变了"不想收、不愿收"的主观心态，更不能据此认定在一个月内退还或者上交就是没有受贿故意，超过一个月就一定有受贿的故意。

第三，前述文件，将受贿行为提出"以贪污论处"，本身就缺乏应有的法律逻辑严谨性。按照罪刑法定原则，纵观我国刑法，以一定时间段作为犯罪构成予以认定的寥寥无几，比如挪用公款、挪用资金罪中的"进行营利活动的情形等"。因此，我们不能以党纪、政纪文件要求的退还或者上交的时间作为认定是否构成犯罪的标准。否则，不但违反罪刑法定原则，亦有客观归罪的重大嫌疑。

值得注意的是，"两高"的上述规定，无论从文字表述还是文件所涉及的受贿的几个具体问题（比如以特定交易方式、干股、合作办公司、收受车辆房产、特定关系人、事前事后受贿、以赌博形式受贿等），几乎是复制了中纪委的文件。似有病急乱吃药的应景嫌疑。"两高"有关负责人对出台该规定的理解是：行为人及时退还或者上交的，说明其主观上不具有受贿的故意。我们认为，这一理解，逻辑上属于典型的因果倒置错误，论证方法上属于客观归罪错误。因此，确有必要就此问题展开研究并予以澄清。

二 "收受财物后及时退还或上交"不构成受贿的理解和认定，在多长时间内退还或者上交不是受贿

我们先来看一个案例。某法院审委会委员、刑事审判第一庭庭长，在其任职期间，该庭受理一起故意杀人二审案件（一审判决死刑立即执行）。某日，该被告人兄弟通过其同学邀其聚会。聚会完毕，其同学拿出一个档案袋说，这里面是该案件被告人的辩护律师准备的一套资料，可以证明该被告人可以不适用死刑立即执行，请抽空看看。该庭长顺手接过档案袋置于其私家车后背箱内。数月后，该案二审维持一审判决。该庭长被举报。后从其私家车后备箱里搜出该档案袋，从未拆封的档案袋中搜出辩护律师的一套辩护资料，外加一张银行卡（内存金额 5 万元，背面写有密码）。经查该案二审卷宗，未见该庭长有不当行为。该案如何处理？

我们认为，不能仅仅以是否在 1 个月内退还或者上交作为是否构成受贿犯罪的标准，对于所谓的"及时退还或者上交"，应当从以下几个方面予以考察，综合分析认定。

1. 行为人主观上的明知

即是否明知请托人有不当利益请求，包括意图谋取违反法律、法规、国家政策和国务院各部门规章规定的利益，以及要求行为人提供违反法律、法规、国家政策和国务院各部门规章规定的帮助或者方便条件，且明知请托人送与财物。我们知道，受贿犯罪属于典型的权钱交易或者权利寻租。一方面，行为人

之所以能够受人所托，正是因为由其职务、职权之便或者相应的影响力，有能力为请托人谋取不正当利益；另一方面，请托人也正是为了达成自己的利益需求，才愿意花费财物请托于人。因此，对于该类案件，我们可以从证据材料综合分析，确定行为人是否具有以上明知的情形。

2.主观上是否有收受的故意

主观心态总是通过特定的行为予以反映和表现，而不在于行为人如何自我辩解。既不应因为行为人声称不想收受就认定其不具有收受的故意，也不能因为请托人的财物客观上被行为人（或其利害关系人）掌控而认定行为人一定具有收受的故意。我们认为："及时退还或者上交"的法律逻辑前提是行为人在收受财物时的非主观性和非自愿性，是被动收受的，或者是在请托人送财物时不知情或无法推脱时收下。因此，我们可以从是否知情，是否明确拒绝或推脱，对财物是否使用或者处置，是否有退还的行为，以及是否具备退还或上交的条件，或者是否有影响或限制退还或上交的客观环境等方面加以分析确定。

3.客观上是否有退还或者上交的行为

这个问题，因为涉及外在的行为表现，比较好确定，比如反复多次地、坚决地催促对方取回所送财物，或者已经具体地交代了下属或家人去退还财物。司法实践中要注意的是，是否有制约、限制、影响行为人退还或者上交的客观原因或者情形导致未能及时退还。现实生活中这类原因或情形纷繁复杂，不胜枚举。比如突然生病无法处理个人事务，遭遇不可抗力导致所收财物毁损或其他重大客观原因导致无法退还或上交。只要这类限制、制约、影响的因素具有实质性意义和效果，就应当认定行为人因客观原因不能退还，而不应认定行为人不予退还或者上交。

4.在多长的时间内退还或者上交

既然行为人明知请托人送与财物且不愿意收取，既然要退还或上交，那么总需要有一个相对明确的期限以完成退还或者上交的行为，而不能仅仅停留在"要退要上交，想退想上交"而迟迟不付诸行动。由于客观实际的复杂多样性，单纯地设定一个"从收受财物后退还或者上交的时间"用于判断国家工作人员是否具有受贿故意是不妥当的。现行法律和司法解释对此并无明文规定。我们认为，综合考虑前述多种因素，确定一个合理时间起始点还是很有必要的。关于起点时间，我们认为以行为人知道请托人送与财物且具备退还或上交条件起计算，退还的时间，则可以参照"两办"、中纪委的文件，由"两高"作出具体的规定。

回到前述案例。该案历经一审、二审，最终"以没有受贿故意，无利用职务之便为他人谋取利益"宣告行为人无罪。我们认为，这一判决是正确的，该判决较好地贯彻执行了法律规定，准确把握了受贿罪的犯罪构成理论，正确执行了主客观相一致的认定原则。

三 退还或上交收受财物几种特殊情形的认定；是否在规定的时间段内退还或者上交就一律不构成受贿犯罪

1.因自身条件或能力不能办理受托事务，或因恐惧、害怕而退还或上交的认定和处罚

我们先来看案例。某区教育局副局长，某日出差在外培训，接其妻子电话，称某小学副校长前来拜访，送来一尊镶金坐佛像（后经鉴定，市场价值8万元）。该副局长电话中交代其妻子和该副校长，必须将佛像带回去。后该副校长坚持

将佛像留下，其妻亦电话告知，该副局长并无明确反对。数日后，该副局长返回单位，该副校长前来拜访，说明职务升迁事宜，该副局长未置可否。不久该副局长被组织任命为某委主任，自感无法帮助该副校长，遂将佛像退回给该副校长，不久，该副局长因其他事情被立案侦查，期间主动交代了上述退还佛像的事实。该案又该如何处理？

我们认为，按照前述评判标准，依法认定行为人的行为构成受贿犯罪没有疑问。问题在于如何处罚。由于刑法修正案对于减轻处罚有限制性规定（有多个幅度的，只能在下一个幅度内处以刑罚），那么，假定行为人的行为构成自首，对于该等情况下的处罚就显得尤为重要并具有极强的社会示范效应。如果受制于刑罚减轻处罚幅度的限制，就会增大部分犯罪嫌疑人的抗拒投案的侥幸心理，而一旦投案或自首，必然增加其刑事法律责任，造成"坦白从宽、牢底坐穿"的不良社会效果。

对此，我们主张完善《刑法》第 63 条第 2 款关于特殊情况下减轻处罚的规定，对于在下一个幅度内判处刑罚仍然过重的，可以作出特别处理和安排，突破现行《刑法》关于减轻处罚幅度的限制，以充分体现惩罚与教育相结合的刑事司法原则和政策，以社会效果最大化、法律效应最佳化的勇气，对现行《刑法》进行修订。这是后话，本文不再赘述。

2. 为掩饰犯罪而退还或上交的认定和处罚问题

（1）何为有关联的人和事？何为"为掩饰犯罪"？"两高"的前述意见规定：国家工作人员受贿后，因自身或者与其受贿有关联的人、事被查处，为掩饰犯罪而退还或者上交的，不影响认定受贿罪。对于这个问题，我们应当作出正确的理解或把握，以便正确区分该种情形与前述及时退还或上交不构成受贿罪的情形。

其一，其逻辑前提是已经构成受贿犯罪。其二，退还和上交的原因是因为"自身或者与其受贿有关联的人、事被查处"。所谓"自身"被查处，既包括与受贿有关的线索或者事实被查处，也包括自身因其他与受贿无关的其他问题被查处。所谓"其受贿有关联的人、事被查处"，则重在考察其关联性，我们认为这种关联性，既包括事实上的关联性，比如同一单位的同事，同一工作的管理等，也包括法律上的关联性，比如同一单位的同事因滥用职权被查处，有可能牵扯出其受贿犯罪行为等，其退还或上交具有被动性、被迫性。

其三，退还或者上交的目的是掩饰犯罪。掩饰者，掩盖、粉饰也。行为人因为害怕被牵扯查处，将收受的财物退还或者上交，其目的是为了掩盖、粉饰受贿的事实，让旁人以为该事实未曾发生，或虽已发生但早已返还等。其最终的目的是逃避惩罚。

（2）处罚较之于前面所述的因自身条件或能力不够，或者因恐惧、害怕而退还或上交，虽然都是构成受贿犯罪的行为，但因为其退还或者上交的主动性不一样，对犯罪行为危害性的认识程度不一样，对自身行为社会危险性的消除程度不一样，因此，实际处罚应当予以区别。在其他犯罪情节相同的情况下，主动上交或者退还的处罚，应当明显轻于被迫退还或者上交的处罚。这样才能更好地体现"宽严相济"的精神。这是我们在办理类似案件时应当好好把握的原则。

第二部分　关于单位贿赂罪的几个问题

 分支机构或者内设部门行贿、受贿的问题

根据《刑法》第 30 条、第 387 条、第 391 条、第 393 条，单位涉及贿赂犯罪的，既可以成为单位受贿罪、单位行贿罪的主体，也可以成为对单位行贿罪的主体。

《刑法》以及最高人民法院、最高人民检察院对单位的界定是：公司、企业、事业单位、机关、团体。最高人民法院《关于审理单位犯罪案件具体应用法律有关问题的解释》的规定："公司、企业、事业单位"，既包括国有、集体所有的公司、企业、事业单位，也包括依法设立的合资经营、合作经营企业和具有法人资格的独资、私营等公司、企业、事业单位。

所谓单位内部机构或者分支机构，是相对于单位整体而言的。它们有的具备相对独立的民事主体资格和诉讼主体资格，比如分公司，符合条件的指挥部、项目部等，也有不具备民事主体资格的内设科、室、处、所、部等。

单位的分支机构和内设机构是否可以成为单位贿赂犯罪即单位犯罪的主体，学界有不同的意见。有学者认为，按照《刑法》规定，单位犯罪主体只能是公司、企业、事业单位、机关、团体，而包括其分支机构和内部组成单位，因此那些单位的附属机构不能单独构成单位犯罪。也有学者认为：公司、机关、事业单位及其分支机构、内设职能部门能够成为单位犯罪主体。2001年1月21日最高人民法院在《全国法院审理金融犯罪犯罪案件工作座谈会纪要》规定："单位的分支机构或者内设机构、部门实施犯罪行为的处理。以单位的分支机构或者内设机构、部门的名义实施的犯罪，违法所得亦归分支机构或者内设机构、部门所有的，应认定为单位犯罪。不能因为单位的分支机构或者内设机构、部门没有可供执行罚金的财产，就不将其认定为单位犯罪，而按照个人犯罪处理。"这一规定肯定了单位的分支机构或者内设机构可以成为单位犯罪的犯罪主体，亦即可以成为单位贿赂犯罪的主体。如某医院骨科采购设备受贿案，该科在采购进口CT扫面仪的过程中，集体收受设备代理商贿赂案。最终被生效判决认定为单位受贿罪。

关于这个问题，我们认为，应当与民事责任主体和民事诉讼主体有区分。民事责任主体和民事诉讼主体，更注重考察其民事行为能力和民事责任能力，注重的是独立承担民事责任，而单位犯罪，更多考量的是"集体的意志和行为"。

二 个人行贿与单位行贿的区分问题

案例：罗某得知国家、省、市政府及教育行政管理部门推行在校小学生早餐实行牛奶、面包等营养餐集中采购供应的政策消息后，即以其夫妻二人的名义，设立营养餐配送有限公司，在注册资本实缴制环境下，足额出资注册资本50万元，夫妻二人分别持有51%、49%的出资，罗某任公司董事长，其妻任总经理，公司全部事务实际由罗某管理和运作。公司各项登记、审批、备案手续全部完成后，罗某即将注册资本全部抽逃，后该公司经教育部门组织评定，取得所在县10所小学的牛奶、面包供应资格。自2012年至2014年，罗某先后向10所小学的校长或分管副校长等行贿人民币16万元，公司配送牛奶、面包所得款项，均由学校直接汇入其个人银行卡，由罗某用于购买私家车及家庭生活和赌博之用。该案中，罗某的行为，是应该承担单位行贿的罪责还是个人行贿的刑事责任？

虽然，《刑法》第393条规定，因行贿取得的违法所得归个人所有的，依照本法第389条、第390条的规定定罪处罚（即行贿罪）；最高人民法院《关于审理单位犯罪案件具体应用法律有关问题的解释》第2和第3条分别规定：个人为进行违法犯罪活动而设立的公司、企业、事业单位实施犯罪的，或者公司、企业、事业单位设立后，以实施犯罪为主要活动的，不以单位犯罪论处；盗用单位名义实施犯罪，违法所得由实施犯罪的个人私分的，依照《刑法》有关自然人犯罪的规定定罪处罚。但在司法实践中，往往出现巨大的理解上的分歧。就前述案例，公诉机关、一审法院、抗诉机关、二审法院之间，控辩双方之间均有不同理解，各执一词。最终该案二审法院以单位行贿罪判处罗某拘役刑。这就涉及单位行贿、个人行贿犯罪中经常遇到的应该正确认识和区分的几个问题。

（1）实际不具备法人资格的单位法定代表人以单位名义行贿，是单位还是个人行贿？

（2）如何认定违法所得归行为人个人所有或所得，进而准确认定罪名？

我们认为，对于实际不具备法人资格的公司、企业，其法定代表人利用其公司、企业法人资格，从民事法律关系和公司法的角度看，明显属于"滥用公司法人资格"的行为，应当刺破公司法人的面纱，适用公司人格否认理论，认定其为个人行为并由行为人个人承担相应的民事法律责任。这一点，学界和实务界并无太大分歧。但是，民商事法律的这一理论创新和司法实践经验，能否适用于刑事犯罪领域？其法律依据是什么？理论基础又是什么呢？我们认为，行为人的上述行为，应当属于盗用、冒用公司（单位）名义实施的犯罪行为。但是，这种理解和处理，仍然面临一个不能回避的问题：既然不具备法人资格的内设机构或者分支机构可以成为单位犯罪的主体，那么，形式上具备法人资格的公司、企业，其法定代表人以公司、企业名义行贿的行为反而应当认定为个人行贿，这是我们在办案过程中深感疑惑的问题。

我仍然留有一个问题求教于同仁：到底如何界定"违法所得"？其范围可以延展到什么边界？如何认定违法所得归行为人个人所有或所得，进而准确认定罪名？期待同仁们的研究成果和进一步的交流。

谢谢大家！

▶**主持人　远利杰**◀

感谢伍律师跟大家分享，伍律师的分享不但有理论，还有案例，给我们一场听觉的盛宴。让我们用掌声感谢伍律师。下面有请本次点评嘉宾蔡律师。

点评人
蔡正华

北京大成（上海）律师事务所律师
企业家刑事风险防控早期主要倡导者

▶点评人　蔡正华◀

大家好！听了伍律师的分享，其今天不仅仅是站在一个律师的角度去做一些公益性的技巧的传播，更是站在一个法律人的角度将法律的原则性向大家阐述。伍律师提到了两个问题，一个是收受财物后及时退还或上交的问题，另一个是单位犯罪当中的分支机构和内设机构的问题。

针对第一个问题，作为律师都希望将我们当事人积极退还或者上交财物的行为辩护成不构成犯罪，或者从相应的犯罪的数额当中扣除，但事实上法律是一个客观存在，虽然我们可以根据主观去解释它，但客观性是我们每个法律从业者必须遵循的界限。如果我们主观上认为这种及时退还或者上交财物的行为可以不以受贿罪论处，那我们在接受当事人委托或者在辩护的过程当中，就有可能给出不恰当的允诺，甚至在法庭上表现出不专业的一面。

我个人是赞成伍律师的说法。我认为只有"没有受贿故意情节的及时退还或者上交财物"才能够适用相关意见的规定。也正是从这个角度，我认为《意见》中第 9 条第①款最后被不以受贿罪论处，只是为了说明客观上虽然收受了他人的财物，但主观上没有受贿故意的行为不成立受贿罪。我们从意见的表述中可看出，并不是规定收受财物后及时退还或者上交的，虽然构成犯罪，但不追究刑事责任，而是这种行为的本身并不符合受贿罪的犯罪构成。另外从刑法解释学上来分析，对比《意见》和《刑法》第 390 条，从文字表述上来看，《意见》明确表示此行为"不是受贿"，而不是说构成受贿犯罪，但情节显著轻微，不以犯罪论处或者是构成犯罪但免予刑事处罚。例如国家工作人员在客观上利用职务上的便利收受他人财物，并且符合了为他人谋取利益要件的行为，如果行为人主观上具有受贿的故意就已经达到受贿罪的既遂，既然是既遂就不能反过来以特别的理由说此行为不构成受贿罪。《刑法》第 390 条规定，行贿人在被追诉前主动交代行贿行为的，可以减轻处罚，或者免除处罚。这个规定既有法律的根据也有形势政策的理由，有利于发现查处贿赂犯罪。行贿罪轻于受贿罪，这应该是大家共同的认识。既然被追诉人主动交代行贿行为也只是可以减轻处罚或者免除处罚，而不是宣告其不是行贿，那么已经构成受贿罪的受贿者及时退还或者上交财物的行为，无论《意见》怎样表述，都不可能宣告其不构成受贿罪。

在现实生活中，我们为本身缺乏受贿故意，但客观上已经占有财物的受贿罪犯罪嫌疑人可做无罪辩护。这类人包括以下几种：第一种，国家工作人员明确拒绝请托人给付的财物，但请托人强行的把这个财物留下，国家工作人员事后及时退还或者上交的。

第二种，客观上有了收受的行为或者占有了这个财物，但主观上缺乏受贿的故意，例如某国家工作人员生病躺在医院，有人来探视时在病床上放下财物，因身体原因国家工作人员不便当场返还，事后在病好后及时返还财物的行为也可辩无罪。

第三种，客观有行为但主观上缺乏故意的认定。比如，请托人在国家工作人员不知情的情况之下暗地里将财物放在其所在的场所，国家工作人员发现后及时退还。

第四种，主观上认为收受的只是廉价的物品，但在事后发现该价值之后及时上交或退还。

那么文中所提到的"及时"有没有一个明确的时间规定。我认为《意见》所规定的情形仅限于国家工作人员没有受贿故意的情形，所以只能从行为人是否具有受贿故意的角度判断及时与否，不可能有明确的时间。且本人也不提倡设定这样的时间，因为这样就会给行为人一个等待观察期去考虑是否上交、返还财物。

现实生活当中完成了收受财物后就占有财物的行为，但是却不具有受贿故意的情形是挺多的，以上只是我在办案过程中遇见过的四种。

第二个问题我觉得伍律师分析地相当透彻。大家把握住两个关键点：一是在单位犯罪这个问题上，主要的考察点是能不能通过你自己的意志作出决策？另外一个更重要的点是能不能依靠单位的财产去承担相应的法律责任？因为如果律师辩护构成单位犯罪，但经侦查机关调查单位没有独立的财产核算，没有自己的财产去承担刑事责任，如果法院判单位构成犯罪，那将如何执行？所以我觉得这两点把握住，辩护的时候遇到问题总能迎刃而解！

▶主持人　远利杰◀

感谢伍律师和蔡律师的分享，以上是今晚讲座的内容，我们下期再见。

职务犯罪辩护要点与策略

主持人：李靖梅　主讲人：王常清
点评人：黄坚明　罗天亮　万　兵

▶ **主持人　李靖梅** ◀

好的，亲爱的伙伴们，时间来到 8:10，我们的讲座马上开始，中南刑辩论坛在金秋之际迎来了第二十七期公益讲座。本期讲座是由北京泽永律师事务所王常清律师为大家主讲"职务犯罪辩护要点与策略"，点评嘉宾分别是广东广强律师事务所合伙人黄坚明律师，广东海埠律师事务所罗天亮律师，河南某人民检察院万兵检察长，我是本期讲座的主持人北京康达西安律师事务所李靖梅律师，向守候在这里的朋友们说声好！下面我们将话筒交给主讲人王常清律师，有请王律师为大家开讲！

▶**主讲人　王常清**◀

大家好，我是北京泽永律师事务所律师王常清，承蒙张元龙主任和李靖梅律师的邀请，今天很高兴能和各位群友共同探讨一些刑事辩护的相关问题。作为一名水平和资历都乏善可陈的年轻律师，我对于这次讲课非常惶恐，错误是必然存在的，很可能有些还是常识性和低级的错误，希望大家能够多多包容。

今天的题目是"职务犯罪辩护要点和策略"，应该说，这是一个相当大的话题，以一本书的篇幅也未必能完整和全面讲清楚。我只是想在这个大的话题下面，结合我最近办理的一些案件谈一点心得和体会。不求面面俱到，只是希望能给新律师在办理类似案件时一些启发。

在进入正题之前，我想先跟各位年轻的律师朋友聊一个执业感受方面的话题，叫"新手刑辩律师如何提高自己的办案水平"。这可以作为本次讲课的"序言"，当然也可以认为是"番外篇"。

上次讲课我讲过自己的执业经历，进入泽永刑辩团队大概有 4 年的时间。所以，在刑事辩护这个领域和很多群友一样我本人也是一名新手。我想我们这些新手肯定有着同样的疑问，那就是怎么能够尽快提高自己的办案水平？今天我就简单谈一下我的想法。我认为在提高办案水平这个问题上，捷径和秘籍都是不存在的，但是笨办法和正确的路径还是有的。我总结了一下，大概有三点，也就是"三多"：多办案、多研究法律规定、多思考。说多办案能提高水平大家肯定没有意见，我们群友熟悉的一些高水平律师，王思鲁主任、王亚林主任、张元龙主任、龙元富律师、黄坚明律师，当然也包括我们泽永所的王永杰主任，都是身经百战，所以具备高超的办案水平。因此，高水平律师不是靠指点江山指点出来的，而是通过办理一个个案件积累出来的。作为新手刑辩律师来说，应当紧紧把握住办理每一个案件的机会，用最大的热情去阅卷、去研究，我们付出的越多，进步才能越快。当然有些新入行的律师特别是实习律师可能实际办理案件的机会有限，在这种情况下就应当多去了解本所其他律师办理的案件，看看人家是怎么办案的。或者去网络上看看那些高水平律师的办案心得，还可以找一些案例书籍来学习，现在资讯这么发达，只要想学习，资源肯定会有的。多研究法律规定。郭德纲同志有句名言，"相声不搞笑是一件很搞笑的事情"。用于我们这个行业，那就是律师不熟悉法律是一件很搞笑的事情，律师熟悉法律，几乎和母鸡生蛋一样天经地义、理所应当。但是，这话说起来容易，却是知易行难。那么多罪名、那么多司法解释、边边角角的批复、纪要，真要想达到张嘴就来、如数家珍的水平，还是非常不容易的，需要付出极大的努力。我个人非常佩服两种律师，一种是看卷仔细的，另一种是法条精熟的。所以，我建议年轻的律师朋友一定要戒骄戒躁，踏踏实实的多研究研究法条，这是第二多。最后是多思考。诸葛亮在舌战群儒时有句骂人的名言，叫"笔下虽有千言，胸中实无一策"。所以说，"策"才是智者的精髓。对刑辩律师而言，策就是辩护思路、辩护方案、辩护策略，比如是进行无罪辩护还是罪轻辩护？比如从哪些方面取证？要不要申请证人出庭，如何向证人发问？要不要申请异地审理，是否要求法官回避等。在个案中这些问题如何决断，这就是"策"。那么这些"律师策"是怎么形成的呢，我认为，除了认真阅卷、熟悉法条外，还要多思考。不但在办案中多花心思思考，还是多总结、多反思以前办理过的案件，这样才能不断积累，成为一名胸中有策的律师。总之，只有用心，才能进步。

王国维先生在《人间词话》中把做学问的境界分为三种，也就是"独上高楼，望尽天涯路"；"衣带渐宽终不悔，为伊消得人憔悴"；"蓦然回首，那人却在灯火阑珊处"。这同样适用于刑事辩护，我们要"独上高楼，望尽天涯路"，树立高远的志向，"衣带渐宽终不悔，为伊消得人憔悴"，刻苦研究案件、阅卷，熟悉法律规定，"蓦然回首，那人却在灯火阑珊处"，多思考，多总结，最终领悟刑事辩护的真谛，得窥门庭。

好，前面我们谈的是执业感悟方面的话题，下面我们书归正传，切入正题，谈一谈职务犯罪辩护。我今天讲的内容大概包括 5 个方面，也会结合具体案例讲一些诉讼中的策略。

一 国家工作人员身份的认定

主体问题可以说是职务犯罪案件最常见的辩点。国家工作人员身份的认定，刑法、立法解释、司法解释都有相关规定，这里不赘述。我只谈两个容易产生争议的问题。

第一，国家出资企业中"间接委任"的问题。2010 年最高人民法院、最高人民检察院《关于办理国家出资企业中职务犯罪案件具体应用法律若干问题的意见》第 6 条第 2 款规定："经国家出资企业中负有管理、监督国有资产职责的组织批准或者研究决定，代表其在国有控股、参股公司及其分支机构中从事组织、领导、监督、经营、管理工作的人员，应当认定为国家工作人员。"

间接委任问题是在实务中容易成为控辩争议的焦点。一般来说，对于典型的党委或党政联席会议研究通过的，并不会有争议。但是对于一些非典型的情况，比如董事会决定任命后，告知党委的，党委例行公事作出同意或批准的，这种情形能否认定为国家工作人员呢？我个人认为，对上述司法解释应当从严掌握，因为该司法解释本身就是对于国家工作人员这个概念的扩张性解释，如果对这个解释再从宽解释，很容易把国家出资企业中很多普通员工都纳入国家工作人员的范畴，这于立法本意不符。所以，在国家出资企业中，只有党委、党政联席会议等对人员任命进行实质性研究、批准的，才能认为是国家工作人员。决策权在董事会、管理层，党委等并不实质研究，只是程序性批准、同意的，不能视为国家工作人员。

第二，委托管理、经营国有财产的人员是否是国家工作人员的问题。我国《刑法》第 382 条第 2 款规定，受国家机关、国有公司、企业、事业单位、人民团体委托管理、经营国有财产的人员，利用职务上的便利，侵吞、窃取、骗取或者以其他手段非法占有国有财物的，以贪污论。但这一条并不意味着委托管理、经营国有财产的人员就是国家工作人员。比如银行临时聘用的信贷员、国有财产的承包人等。因为该法律规定属于法律拟制。简言之，这些人员在非法占有国有财物时，以贪污论，但挪用国有资产的，却只能构成挪用资金罪，收受他人贿赂的，也只能构成非国家工作人员受贿罪。

大家在办理职务犯罪案件中，对于主体问题，应当重点从三个方面考察。其一，单位的性质。是国家机关、国有公司、国家出资企业还是民营或集体企业？如果是改制的，改制的时间。如果有国有股份的进入或撤出，进入或撤出的时间。在某案件中，某企业并无国家股份，只是国家为了扶持，每年有一定的帮扶资金。这样企业的员工当然不是国家工作人员。因此，这类案件，我们要研究案卷中涉及单位性质的相关证据。如果证据缺失，可以去工商或其他部门调查取证。其二，当事人的入职手续及任命过程。重点考察当事人是否有聘用书、委任状，是否在编，签订的是聘用合同还是劳动合同还是劳务合同。尤其对于国家出资企业，更要考察是否有上级国有单位的委任手续或本单位党委或党政联席会议的批准文件。其三，当事人的具体工作内容。要考察当事人的工作岗位是否具有"公务"的性质，是管理性的岗位，还是专业性、技术性的岗位。

二　贪污罪与非法经营同类营业罪

近年来，某些国有企业管理人员贪污有一个常用的手段，就是自己成立一个公司，截留国有资产。比如，某国有公司准备将某物业租赁给甲公司，双方谈好的价格是每年500万元。然后，国有公司管理人员自己或通过亲戚朋友注册成立乙公司。乙公司先与国有公司签订合同，租赁物业，每年400万，然后乙公司将该物业转包给甲公司，每年500万元。这100万元的差价就进入了管理人员的口袋，这是一种典型的贪污行为。但是，还有一类案件与上述案件表面类似，但本质不同，却可能被错误定性为贪污。比如某国有家具厂准备出售一批家具给甲公司，管理人员觉得有利可图，就自行成立了乙公司，乙公司从国有家具厂以成本价购得木材，然后生产了一批家具，由乙公司将家具出售给甲公司，获取利润。这种情况不是贪污的行为，而是非法经营同类营业行为。两类案件看起来类似，但有实质性的区别。贪污类案件，行为人成立的公司没有任何经营行为，不承担任何风险，行为人将国有资产通过操作直接转到个人控制的公司，而非法经营同类营业的行为，行为人成立的公司是有完整的经营行为的，也承担了一定的市场风险，这种行为的违法之处不是窃取国有资产，而是窃取国有企业的商业机会。这两类案件在实践中很容易混淆，如果我们辩护律师遇到此类的案件，应当研究行为人具体的操作模式，考察行为人成立的公司是否有实际的经营，是否实际承担市场风险，看能不能以轻罪非法经营同类营业罪来为当事人进行改变罪名的辩护。

下面简单谈一个案例，在我最近办理的一起案件中，当事人单位实际上是贪污罪和非法经营同类营业罪的受害人。案情简要如下：某国有手机经销公司在贵州省经营手机业务，需要在贵州省各地开设经营网点，本来该企业完全应当以子公司或分公司的形式运作这些下级经销商，为国家创造利润。但该公司负责人却成立了个人公司作为经销商。并且，负责人通过定价的职权，将本属于国有企业的利润转移给了经销商。在这个案件中，该负责人的行为同时构成了贪污罪和非法经营同类营业罪。经销商正常的利润，是非法经营同类营业行为的犯罪所得；非正常的转移的利润，则是贪污罪的犯罪所得。

三 单位行贿与个人行贿

上面是我谈的第二个辩护要点，下面我们讲第三个，区分单位行贿和个人行贿。我们团队近年来连续代理了几起国有企业单位行贿案，这些案件有一些共同特点：被告单位都是国有企业；企业管理都存在一些问题，导致一言堂，负责人一手遮天、为所欲为，欺瞒上级单位；行贿事实都很确凿，没有什么争议；被告单位都未从行贿中获取什么好处，反而在这些负责人管理下巨额亏损；案发原因都是被告单位审计时发现企业账目混乱，负责人有贪污国有资产的嫌疑，因而举报至当地检察院；经检方侦查，发现这些财产被用于行贿，最后定单位行贿，国有企业挽回损失不成，反而面临巨额罚金。实际上，这类案件都应当定性为个人行贿而不是单位行贿。为什么这类案件大多以单位行贿的方式被起诉呢？我想主要是这些国有企业的负责人非常狡猾，利用对单位的绝对控制权来玩"明修栈道，暗度陈仓"把戏，当然也不能排除某些办案人员避重就轻，有意为犯罪分子开脱的嫌疑。毕竟，行贿罪的法定刑比单位行贿罪直接责任人员的法定刑重得多。

那么，如何区分单位行贿和个人行贿呢？一般来说，应当从两个方面考察。第一，要看行贿行为是否体现单位意志，要看是否经过会议讨论、集体决策等。但问题是，这些企业都是一言堂，各种会议讨论形同虚设，都是负责人一个人说了算，下面的人员也都是负责人招聘的而且是他的亲信，自然会配合他行事。所以通过这一点，很难发现本质。第二，要看行贿是为了个人利益还是单位利益。要准确认定这一点也有难度。负责人的口供以及员工的口供或证言一般都说是为了单位利益。受贿人的口供所体现的请托事项表面上也是为单位谋利。但问题是，这些企业已经被负责人完全掌握，成为他们谋取私人利益的工具，即使表面上是为单位利益行贿，但这些利益归根结底还是落入了私人的腰包。所以，要考察这类案件是单位行贿还是个人行贿，不能局限于表面现象，而是应当透过现象看本质，追根溯源，考察行为人通过行贿谋求的不正当利益到底归于何方。这样才能查明真相不让国有企业这个壳成为犯罪分子违法犯罪的挡箭牌。

下面，我结合刚才谈到的贵阳案，给大家分析一下。在这类案件中，辩护律师如何以是个人行贿而不是单位行贿来为单位辩护。我先把案情给大家介绍一下。刚才谈到，贵阳某国有公司负责人通过个人成立的下级经销商，侵占国家利益和商业机会。该负责人为了获取贵州某电信运营商的商业机会，增加自己控制的下级经销商的商业利润，向该国有运营商的管理人员送了几千万元。检方对此定性为单位行贿，理由是送钱的回报是该国有企业获得了商业机会。这明显是只看到了事情的表面，而没有探究实质。表面上国有企业获得了商业机会，但这些利润绝大部分都被负责人转给了下级运营商。把负责人整个操作手法联系来看，他明显是为了个人利益而行贿，因此是不折不扣的个人行贿。

为了向法庭论证该案是个人行贿而不是单位行贿。辩护律师进行了下列工作：第一，结合国有企业的财务凭证、与经销商的合同、送货记录以及卷宗中员工的口供、证言，以法律意见书的形式向法庭阐明负责人贪污国有资产、窃取国有企业商业机会、通过行贿最终谋取个人利益的整个操作过程。律师的这些论述一定要客观、结合证据，千万不能自说自话，让法庭认为辩方是在讲故事。

第二，对单位利润进行司法审计。审计的结果是该单位从这些商业机会中获取的利润有二三百万元；而本案查明的行贿款是多少呢？几千万元。没有任何一个企业会为了几百万元的利润去送几千万元给别人。这恰恰证明了行贿人的目的是个人利益而不是单位利益，行贿这个行为也是完完全全的个人行为。第三，通过对该单位和上级单位的规章制度进行公证，证明依据规章制度，相关的商业操作需要报批，负责人并无独断专行的权力。可喜的是，本案虽然还未作出判决，但承办法官明确认可辩方的观点。本案应当会以检方撤诉的方式结案。

四　受贿与正常的经济往来

上面我们谈的是区分单位行贿和个人行贿。下面我谈一下如何区分受贿与正常的经济往来。按照我个人理解，"两高"贪污贿赂司法解释的出台实际上是放宽了对受贿罪的认定标准。该司法解释第13条第2款规定：国家工作人员索取、收受具有上下级关系的下属或者具有行政管理关系的被管理人员的财物价值300万元以上，可能影响职权行使的，视为承诺为他人谋取利益。按照该条规定，认定受贿，不再要求有具体的请托事项，只要双方之间有特殊关系，可能影响职权行使，就应当认定为受贿。但该条不代表任何国家工作人员收受下属和被管理者财物的行为都是受贿，因为国家工作人员也是普通人，他与下级和被管理者也可能有正常的经济往来。如果能证明收受财物的行为是有正当的事由，就不能认定为受贿。那么，什么是正常的经济往来呢？比如婚丧嫁娶送一定数额的礼金，该礼金不明显超过当地的习俗，就可以认为是正常的经济往来；比如国家工作人员对下属和被管理者提供了某些与职权无关的帮助，收取一定合理数额的感谢费，也是正常的经济往来；再比如国家工作人员为下属和被管理者提供了一定的劳务，收取合乎市场标准的劳务费，也是正常的经济往来。

某些办案机关在办理受贿案件时，有时候并不细致，认为只要收钱了一概就是受贿，即使当事人辩称是正常的经济往来，也并不深入调查，一概认为是狡辩。但作为辩护律师来说，就应当认真听取当事人的辩解，辩解合理的，要进行调查取证。如果当事人说这些钱是婚丧嫁娶的礼金，辩护律师应当就当事人婚丧嫁娶的事实以及对当地送礼金的习俗和数额进行调查、取证。如果有证据证明礼金在关系特殊的人之间可以达到比较高的数额，比如几万元，那还应当调查当事人与送钱人之间是否有此类的特殊关系，比如同学、战友等，也应当收集相关的证据。比如当事人辩称对方送钱是为了感谢，那就应当就当事人对送钱人的正常帮助，以及帮助的价值进行取证，以证实感谢费的数额是合理的。再比如当事人辩称是劳务费，那就应当就当事人提供的劳务以及劳务的实际价值收集相关的证据，以证实该笔劳务费是正常的经济往来。总之，这类案件检方往往并不注意就当事人的辩解取证，辩护律师如果认为当事人的辩解合理、可信，一定要取证。

下面简单介绍我曾办理的张家口某县某国有企业经理受贿案，重点介绍一下律师的取证和辩护思路的组织。案情简单来说，就是某经理与某包工头关系很好。某年，包工头买设备，厂家的销售人员是经理的同学，经理就和包工头跑了一趟，搭了些人情，设备便宜了6万元，并且送了一套市价8万元的配套设备，并在货源不足的情况下优先送货，保修及后续服务也优于普通买家。包工头买了设备后，成为当地的独家，占领了市场，赚了几百万，之后送给了经理12万元。后检方查处此案，认为这12万元是受贿款，但经理坚持这笔钱是感谢费。为了证明这笔钱是感谢费，辩护律师收集了当时厂家的报价单、宣传页、销售人员的证言，再结合案卷中包工头的证言，辩护律师提出当事人关于这笔钱是感谢费的辩解可信，因为感谢费的数额是合理的。具体来说，由于经理帮忙，包工头获得了如下额外利益：第一，设备便宜了 6 万元；第二，厂家送了一套价值 8 万元的辅助设备，证据证明厂家对其他买家是不送的；第三，优先供货、保修 3 年，证据显示这些也是超出对普通买家的。另外，包工头由于买了设备，赚了很多钱，即使多给经理一些钱也完全是人之常情、符合常理，并不应当解释为权钱交易。本案最终以实报实销的方式结案。

五　行贿案中的谋取不正当利益和给国家造成损失的认定

上面我谈的是受贿与正常经济往来的区分问题。最后我再谈谈行贿案中的谋取不正当利益和给国家造成损失的认定问题。我们知道，行贿罪与受贿罪虽然是对向犯，但行贿罪的认定标准要严格得多，不仅要求有明确的请托事项，而且该请托事项必须是谋求不正当利益。司法实践中，诸如孩子入学、病人入院、结算工资，一般都认为是正当利益，不会以行贿罪追究行为人。但是如果是通过送钱来揽工程、揽业务，即使行为人有相应的资质和业务能力，也会因为违反公平竞争的原则被认为是谋求不正当利益。把因行贿使国家遭受重大或特别重大的损失来作为行贿罪的加重处罚的情节是《刑法修正案（九）》的修改。那么，何为因行贿使国家造成重大或特别重大的损失呢？我们知道，行贿本身是不可能给国家造成损失的，只能认为行贿人对受贿人的请托与国家利益遭受重大损失之间有直接因果关系，比如某人通过行贿低价购得某国有公司的商品，其中的差价可以认为是给国家造成的损失。但是，如果这种因果关系是间接的，就不能认定。比如某人通过行贿被提拔为某单位领导，在领导岗位上滥用职权给国家造成损失就不能认为是因行贿给国家造成的损失。

下面我还是结合我最近办理的一起行贿案简要分析一下刚才谈到的两个问题。这个案件发生在浙江绍兴，某私营企业主在某村租了一块地，盖上了房子当厂房，当然没有办理手续，但是村里也是同意的，后来拆迁了，由于不是本村人，企业主并不知道拆迁政策，只知道当时类似这种没有手续的房子都补偿了。因此找到村干部，让他们帮帮忙，多赔一点，并暗示村干部拿到补偿后会送一部分钱给他，村干部就同意了。按照当时当地的拆迁政策，这种个人违章建筑是没有补偿的，但集体违章建筑却有补偿的，于是村干部在没有同企业主商量的情况下，偷梁换柱，伪造了证明材料，以集体违章建筑的名义上报，最后获得了补偿，把补偿款给了企业主，企业主为了感谢，也送了钱给村干部。后来案发，检方认为企业主行贿，并且把获得的拆迁补偿作为给国家利益造成的损失，建议在 5 年以上量刑。今天为了集中探讨法律适用，我们暂时把本案中两个有争议的事实问题作为确定的事实。第一，企业主对拆迁政策是不知情的，就是说他不知道按照当时、当地的拆迁政策，他的房子得不到赔偿。第二，企业主对村干部伪造手续的做法完全不知情，直至案发才知道。以此为基础，辩护人提出两点辩护理由。第一，辩护人认为企业主并没有谋求不正当利益。因为企业主当时并不知道他的房子不能赔，他并没有通过行贿使不能得到补偿的房屋获得补偿的主观故意。他对村干部的原话是帮帮忙，多赔点。从这句话本身得不出企业主谋求不正当利益的目的。因为多赔点，也可以理解为合法范围内的多赔点。第二，退一步讲，即使认为企业主说多赔点本身就是在谋求不正当利益，那么在他主观上认为房屋可以得到补偿的情况下，他的请托明显不能涵盖让村干部弄虚作假，伪造手续，将个人房屋伪装成集体房屋的意思，不能认为企业主有这样的概括故意。也就是说，村干部的行为是超越了企业主的请托，企业主的请托与使国家利益遭受重大损失之间并无因果关系，所以，不能将使国家利益遭受重大损失作为对他加重处罚的情节。由于本案发生在十多年前，如果加重情节不被认定，企业主就超过了追诉时效。

好，以上就是我今天与大家分享的全部内容，谢谢各位群友！谢谢点评嘉宾！谢谢张主任和李律师！

▶**主持人　李靖梅**◀

感谢王律师给大家的倾情讲座，王律师从理论实践案例各个方面为大家做了一个非常详细的讲座，下面有请我们的点评嘉宾黄坚明律师为大家讲座。

▶**点评人　黄坚明**◀

各位在线的律师同行，大家晚上好。我办理的职务犯罪案件相对少一些，我主要以办理毒品犯罪案件为主，所以今晚只能说说我听课的感受，点评肯定没有王律师的专业深入。

第一点，王律师强调刑事律师要"三多"。多办案、多熟悉法条、多思考。就我办案感悟而言，我觉得还要多看案例，多看权威案例法官、检察官对案件的评析，多向法官、检察官学习。特别是对办理一些自己不熟悉，办理案件不多的新型案件，我认为最有力、最直接的切入口就是看同罪名、同类型的权威案件，如最高人民法院指导的案例。这是我听今晚课的第一点感受。

第二点，在我以往自己办案的过程中，查询相关案例发现无论是受贿罪还是贪污罪，在网站上查询到的无罪案例都甚少。我个人估计，2004 年之前的无罪案例多一些，2004 年之后的无罪案例都是比较少的。对此，我还专门查询人民检察院案件信息公开网，上面关于职务犯罪不起诉的案例也是比较少的。在对外公布的不起诉案例中，不起诉决定书的说理不透彻，甚至根本就不说理。

因为学习的无罪案例甚少，进而导致很多律师对职务犯罪熟悉程度不够，相应案件的辩护效果也更差一些，这是本人办案的第二点感悟。

第三点，职务犯罪最常见的辩点之一就是主体问题。根据司法实务案例，很多职务犯罪案件就是因为主体资格不符，最后法院不得不作出无罪的判决。当然，在司法实务中，职务犯罪主体问题涉及社会经济生活的各个方面，主体认定问题具有复杂性，必须结合具体案件进行认定。对此，王律师也提到了必须结合是否有这个公务性质这个核心点来认定。

第四点，就职务犯罪而言，核心问题之一还是钱的问题，涉案款项的法律定性问题。如司法实务中，很多款项表面上看属于公共财产，但是在实际上是属于私人财产或属于集体财产。如王律师所举案例，就不涉及公共财产问题，仅仅是涉及窃取商业机会的问题，所以办理具体案件的时候，应该准确界定，到底窃取的是公共财产还是商业机会？

第五点，实务中还比较常见的是财经违纪行为，单位小金库的情形，涉及的是违法违规行为，但不一定是犯罪行为。比如被告人或者犯罪嫌疑人与单位之间有很多金钱上的往来，表面上好像是他从国家拿了部分的钱，但是后来他因为其他机会就要把一些钱存在其他账户，这个涉及的单位小金库的问题有时候，行为人从小金库来拿走一些钱，后来又将一些钱还回去了。在实务中，这类行为应认定为违反财经制度的违规问题，并不是涉及贪污犯罪。此外，实务中还账目混同、小金库款项记录不清、凭证被销毁等诸多情形。因行为人仅仅是违反财经制度，存在违规行为，最后获无罪释放的案例，在司法实务中还是比较多的。

贪污问题还涉及集体讨论的情形。不论国家机关，还是国有企业，涉及很多问题都需要领导集体讨论决定的，在整个款项处置中就涉及款项处置完全公开、透明的问题，导致行为人根本不存在贪污罪所涉及的窃取、骗取等行为要件的问题，其行为不具有私密性，完全是公开的。在此种情形下，其行为能否认定为贪污，应值得商榷。

从辩方视角分析，从行为的公开性可推断出当事人主观上有没有贪污故意。有些行为完全属于单位管理规范所导致的，也像刚才王律师说的，有些单位可能属于一把手跟他底下的兄弟一起做的，但也有一些不属于这种情形，完全因为单位管理比较混乱，或者存在比较多的历史遗留问题，整个事件完全是涉案领导在管理方面不够规范所导致的。

原来我们办理的案件中遇到过这样的情况。一个官员他要装修房子，找到一个装修公司，刚开始不涉及任何问题都是很正规的，但是后来这个装修公司又跟开发商有关系，开发商知道这个事情后就悄悄地替这个官员交了一部分装修费。这个官员后来多次找装修公司交拖欠的工程款，但是这个装修公司本身就是个小公司，管理也不是那么规范，装修公司负责人就说工程款还没有结算，一直拒收装修款，涉案官员也觉得房屋装修质量不好，存在质量隐患，要求补修，双方在纠纷中拖了大概一二年时间，后来官员因为其他事情被抓了。这种行为不涉及人情往来的问题，就是对方故意不收钱。实务中，甚至还存在官员把装修款、购房款打过去了，结果对方又悄悄打回来了的情形。上述因装修质量问题要补修，所产生的数额也是很难确定的。这种情况下，如果认定行为人的行为是受贿的，涉案受贿数额应是多少，甚至还涉及因质量问题另外找人装修的费用会比之前开发商支付的费用还要多，这种情况可以抵扣吗？我觉得，人情往来容易涉及受贿，但数额很难确定，起码案件事实存疑是常见情形。从疑罪从无角度分析，办案机关应尽量对被告人或犯罪嫌疑人作出无罪的裁决。

第六，我今晚听课印象特别深的是王律师办理了或研究了比较多的职务犯罪典型案例，对相关案例遇到法律问题也进行比较精准的解读。王律师今晚的讲座很深入，分析比较透彻，对今后我们办理类似案件确实有很多值得借鉴的地方。今晚，我的分享就到这里，希望大家能从今晚讲座中收获更多，把时间交给主持人。

▶**主持人　李靖梅**◀

好的，谢谢黄律师，虽然黄律师开题的时候说自己办理这种职务犯罪比较少，但是点评却还是很到位，谢谢黄律师。

下面有请罗律师为我们点评。

点评人
罗天亮

广东海埠律师事务所律师
中国人民大学律师学院第五期刑辩班学员
中国政法大学首届刑辩高级研修班学员

▶点评人 罗天亮◀

各位律师晚上好。王老师和黄律师辛苦了。很高兴受邀参加此次讲座。非常感谢中南刑辩这个平台，感谢主持人，今天对我来说在前辈面前主要是来学习的。

在"互联网＋"的时代，专业性是任何行业必然的发展趋势，我们律师的行业特别明显。通过互联网大数据，当事人及其家属对咱们地了解越来越透彻，万金油律师根本满足不了他们的需求，其必然也将被律师行业所淘汰。

平时我们在接受法律咨询之前，他们都会先问你主要是办理什么案子，这说明在普通老百姓意识里，他们也在慢慢地很注重专业性，特别是在刑事案件中，关乎到生命与自由，他们就更加看重律师的专业性。

王老师分享的"职务犯罪辩护要领与策略"，也是在这种专业性背景下产生的主题，听完王老师的讲座受益匪浅，听得出来王老师在职务犯罪这方面的研究之深，有着充足的实践经验，我们再次感谢王老师的分享。

王老师在分享新手刑辩律师如何提高自己的办案水平时总结了三点：多办案、多研究法律规定和多思考。我和黄律师一样，非常认同这个观点。我觉得就我所认识的在行业里的资深的律师，没有一个不是一个个案件积累出来的，都是身经百战，用心办理每一个案件，像王老师所说的王亚林主任，王思鲁主任，张元龙主任，黄坚明律师等，都是这样练就而成的。

同时，对于王老师所说的多研究法律规定我是有很深的体会。我觉得这点对年轻律师来说非常容易做到，也是提高咱们办案水平最有效的方法。我们可能案源不足，但是刑事诉讼法及其司法解释，还有公安机关办理刑事案件的规定和人民检察院刑事案件诉讼规则及六机关的规定，这 1962 条，我们必须熟悉，做到信手拈来，否则可能就不是一个合格的刑辩律师。

关注我微信圈的朋友可能都知道，我每天都坚持读 50 个法条，并且都会发朋友圈打卡报到，今天已经坚持到第 82 天了。发朋友圈原因是想给自己一些动力，每天都有很多朋友点赞，非常开心。同时给自己一种压力，监督自己持续坚持。在这 82 天当中，每天读的过程中都会有着不一样的收获，随着办案数量的增加，感受会越来越丰富，我建议各位不妨一起进行。

还有就是王老师给我们分享了国家工作人员身份认定的问题，内容非常的详细丰富。对于这个问题我也有很深的体会，在实践当中也遇到很多的问题，最近手上也刚好有一个类似的案子。对于委派的国家工作人员的认定，这是一个极具有争议的问题，也是咱们刑辩律师一个重要的辩点，值得我们认真的去研究。这一点黄律师和王老师也有在讲座中提到过。

目前就委派的国家工作人员认定标准，实务界与学界大概有三种说法。第一种是身份说，认为应当以具备国家工作人员的身份为依据。这种说法主要是重点强调身份问题。第二种是公务说，认为从事公务就应当认定是国家工作人员，其重点是强调公务。第三种是折中说，认为国家工作人员应将身份和公务紧密联系，必须把身份和公务两者有机结合起来理解工作人员的范围。

根据司法实践中办理的一些案件，我觉得认定委派国家工作人员时，应当考虑折中说，不仅需要考虑他是否受到国有公司企业事业单位的委派外，还需要考虑行为人是否在履行组织领导监督、管理等职责这样一个双重的标准，也就是说委派的国家工作人员，他必须具备委派的身份，同时要具备公务要事，这两个要素必须同时存在，缺一不可。

举个例子，如果 A 是某一个技术人员，他经过国有公司委派，担任该国有公司控股的一家非国有公司技术部门的负责人，一天他的朋友有个技术问题需要帮忙，该技术问题与他的职责没有关系，解决后朋友在私下给了他 3 万元辛苦费，在这个案件当中，那么 A 是否构成受贿罪呢？很显然，这个案件中他有委派的身份，但是他不是在履行公务，缺少了公务这个要素，因此，在这个案件中 A 不是国家工作人员，而其实在这种情况下，我们通过法律上的分析，这种情况如果构成犯罪的话，将肯定超过咱们预测的可能性，因为生活中这种情况是普遍存的。对于这种观点，在全国法院审理经济犯罪案件工作座谈会纪要当中也有明确的规定，公务主要表现在与职权有关的公共事务以及监督，管理国有财产的职务活动，那些不具有职务内容的像劳务活动，技术服务工作，不认为是公务。

以上的内容是我在听完王律师讲国家工作人员身份的认定活动后一个补充和感受，对这个问题我之前也写过一篇小文章专门研究，我推荐给大家希望大家多提意见，一起交流共同学习，因为时间问题，点评就到此结束，谢谢大家。

▶▶**主持人　李靖梅**◀◀

好的，谢谢罗律师的精彩点评，下面有请万兵检察长为我们进行点评，欢迎万兵检察长。

点评人

万　兵

河南某基层检察院副检察长
刑法学硕士

▶点评人　万　兵◀

　　王常清律师从事法律工作虽然时间不长，但勤于思考，善于钻研，在刑辩领域，有独到的见解，其见解也很有操作意义和指导意义，我感觉受益匪浅。黄坚明律师和罗天亮律师的点评也是非常精彩的，很好地丰富了今天的主题。我主要谈一下我的感受。

　　第一个是时效审查，《刑法修正案（九）》和最高人民法院、最高人民检察院《关于办理贪污贿赂刑事案件适用法律若干问题的解释》（以下简称《解释》）出台以后，贪污贿赂犯罪案件发生了变化，随之而来的是追溯时效也发生了变化，因此时效审查显得尤为重要。

有一个贪污案件，其中有受贿行为，受贿金额是 10 万元，行为发生在 12 年前，那么如果具备法定情节的话，量刑是在 3 年以上 10 年以下，追溯时效是 15 年，因为以上、以下含本数，10 年的话，最后时效是 15 年，要是有情节的话就可以追究，如果没有法定情节，最高判 3 年，时效是 5 年，就不能追究了，但是有的办案机关可能在这方面审查不仔细，就可能导致盲目立案了。

第二个是主体审查，贪污贿赂犯罪的主体是国家工作人员，但是有一些扩充的解释，比如，关于农村基层组织工作人员视为其他依法从事公务人员，2000 年全国人大解释有 7 种情形，关于国家出资企业的范围和认定，王律师讲地非常详细了。同时，还有陈兴良老师有关文章，就是出资国家工作人员的范围及认定，这个是重要的学理参考还有刘伟波庭长也有相应的文章，对实践有很好的指导意义。

关于渎职侵权犯罪的主体，要求是国家机关工作人员，2012 年全国人大常委会出台了关于《刑法》第九章渎职主体适用问题的解释，做了扩充解释。另外，渎职侵权犯罪中最多见的是滥用职权和玩忽职守，要重点审查，其有无对应的职责，重大损失的计算是否科学，滥用职权和玩忽职守行为与危害结果之间是否存在因果关系。

我们侦查的理念一般是倒推的，重大事故发生了，通过事故报告看责任划分，然后锁定责任人，然后论证因果关系，辩护的理念，应该是相反的，质疑犯罪嫌疑人、被告人的职责范围，质疑危害后果的认定，质疑因果关系，但目的和方向是一致的，追求客观真实和法律真实，追求公平正义，关于主体这一块，王律师的这三点我感觉非常有借鉴意义，要审核一是单位的性质，二是当事人的入职手续和任命过程，三是当事人的具体工作内容，这个总结得非常好。

第三个方面是金额和情节方面的审查。《解释》出台以后，这不仅是量刑辩护的需要，也是定罪辩护的需要，这方面我就不展开了。关于职务犯罪辩护有人分为定罪辩护和量刑辩护，这个大方向是对的。定罪辩护主要是指罪与非罪，此罪与彼罪，刚才王律师分析的比较精细。另外"两高三部"发布了《关于推进以审判为中心的刑事诉讼制度改革的意见》里面也规定了法庭辩论应当围绕定罪量刑分别进行。

第四方面是程序审查，这方面的审查主要是发现证据瑕疵和程序瑕疵，更多的学者把实体审查和程序审查、证据审查并列，这里为了方便区分，我只说几点。比如说同步录音录像的审查主要看是否符合"三全原则"，即全部、全程、全面，刚才说了"两高三部"的意见里面也具体提出来了，今后所有的刑事案件都可能推行全程录音录像，询问笔录的审查要注意签名和内容，内容上是否有雷同的情况，全盘的复制等，当然还要审查有无刑讯逼供暴力取证的情形。

大家有没有注意到刚才说的"两高三部"关于非法证据排除方面提出前瞻性的东西，就在探索建立重大案件侦查终结前对讯问合法性进行审查的制度，就是说对于重大案件，由检察院的检察人员讯问犯罪嫌疑人核查是否存在刑讯逼供非法取证的情形，并同步录音录像，大家可以注意将来这个非法证据的排除，我感觉主战场也不在法庭了。

在第四个方面还有一个重要的内容就是要审查办案期限遵守方面，主要是看有无超期羁押超期办案的情形。

第五个方面就是量刑情节的审查，主要是指赃款去向、款项性质，受贿罪收受和索取的区分，谋取利益的性质，造成损失的情况。另外，自首立功，虽然有明确的法律规定和相应的司法解释，但是实践中经常出现认识不一致的情况，尤其是纪委移交的案件，侦查部门和公诉部门，法官和检察官，律师在自首和立功的认识上经常出现分歧，这也就给律师的辩护留下空间，这方面我研究的还不够，就不多讲了。

第六方面就是要注意安全，辩护律师在会见犯罪嫌疑人和被告人的时候要注意自我保护，确保安全，包括律师自身的人身安全，执业安全，以及嫌疑人、被告人的人身安全。

关于执业安全，我感觉律师是不是可以配备执法记录仪。我们会见的时候不能监听了，那么一旦我们被指控妨碍司法行为的时候，我们怎么样保护自己呢，我觉得如果我们配备了执法记录仪，对会见进行录音录像，那么将来一旦被追究妨碍司法责任的时候，也是一个自我保护的证据。对于双方的人身安全除了遵守相关的规定以外，还要注意细节，比如避免会见对象伤人或者自杀，比如说有的人为了保外就医或者取保候审，可能会自伤，比如签字笔、玻璃杯都有可能成为其自伤的工具。

刚才王律师、黄律师、罗律师精彩的分享已经非常详细了，主题已经非常充分了，时间关系，我也就不多讲了，再次感谢三位律师的分享，谢谢大家！

▶主持人　李靖梅◀

好的，谢谢万兵检察长，万检从法律规定各个方面给我们更进一步深入剖析了职务犯罪方面的问题，谢谢大家，谢谢王律师今晚的精彩讲座，谢谢各位点评老师辛勤的付出，也谢谢今晚守候在群里的朋友们，感谢大家长期以来的支持。

职务犯罪情节辩护中的
几个特殊问题

主持人：远利杰　主讲人：蔡正华　点评人：伍金雄

▶**主持人　远利杰**◀

现在是晚上 8：00 整，今天晚上的课程马上就要开始，首先向在群里的朋友问个好。我是河南大鑫律师事务所的远利杰律师，感谢大家抽出时间来参加本群今天晚上蔡正华律师的课程。

▶主讲人　蔡正华◀

大家好，今天主要跟大家分享一下"职务犯罪情节辩护的几个特殊问题"。

我们一些同仁都说"职务犯罪"无事可做，侦查阶段什么都做不了，审判阶段好像做什么都没有用。这个说法确实切合我们的现实状况，做过职务犯罪辩护的同仁可能都有过这样的经历。下面跟大家分析一下职务犯罪情节辩护的几个特殊问题。

一　自首情节认定中新旧法的冲突

我们很多的朋友都把刑事辩护，在职务犯罪领域的辩护能不能成功，取决于当事人不要有太大的意见即可。很多时候大家都有这样的看法，让我觉得这个是现实。我对此问题进行过归纳，从归纳中，我发现了如果从结果导向的指标去评价的话，在职务犯罪领域有效辩护确实不多，或者说一个有效的结果不多。无论对于有效辩护有多少种不同的观点，但是对于一个案件，如果大部分人认为被告人会被判处死刑立即执行，结果通过律师辩护只被判处缓期两年执行，这样的辩护才能算一个成功有效的辩护。

职务犯罪在目前，它的辩护是否应该成为我们刑事辩护律师职业生涯发展的一个方向？我自己在理念上一直是否定的，我上次在讲课的时候也提到过，原因主要是两方面，一方面，我觉得这种案件不会一直都这么多。国外一些法治发达的国家，如欧美国家，官员贪腐的形象其实非常少，真正上法庭的更少。现在我国刑法理论和实务界包括中纪委都有一个区分打击的呼声，可能要从严打击行贿犯罪，甚至会提高职务犯罪的首要门槛，这些都将可能会导致贿赂犯罪的侦破越来越少。此外，国外先进的立法经验大部分将贿赂犯罪控制在社会层面，换句话说，大部分职务犯罪案件的当事人，他的政治生涯结束于侦查阶段，官员在案件立案侦查之前因为丑闻下了台，大都很少进入刑事程序，主要考虑到收集贿赂犯罪的证据很难，没有像我们国家纪委的这样一些特殊的部门，这个问题根本解决不了。

另一方面，我认为随着互联网信息时代的发展，官员之间的攀比会具体到聘请律师上，比如说是请我们这个群里面的大律师还是请像我这样一个普通律师，他们都要再三斟酌。以前可能因为信息不发达，想要请一些知名律师很困难，但是由于网络信息的不断发展，上网一搜就可以找到所想要聘请的律师。因此，此类的辩护服务人群会越来越集中，导致了大部分的律师接触职务犯罪的机会不会很多。

最近做的这个案件，我主要跟大家交流我的几点困惑。

关于自首情节的认定问题，新旧法的冲突。

范某某受贿 20 万元被检察机关提起公诉，辩护人认为检察机关在讯问笔录中，当事人已经将事实全部承认了，意思是我方当事人有自首情节，而公诉人却认为，相关的证人在范某某接受检察机关讯问之前已经向反贪部门交代了范某某的犯罪事实，根据 2009 年最高人民法院、最高人民检察院《关于办理职务犯罪案件认定自首、立功等量刑情节若干问题的意见》（以下简称 "2009 年《意见》"），不属于自动投案。

2009 年《意见》第 1 条的规定，"没有自动投案，在办案机关调查谈话、讯问、采取调查措施或者强制措施期间，犯罪分子如实交代办案机关掌握的线索所针对的事实的，不能认定为自首"。但是意见当中的 "谈话" 是否包括之前的讯问笔录中的 "讯问"？我觉得从语意上来讲肯定是包括的。汉语博大精深，2009 年时的大环境中职务犯罪因为自首导致缓刑的情况肯定特别多，社会上也有意见认为职务犯罪自首情节的认定太多，导致开始把一些规定收严了。为什么收严？从法律人和社会公众普遍的认识来看，要使贪官入刑如果没有这个严格的规定肯定没效果。

此外，站在社会角度考虑这个问题我觉得肯定也是必需的。2009 年的这个解释，我个人认为它的功利性特别强，主要体现在约束自首立功的情节上。其实在自首辩护当中，2009 年《意见》和 2010 年最高人民法院《关于处理自首和立功若干具体问题的意见》（以下简称"2010 年《意见》"）当中的一些内容，与 1998 年最高人民法院《关于处理自首和立功具体应用法律若干问题的解释》中的一些规定相混淆。这个案件当中的公诉人根据 2009 年《意见》认为被告人不构成自首，但是辩护人提出根据 2010 年《意见》中"讯问过程中承认自己犯罪事实的，应当认定为构成了自动投案"的规定，被告人应该成立自首，更何况 2010 年《意见》第 1 条第（五）项里面提到"其他符合立法本意的，应当视为自动投案的情形"，这时候就会发现该规定和 2009 年的用语不太一样，2009 年的可能是因为考虑案件是纪委来承办，所以使用了"谈话"这样的一个含糊的用语，2010 年因为考虑了所有案件自首立功的认定，所以又把讯问笔录明确在这个规定当中。

在这个案件当中辩护人提出意见之后，公诉机关也没有提出更多不同的意见，所以最终法院采纳了辩护人的意见认定自首。但是从本案我们也发现了新旧法之间冲突的问题很明显，我觉得按照立法的规定，如果两部法律发生冲突，按照法律适用的位阶规则可以适用旧的特别规定，其实旧的法律还是可以继续使用。就好比 2010 年这个《意见》和 2009 年《意见》，由于没有考虑到两者之间的冲突，实际上会造成法律适用上的一些困难。

二　准自首问题：如何证明是办案单位未掌握的犯罪事实

黄某某涉嫌受贿案件。黄某某所有的讯问笔录中供诉的犯罪事实都与起诉意见书相同，并且律师会见黄某某时其提出，当初省纪委向下级纪委下发督办函查办他的案件是由省水利厅的一个冤案所引发，当时抓了六七十个老板以及其他一些辅助人员，几乎都没有人能够坐实他跟省水利厅领导的事情，但最后为了向上级交差，就做了黄某某的工作，给他弄了一个 6 万多块钱的受贿犯罪材料。这里我们主要讨论的是纪委的一个情况说明，因为从这个案件所有的卷宗材料来看，只有一份纪委做的情况说明证实黄某某消极抵抗调查，跟其他犯罪嫌疑人攻守同盟，态度恶劣。如果黄某某根本没有配合调查的话肯定是不可能讨论自首的，但是后来我们发现如果黄某某真的在纪委调查阶段态度恶劣，没有配合调查的话，那怎么可能在检察院一介入的时候就会完全供认？这是第一个疑点。

第二个疑点是 2009 年《意见》确实规定了准自首。它有两种情况：犯罪分子如实交代办案机关未掌握的罪行，与办案机关已掌握的罪行属不同种罪行的；办案机关所掌握线索针对的犯罪事实不成立，在此范围外犯罪分子交代同种罪行的。通俗点讲就是我本来是查你 A 罪名，最后发现 A 罪名没有成立，但是你却要告诉你 B 罪名，所以在这种情况之下最终认定 B 罪名的犯罪，这种情况下，那当然是可以认定准自首的。 我当时就认为黄某某可能构成第二种状况的准自首。

三　重大立功问题

协助抓捕同案犯的重大立功检举材料来自职务便利，能否构成立功？被检举揭发者被确认为犯罪嫌疑人但是未到案能否成立立功？

我们谈到的第三个问题，立功。我对案件简单地做了一个整理，这个案例就是如何将协助抓捕同案犯的立功与共同犯罪当中如实供述共同犯罪同案犯的行为进行区分。

李某某在银行工作，涉嫌犯罪被公安机关抓获，其积极配合侦查机关将主犯吴某某抓获归案，在这过程当中，李某某能否认定为重大立功，特别是共同犯罪当中的重大立功？

立功是当下职务犯罪中自首情节难以成立的情况下，另一个比较好的辩护思路。立功之路从价值本意上，主要是为了瓦解犯罪分子，通过他们的立功行为侦破案件，最终达到节省司法资源，它的公益性是非常强的。共同犯罪当中，犯罪嫌疑人被明确要求如实供述同案犯的基本情况，比如姓名、住址、体貌特征、联络方式等。所以如果犯罪嫌疑人只是提供上面提到的这些情况，也就只属于履行了相应的法律义务，不能构成意见当中的协助抓捕同案犯，不能构成立功。但是本案当中的一个特别的情况就是李某某虽然只是简单地打了个电话，但是这个电话就确认了吴某某此时就在家中，并且还告诉侦查人员吴某某的家庭住址，最终侦查人员抓获了同案犯吴某某，所以应当认定李某某的行为符合整个立功制度的价值追求。这个看法最终也被法院所采纳，李某某被认定为立功，最后被判处缓刑。

这个案件，给我们的启发就是让大家能够从价值制度的本意上面去阐释制度意义，其实这个道理在自首情节辩护当中也是一样。

我们在职务犯罪辩护中还是要做一些努力。

按照 2009 年《意见》，这几种立功线索不能认定为立功：一是本人通过非法手段途径获得的；二是他人违反监规向他提供的；三是原单位担任查禁犯罪等职务获取的；四是负有查禁犯罪活动职责的国家机关工作人员，利用职务便利提供的。

法律规定要对检举揭发的线索查实，法院要对司法文件进行查证，最终才能认定立功。2010 年的解释中规定，法院审查立功的材料，一般包括检举揭发的材料及证明来源的材料、司法机关的调查核实材料、被检举揭发人的供述等，这跟自首区别开，自首是自己主动供述，并且获侦查机关认可就行，但是立功确实需要佐证材料，如人没有抓回来，供述肯定是没有用的。

和大家分享这案例，主要想阐述如果根据法理上我们能构成立功的情节，但事实上确实有些材料解决不了应该怎么样做？我个人一般坚持的观点是，不行就申请延期，在这个过程当中可能会取得公诉人的理解和谅解，当然如果法官愿意等你补充材料那就再好不过了。

四 行贿罪中的"累犯不得缓刑"原则在行贿罪中的特殊例外

下面这个案例是比较有意思的一个案例，累犯不得缓刑，这样一个在大家看来法律上规定得很明确的规则竟然有例外。根据 2012 年最高人民法院、最高人民检察院《关于办理行贿刑事案件具体应用法律若干问题的解释》第 10 条规定："实施行贿犯罪，具有下列情形之一的，一般不适用缓刑和免予刑事处罚：（一）向三人以上行贿的；（二）因行贿受过行政处罚或者刑事处罚的；（三）为实施违法犯罪活动而行贿的；（四）造成严重危害后果的……。"与本案有关系的就是刚才提到的第二种情况：因行贿受过刑事处罚的，按照第 10 条规定，一般不适用缓刑或者免予刑事处罚，但是这个司法解释第 10 条第 2 款同时规定；"具有刑法第三百九十条第二款规定的情形的，不受前款规定的限制"。《刑法》第 390 条第 2 款规定，行贿人在被追诉前主动交代行贿行为的，可以减轻处罚或者免除处罚，这就是累犯适用缓刑的一个例外。

但是如果司法解释可以这样理解的话，就和《刑法》第 74 条累犯都不能适用缓刑的规定明显相违背。刑法是基本法，司法解释跟刑法违背，根据立法的位阶是不允许的。那是不是累犯不得缓刑在行贿犯罪当中就一定有这样的例外呢？事实上我们回过头来考虑下这个司法解释，它的第 10 条中第 1 款和第 2 款是假设论证的过程，法律适用的架构真的和《刑法》第 74 条相违背吗？我个人认为是不违背的。这个司法解释第 10 条第 1 款第（二）项中说"因行贿受过行政处罚或者刑事处罚的"，受过刑事处罚，存在是累犯和不是累犯两种情况，是累犯的不适用缓刑直接由《刑法》规定，但是对于因行贿受过刑事处罚但是不属于累犯的，一般情况下也是不适用缓刑，只不过是因为供认了自己的犯罪行为，所以可以适用缓刑。

以上是我今天的分享，谢谢大家的倾听！

▶主持人　远利杰◀

感谢蔡正华律师的精彩讲演，下面有请伍金雄律师点评。

▶点评人　伍金雄◀

蔡正华律师以自己承办的 4 件贿赂犯罪案件，通过以案说法、以法析案的形式，以学术研究、探究法律价值的精神，就贿赂犯罪案件中的几个新型问题做了精彩的讲演，作出了深层次的思考。

贿赂犯罪，历来是我们党、国家、政府打击的严重刑事犯罪，有关这方面的立法、司法解释，可谓汗牛充栋。系统梳理这些法律、司法解释可以看出我们党、国家和政府对待此类犯罪的认识以及法律评判，体会立法者试图在新的时期对于贿赂犯罪行为"依法"惩处的理念，从而找准辩护工作的着力点。从 1979 年《刑法》、1988 年全国人民代表大会常务委员会《关于惩治贪污罪贿赂罪的补充规定》以及 1989 年"两高"与之配套的解答；从 1998 年、2007 年、2009 年、2010 年、2011 年、2012 年"两高"关于贿赂犯罪问题的相关解释、意见，到最新的《刑法修正案（草案）》关于贿赂犯罪的处罚；从历届（次）全国人大会议上"两高"工作报告中关于贿赂犯罪的打击、处理成果直至新的《刑事诉讼法》将特别重大的贿赂案件列入"三类案件"（律师会见需经过办案单位批准），等等，我们可以明显感受到：贿赂犯罪日趋严重，集团（团伙）式、窝案、串案频发；涉及的领域日趋广泛，涉案人员"级别"越来越高，涉案金额日趋特别巨大，情节和后果日趋严重；查办数量逐年递增；新型的"自首""立功"时有出现，法律界定日趋困难。就对行贿犯罪的处罚而言，我们国家明显经历了"放、松、紧"的过程（从最初的配合调查、侦查而不处罚，到免予起诉、不起诉、免予刑事处罚、大多处以缓刑，到现阶段的同步打击和严厉惩处）与之不相适应的是，我们的立法（包括司法解释）往往过于滞后，立法水平和技术过于粗糙，给人"头痛医头、脚痛医脚"的仓促之感，未能切实体现罪刑法定以及宽严相济的刑事立法和司法原则，而这不能不说是对法治的一种损害，殊为遗憾。

虽然，辩护律师只能在现行有效的法律框架内行使辩护职责，更不能突破现行规则自行"造法"为己所用；虽然基于种种原因，有些个案的判决不尽如人意，但系统梳理法律和相关司法解释，找准立法的"脉络"和"脉搏"，依法提出辩护意见以维护当事人的合法权益和法律的正确实施，仍然尤为重要。无论贿赂犯罪形态如何复杂和多样化，无论法律（司法解释）如何以及能否适应这些变化，无论我们的法律受政策影响的情况多么频繁，对刑事辩护律师而言，"罪刑法定""宽严相济"这一基本刑事原则不能有丝毫动摇，这是辩护律师应当具备的法治情怀。当然，这种情怀并不仅仅针对专注于贿赂犯罪辩护的刑事辩护律师。

辩护律师还应当通过具体的案件，结合现有的法律（司法解释），以审慎、研究、批判、建议、学以致用的学术研究的精神，正确理解法律，在维护当事人合法权益的同时，通过每一个个案的公正判决，为促进法律的逐步完善尽可能地作出自己的努力。

曾经，在2010年关于"自首、立功"的解释出台之际，我们也曾感叹，自首的大门，似乎再一次对犯罪嫌疑人关闭，将来可以被认定为自首的情形将会越来越少；曾经，我们办理的贿赂案件，在案件基本事实大体相近的情况下，因为办案司法机关分别适用了 2009 年、2010 年的司法解释并作出了不同的理解，导致受贿23 余万元的可以判处缓刑，而受贿17 余万元的判处 10 年有期徒刑。凡此种种，其实正是蔡正华律师在讲座中所提出的新旧法（司法解释）的冲突以及如何正确理解和适用的问题，而这一点，没有审慎、研究、批判、建议、学以致用的学术研究的精神，可能就会进入生搬硬套地适用法律的尴尬境地。蔡正华律师的研究精神，给我们提供了广阔的思考空间。

比如关于自首的问题。2009 年《意见》表述为"没有自动投案，在办案机关调查谈话、讯问、采取调查措施或者强制措施期间，犯罪分子如实交代办案机关掌握的线索所针对的事实的，不能认定为自首"。而 2010 年《意见》则规定为"虽然如实供述的其他罪行的罪名与司法机关已掌握犯罪的罪名不同，但如实供述的其他犯罪与司法机关已掌握的犯罪属选择性罪名或者在法律、事实上密切关联，如因受贿被采取强制措施后，又交代因受贿为他人谋取利益行为，构成滥用职权罪的，应认定为同种罪行"。其中涉及的"办案机关""调查谈话""办案机关掌握的线索所针对的事实""罪刑与罪名""选择性罪名""法律上、事实上密切关联"，却又属于或者需要从刑法理论的角度进行审慎、理性研究的问题，必须加以厘清，否则，就可能导致枉纵的错误后果。

再比如关于检举他人，但被检举的罪行未经司法审判认定，或者嫌疑人未到案，是否构成立功的问题。最高法的上述意见规定"如果被检举揭发的他人犯罪案件尚未进入审判程序，可以依据侦查机关提供的书面查证情况认定是否查证属实。检举揭发的线索经查确有犯罪发生，或者确定了犯罪嫌疑人，可能构成重大立功，只是未能将犯罪嫌疑人抓获归案的，对可能判处死刑的被告人一般要留有余地，对其他被告人原则上应酌情从轻处罚"。这里就涉及几个重大的理论也是司法实践问题。《刑事诉讼法》明确规定：未经人民法院审判，任何人不得确定有罪。那么，人民法院"依据侦查机关提供的书面查证情况认定是否查证属实"，法院的这种"认定"究竟是什么性质的行为？如果法院认定"查证属实"，是否涉及对被检举人未审先判？是否与前述原则相违背？在此情况下，究竟如何保护检举人和被检举人的合法权益？再者，在检举人可能构成重大立功而被检举人未到案的情况下，所谓"留有余地"是基于什么价值取向？再展开一点，如果最终检举人不构成立功或重大立功，对检举人已经生效的判决在程序上如何处置和补救？如果检举人的刑罚已经执行完毕，又该如何处理等等问题，当然不应该仅仅是法学家和立法者考虑的问题，辩护律师随时都会面临，而且必须面对。

因此，我以为，辩护律师不能也不应仅仅"埋头拉车"而不"抬头看道"，对于承办案件中或者学习中面临的问题，还是应该具有学术研究的精神，审慎、研究、批判、建议、学以致用。

当然，我前面提到的这些问题，不在本文研究范围之内，我期待能有机会聆听各位律师同仁的指导意见。

结语

难忘今宵，不论天涯海角，也不论故友与新交，互动时间到了，今天的课程到此就结束了。让我们再次感谢主讲嘉宾和点评嘉宾无私的奉献，让我们一起期待下次的课程，谢谢大家！

公司犯罪辩护篇

谈"非吸"案件适用法律若干边界问题之厘清——兼谈山西薛某某"非吸"案辩护

主持人：李靖梅　　主讲人：王常清　　点评人：向前　黄露清

▶主持人　李靖梅◀

各位朋友，大家晚上好。今天晚上的主题依然是非法吸收公众存款罪的辩护课题，首先我们回顾一下上一期张元龙律师为本课题带来的简要内容。

张律师以 2016 年在韶关办理的一起非法吸收公众存款案件中担任被告人辩护律师的经历，建议大家在此类案件辩护中不要死搬犯罪构成要件，应该在犯罪构成要件与案件事实相结合的基础上，把自己的辩护观点和思路灵活地融入案件处理中。其主要从经济案件的犯罪特征和特殊性以及如何厘清罪与非罪的界限两个方面展开了讲述。

我们都知道经济犯罪案件，尤其是非法吸收公众存款案件，如果把握不好就会扰乱社会市场经济秩序。如何把握这个界限，在法律规定中需要大量的司法解释来厘清，实践中也需要我们的办案人员有准确的理解和运用能力，更是需要律师在承担辩护工作中厘清罪与非罪的界限，更好发挥专业优势。

今天我们继续来听王常清律师为大家分享他的课题："谈'非吸'案件适用法律若干问题之厘清——兼谈山西薛某某'非吸'案件的辩护"。

▶**主讲人　王常清**◀

各位群友，大家晚上好！我是北京泽永律师事务所律师王常清，今天很高兴受张元龙主任的邀请，担任公司本次系列研讨的主讲人。

今天，我接棒张主任，继续讲非吸，题目是"'非吸'案适用法律若干边界问题之厘清——兼谈薛某某'非吸'案的辩护"。这次我讲的内容侧重非法吸收公众存款案（以下简称"非吸"案），这个罪名的一些基础性、概念性的问题，同时和大家一起梳理非吸案的无罪和罪轻的主要辩点。

我讲的内容大概分为6部分，第一部分是非法吸收公众存款罪的本质特征和认定标准；第二部分是从社会危害性谈非吸行为的出罪、入罪；第三部分是辨析非吸案的单位犯罪与个人犯罪；第四部分是非吸案件的犯罪数额认定；第五部分是辨析非吸案件的主从犯；第六也就是最后一部分，我简单给大家介绍一下我参与辩护的薛某某非吸案的一些辩护思路。

一　非法吸收公众存款罪的本质特征和认定标准

非法吸收公众存款这个罪名由4个词构成：非法、吸收、公众和存款，这个罪的本质特征也正在这4个方面。

第一，非法。根据最高人民法院2010年《关于审理非法集资案件具体应用法律若干问题的解释》，这里的"非法"是指违反国家金融管理法律规定。我国的《商业银行法》等金融管理法律规定了从事金融行业的相关规范，违反上述法律规定，擅自向社会公众吸收存款的是非吸行为。在司法实践中，我们经常会碰到一些案件，行为人搞集资，有当地政府的红头文件，或者有一些地方政府以金融创新等方式对该集资行为予以认可的相关文书，还有在一些行为人组织的活动中某些领导出席等。辩方通常会凭借相关证据主张该集资行为已经政府批准，不属于非法，属于合法。这一点是有疑问的，只有按照国家金融管理法律规定的条件和程序取得相关资质，这样的吸储行为才是合法的，否则都是违法的，并不因为实际上没有审批权的某级政府的批准或某些官员的背书而合法。

对于我们的辩护来说，如果当事人有相关的批文等，我们要对照法律规定进行审查。如果行为人的行为并不违反国家金融管理法律的相关规定，我们就应当做无罪辩护。

第二，吸收。所谓吸收，简单说就是行为人实际掌控了公众资金，这就把非吸行为和一些没有实际掌握资金的行为区别开来。比如说行为人运营了一个融资平台，为用款人和投资者提供居间服务。投资人的钱直接借给用款人，行为人只牵线搭桥，不实际掌握公众资金，这就不是非吸行为。不过，如果行为人实际参与资金的掌控形成资金池，利用沉淀资金去投资，就是非吸行为了。二者的界限在于是否实际掌控公众资金。当然，不是所有不掌控资金的行为都不是非吸，还有一种情况，行为人虽然不掌控资金，但他明知用款人向不特定社会公众吸收存款而帮助其吸储，其可能构成非吸案的共同犯罪，当然，如果不明知，则无罪。

对于是否实际掌控资金，实际上是事实和证据问题。我们在辩护非吸案件时，如果当事人提出并未实际掌控资金的辩解，我们应当对照案卷中各方的言词证据，以及相关的银行凭证进行核实，必要时，还要依据当事人的辩解调查取证。值得注意的是，在非吸案件中普遍存在"间接掌控"或"借用账户"的情况，比如当事人甲被指控实施了非吸，银行凭证也显示投资人的钱确实打入了甲的账户，但甲辩称其并未参与非吸，他曾经把银行账号借给了乙，乙做什么他并不知情。在这种情况下，就应当对照乙的证言、投资者的证言以及其他证据审查到底是甲还是乙非吸了存款，如果确实是乙借用甲的账户，而甲对非吸事实不知情，则甲无罪。总之，非吸案件中，当事人是否实际掌控资金是非常重要的无罪辩点，我们一定要重视。

第三，公众。公众，即社会上不特定的对象，只有向不特定的社会公众吸储才是非吸，向特定主体取得资金是合法的民间借贷或私募行为，并不是非吸。在浙江东阳吴英案中，吴英被指控集资诈骗，当然，非吸是集资诈骗的基础罪名。当年吴英的辩护人提出这样一条辩护意见：吴英的资金并非取自社会公众，而是来源于特定的几个人，所以并不是非吸或集资诈骗。当年该案的一、二审法院认为：吴英吸收的资金虽然来源于特定个人，但这些特定个人的资金却是来源于不特定的社会公众，且吴英对此明知。法院以此为由没有采纳辩方的意见。事实上，在2009年、2011年吴英案一审、二审时，把这种"间接吸储"行为直接认定为非吸，法律依据并不充分。但是2014年最高人民法院、最高人民检察院、公安部发布了《关于办理非法集资刑事案件适用法律若干问题的意见》，该文件明确：在向亲友或者单位内部人员吸收资金的过程中，明知亲友或者单位内部人员向不特定对象吸收资金而予以放任的，应当认定为向社会公众吸收资金。这等于将这种"间接吸储"明确为非吸行为的一种。

我们在辩护非吸案件时，资金是来源于不特定的社会公众还是特定的对象，我们应当辨析，这也是重要的无罪辩点。那么，到底哪些人是特定对象，哪些人是不特定的社会公众呢？我认为可以从以下两个角度进行区分：其一，吸收资金的人数。这是最明显、最容易分辨的一点。如果行为人只从几个人手中取得资金，排除了间接吸储的情况，很难认定这几个人就是社会公众。相反，如果投资者有成百上千，当事人即使辩称是向特定人取得资金，也很难成立。其二，投资者与行为人之间有无特殊关系。如果行为人在单位内部筹资，或者从自己的亲戚朋友、生意伙伴、上下游客户处取得资金，因为这些人与行为人之间都有特定的关系，即使人数很多，也不能认定为是向不特定的社会公众吸储。当然这里所谓的特殊关系应当是相对紧密的，不能泛化。比如行为人在某地搞集资，投资人和行为人都可以称为"老乡"，这里当然不能认为集资对象就是特定人而不是社会公众。

第四，存款。"存款"这个词才揭示了非吸行为的本质，即非吸不是其他经营行为，它本质上是一种承诺还本付息的融资行为，公众提供资金是一种投资行为，其目的是使资产升值。这一点就把非吸和其他向社会公众取得资金的行为区别开来。比如说共享单车，有些人认为共享单车涉嫌非吸，因为经营者向不特定的社会公众取得了单车押金，并且有可能利用这笔资金去投资。我不同意这种观点，公众向共享单车的经营者交纳单车押金是为了取得单车的使用权，并不是为了投资，更不会要求对方支付利息。经营者提供的单车服务是真实的，也是双方交易的真实目的的，所以不是非吸。但是，如果我们把事实变一下，如果行为人运营某共享单车，承诺到期返还押金并支付利息，公众不是为了骑车而交纳押金，交押金的主要目的是为了使押金增值。如果事实是这样，那么该经营者就涉嫌非吸了，因为这种情形下，这种经营行为实际上是一种变相吸收存款，即使他提供的服务是真实的。这里实际上涉及变相吸收存款的认定问题，在司法实践中经常存在的一些被公安司法机关认定为变相吸储的行为。判断是不是变相吸储，标准有两个：第一个是不是有真实的交易，第二个是该交易是不是双方的真实目的。二者居一，就可能是变相吸储。

关于存款这个特征，我们再举个例子。比如行为人未经批准，运营了一个"某某宝"，为网上交易的双方提供资金支付结算服务。在交易过程中的某个时间段，该宝的经营者实际上是掌握资金的，资金来源也是不特定的社会公众，所以从表面上看这种行为与非吸很像。但是这种行为并不是非吸，因为公众使用该支付工具，目的不是投资，经营者也不承诺还本付息。即使行为人挪用了公众资金或使用了诈骗手段也不构成集资诈骗，只可能构成合同诈骗或其他诈骗犯罪，原因就在于该行为是非法、是吸收、是公众、但不是存款。当然这种行为也不是合法的，根据我国《刑法》第 225 条第（三）项规定，未经国家有关主管部门批准非法从事资金支付结算业务，构成非法经营罪。

我们在辩护非吸案件时，要重视对"存款"这个特征的考察。特别是一些被认定为变相吸收公众存款的行为，我们要审查行为人是否承诺还本付息，出资者是否是为了投资增值。如果不是，那就不构成非吸，在此情况下就可以进行无罪辩护。

上面我们谈了非法吸收公众存款罪的四个本质特征，按照这四个标准就能将非法吸收公众存款罪和其他合法行为、一般违法行为和其他犯罪行为区别开来。另外，在这四个标准之外，还有一个不是标准的标准，那就是向社会公众宣传。说它是标准，因为在 2010 年最高人民法院的司法解释中，明确将"通过媒体、推介会、传单、手机短信等途径向社会公开宣传"的规定为认定"非吸"同时具备的四个条件之一。并且明确，未向社会公开宣传，在亲友或者单位内部针对特定对象吸收资金的，不属于非法吸收或者变相吸收公众存款。说它不是标准，是因为《关于办理非法集资刑事案件适用法律若干问题的意见》中规定，"向社会公开宣传"，包括以各种途径向社会公众传播吸收资金的信息，以及明知吸收资金的信息向社会公众扩散而予以放任等情形。这实际上是弱化或干脆说取消了"向社会公开宣传"这个认定标准。因此，在我们办理非吸案件中，如果我们以行为人未通过司法解释规定的途径向社会公众宣传，进而主张"非吸"罪名不成立，恐怕很难得到法庭的认可。

二 从社会危害性谈"非吸"行为的出罪、入罪

我们首先探讨这样一个问题，我国《刑法》为什么要将非法吸收公众存款规定为犯罪呢？"非吸"到底有什么样社会危害性呢？《刑法》第176条罪状中明确规定，"非吸"行为是扰乱金融秩序。但是，为什么扰乱金融秩序就会对社会造成危害呢？或者说，"非吸"行为侵害的更深层次的法益是什么呢？

在这里我说说自己对这个问题的一些理解。我认为：非法吸收公众存款之所以是犯罪，最主要的社会危害性在于它使不特定的社会公众的财产陷入超出正常经营风险的高度危险之中。我们知道，我国金融业（特别是银行业）有非常严苛的行业准入，需要有大笔的自有资金的投入，有严格的存贷款制度，国家也有严的金融监管制度。正因为如此，储户把钱存入银行出现风险的可能性极小，即使银行出现呆账、坏账，也基本不会威胁到普通储户的财产安全。但是，"非吸"行为就不一样了。"非吸"的经营者未经银监会的批准，通常没有严格的资金存贷流程制度，也没有国家的监管，另外很多非吸的经营者属于空手套白狼，根本没有投入任何自有资金。这样的经营无疑将会使不特定社会公众的资金处于高度危险之中，一旦"非吸"者的生产、经营或者投资出现闪失极有可能导致投资者的资金血本无归。在司法实践中，大多数被追究刑事责任的"非吸"都是因资金链断裂无法偿还本息而案发的，这也足以证明"非吸"对公众财产安全的威胁。

从这一点可以看出，"非吸"其实是危险犯，它不以对公众财产造成损失为构成犯罪的要件，它的社会危害性是使公众财产陷入高度危险。但是"非吸"又不是具体危险犯，而是抽象危险犯。根据刑法理论，具体危险犯以个案中行为人的行为造成具体的、现实的社会危险为构成犯罪的要件，而抽象危险犯则只看行为人的行为是否违反了法律法规，违反法律法规则刑法推定为对法益造

成危险，典型的抽象危险犯如涉枪类案件。从理论上来说，"非吸"案也是抽象危险犯，即只要违反了国家金融管理规定，就构成犯罪。

事实上，对于抽象危险犯，如果确有证据证明行为人的行为虽然违法，但没有造成具体的、现实的社会危险，很多司法解释也作出了一些变通性的规定。比如 2009 年最高人民法院《关于审理非法制造、买卖、运输枪支、弹药、爆炸物等刑事案件具体应用法律若干问题的解释》第 9 条第 1 款规定，"因筑路、建房、打井、整修宅基地和土地等正常生产、生活需要，以及因从事合法的生产经营活动而非法制造、买卖、运输、邮寄、储存爆炸物，数量达到本解释第1 条规定标准，没有造成严重社会危害，并确有悔改表现的，可依法从轻处罚；情节轻微的，可以免除处罚。"最高人民法院、最高人民检察院、公安部《关于办理制毒物品犯罪案件适用法律若干问题的意见》第 1 条第（三）项规定："易制毒化学品生产、经营、使用单位或者个人未办理许可证明或者备案证明，购买、销售易制毒化学品，如果有证据证明确实用于合法生产、生活需要，依法能够办理只是未及时办理许可证明或者备案证明，且未造成严重社会危害的，可不以非法买卖制毒物品罪论处。"

按照上述司法解释的精神，对确有证据证明没有具体、现实的社危险性的抽象危险犯，可以突破法律规定作出无罪处理或者从宽处罚。前不久的天津大妈涉枪案，也是典型的没有具体危险的抽象危险犯。该案中，当事人虽然违反了枪支管理规定，但其行为明显不会对法益造成任何具体、现实的危险，我个人认为该案其实应当做无罪处理。

我们再回到非法吸收公众存款罪。2010 年最高人民法院《关于审理非法集资刑事案件具体应用法律若干问题的解释》也有这样的变通性规定，其第 3 条第 4 款规定：非法吸收或者变相吸收公众存款，主要用于正常的生产经营活动，能够及时清退所吸收资金，可以免予刑事处罚；情节显著轻微的，不作为犯罪处理。根据该司法解释，"非吸"行为做无罪处理有 3 个条件：一是用于正常的生产经营，二是及时清退所吸收的资金，三是情节显著轻微。我个人认为，该条件范围过窄，而且有客观归罪之嫌，也没有抓住"非吸"行为社会危害性的实质。事实上，行为人将取得的资金用于投资相对于用于生产经营并不会使公众资金承担更多的风险。因正常经营、投资风险导致部分资金无法归还也不一定有更多社会危害性，毕竟公众的目的是投资升值，投资即有风险，人所共知。在我看来，同时满足下列条件的非吸行为应当作出罪处理：第一，行为人投入相当数额的自有资金。投入自有资金在一定程度上保障公众的资金安全，这也是银行之所以安全的重要原因。第二，有严格、规范的资金管理制度，从制度上确保资金安全。规范的经营能够在很大程度上保障投资者的资金安全。第三，充分向投资者披露投资风险。没有无风险的投资，投资者之所以在拿到相对于银行存款利息更多的资金回报，当然会面临更高的资金风险，但这一点经营者应当向投资者进行充分的披露。总之，运营越规范，公众的资金越安全，该行为应当受到的法律谴责就应该越低。

当然，在目前的立法现状下，强调行为人投入自有资金、运营规范、充分提示投资风险来争取无罪基本还属于不可能完成的任务。不过强调这几点，突出当事人的行为未使公众财产陷入高度危险对量刑辩护还是相当有价值的。

三　辨析"非吸"案的单位犯罪与个人犯罪

单位犯罪是非法吸收公众存款案件常见的罪轻辩点。根据司法解释，单位犯罪的入罪标准和法定刑升格标准都是个人犯罪的 5 倍。因此，如果能将案件从个人犯罪辩护为单位犯罪，当事人的量刑很有可能大幅度降低。

在司法实践中，"非吸"行为大部分都是以单位名义进行的，但是这不代表这些案件都是单位犯罪，事实上，大部分"非吸"案件都是个人犯罪。那么，如何辨析单位犯罪和个人犯罪呢？根据相关司法解释，以下3种以单位名义实施的"非吸"行为情形都是个人犯罪。

第一，该单位是行为人为实施"非吸"行为而成立的。有相当数量的"非吸"案件，行为人为实施"非吸"行为，成立公司来运营，该公司是行为人实施"非吸"行为的工具，该种情形应认定为个人犯罪。

第二，该单位以非法吸收公众存款为主要活动。有一些案件，单位并非是行为人为"非吸"后设立的，而是以前就有，但是没有业务或业务不多，在这种情况下，该单位以"非吸"为主要活动，也属于个人犯罪。

第三，行为人盗用单位名义实施"非吸"，利益由行为人取得。这里的重点就是利益归属，因为是个人取得利益，所以是个人犯罪。

那么，何种情况下是"非吸"的单位犯罪呢？首先这必须是一家正常成立，有合法业务的单位；其次该单位从事"非吸"由单位决策，体现了单位意志；最后"非吸"所得归单位支配。常见的案例中，有一些公司在正常经营中遇到了资金困难，经公司领导集体决策，向公众集资，然后再把集资用于公司经营，这种情况就属于单位犯罪。

四　"非吸"案件的犯罪数额认定

在我看来，"非吸"案件的犯罪数额问题是极其重要的一个罪轻辩点。辩护律师如果把工作做够、做足，很有可能为当事人争取到相对较轻的量刑。上次讲课的点评嘉宾张建飞律师曾经谈到，"非吸"案件的司法审计基本都是一本烂账，这个与我的体会相同。由于"非吸"经营者一般经营都不规范，进出的银行账户繁杂，再加上有些案件案发时距离"非吸"经营时间较长，财务人员大多不能把繁杂的账目一一说清楚。当然还有一点，有些办案机关确实投入案件的时间、精力有限，这一切就在导致犯罪数额上辩方的辩护空间很大。但前提是辩护律师必须做足功课，下足功夫，把司法审计报告、账目、银行凭证、财务人员的证言、被害人的陈述等一一核对，这样才能有理有据地提出有利于当事人的意见。

关于犯罪数额问题，今天就不展开讲了，这里只谈一个小问题，就是投资者反复投资如何计算"非吸"的数额。简单举个例子，行为人搞集资，某投资者投了100万元，到期后取走了120万元的本息。然后过了两个月，又把这120万元全部又投资。在这种情况下，根据司法解释，投资数额应全部计算，即为220万元。但是，如果投资者是先投了100万元，到期后本息共计120万元，投资者并未取走资金，而是直接与"非吸"的经营者把投资延期，投资数变为120万元。在这种情况下，犯罪数额应当认定为100万元而不是220万元或120万元，因为客观上投资者只投入了100万元。

五 "非吸"案主从犯的辨析

"非吸"案件通常都是共同犯罪，在不同案件中追究刑责的范围也不尽相同，但一般都会区分主从犯。那么，"非吸"案中什么样的人员是从犯呢？我们可以通过刑法上的基础概念来分析。我国《刑法》第27条规定，在共同犯罪中起次要或辅助作用的，是从犯。从法条来看，所谓的从犯实际上有两种情况。一种是次要作用的，另外一种是起辅助作用。所谓辅助作用是指并未直接参与犯罪的实行行为，实施的是辅佐、帮助的行为，简单说，就是帮助犯。"非吸"案件中的帮助犯即那些没有直接实施"非吸"的行为，但是又为"非吸"提供了必不可少帮助的人员，如财务人员、宣传人员等。次要作用和辅助作用不同，起次要作用的行为人实施了犯罪的实行行为，但相对于主犯，他们的作用相对次要。"非吸"案件中这类人员通常是指直接参与了"非吸"行为，但非领导、决策、指挥者，而是听命于他人的人，典型如业务员。不过如果该业务员直接参与的数额高、在非吸中所占比例大，也有可能被认定为主犯。

六　薛某某非法吸收公众存款案辩护思路

最后我给大家介绍一下我们团队近期办理的一起非法吸收公众存款的案件，即薛某某非吸案。说明一下，因为本案现在还在一审阶段，为了叙述的方便，所以这里当事人的姓名和公司名称都是化名。

案情：当事人薛某某以前是当地的一名财务人员，2011年他发现当地中小民营企业普遍存在贷款难的问题，同时民间有大量资金，缺乏好的投资渠道，于是他就动起了给双方牵线搭桥的念头，随后成立了天元投资咨询公司，主要从事为当地的民营企业介绍民间资金的业务。该公司的操作模式是这样，比如A公司找到天元公司要求100万元资金，双方商量好利息，A公司给天元留下大量的空白借款协议，资金处是空白，利息填好，盖好章，协议中写明A公司的公司账户。随后有投资者来天元咨询，薛某某就把A公司介绍给投资者，并且告知投资回报率。投资者同意的话，薛某某就拿出A公司留下的空白借款协议，由投资者签名，填好资金数额和还款期限。随后投资者就把钱按照协议中的账号打给了A公司。借款到期后，A公司直接把资金和利息归还给投资者，并按照他们和天元商定的服务费向天元支付费用。前几年经济形势好，薛某某和天元公司通过这种方式挣了不少钱。但是随着近几年经济形势变差，用款企业的效益变差，很难到期还钱，更无法支付高额的利息和服务费。因此这些用款企业逐渐开始拖欠投资者的本息，投资者向这些企业追款未果，自然把矛头指向了天元公司和薛某某，要求他还钱。不得已薛某某只能拿出这些年的收入替用款企业还债，但这仅仅是杯水车薪，后来薛某某再也无力支付，于是愤怒的投资者就把他扭送到公安局，要求追究他的刑事责任。

经过审查，公安机关认为薛某某涉嫌非法吸收公众存款罪和集资诈骗罪，而且犯罪数额特别巨大，于是立案侦查。侦查终结，案件被移送区检察院审查起诉。区检察院立案审查后，认为薛某某可能会被判处无期徒刑，所以又将案件移送市检察院。我们就是在这个阶段接手的案件。我们接受委托，了解案情后，初步判断这个案件非法吸收公众存款罪并没有很清晰的无罪辩点，但认为薛某某构成集资诈骗，事实和法律依据都明显不足。于是我们通过法律意见书和面谈的形式向市检察院的办案检察官提出本案不构成集资诈骗罪的律师意见。最后，经过审查，市检察院采纳律师意见，并将该案退回区检察院。随后区检察院去掉了集资诈骗的罪名，只对"非吸"一罪提起公诉。现在本案还在一审中。

上面是案情和进展，下面我简单说一下我们的辩护要点。本案除了实体问题外，还有程序问题，今天只谈实体问题。对实体问题，辩护侧重点在两个方面。

第一，当事人在"非吸"中的地位和作用。对照非法吸收公众存款的四个本质特征，本案区别于典型"非吸"案件最重要的特征是当事人并不实际掌控公众资金，通俗来说就是"钱不过手"。薛某某和天元公司也拿钱，但这些钱是从用款企业处取得的"服务费"，与公众资金无关。公众资金直接由用款企业掌控，薛某某并不参与，从这一点来说，薛某某并没有"吸收"的行为，那么似乎不构成非法吸收公众存款罪了。但是这一点是有疑问的，那些用款企业在天元公司的帮助下向不特定的社会公众筹集资金，违反了金融管理规定，承诺还本付息，投资者投钱的目的是使资产升值。用款企业符合非法吸收公众存款罪的四个本质特征，因此构成"非吸"罪，当然这些企业都应当是单位犯罪。作为薛某某和天元公司，帮助这些企业向公众筹资，而且对用款方是在向社会集资是"明知"的，因此薛某某实际上是用款企业"非吸"行为的帮助者，构成共同犯罪，而且由于天元公司成立的目的就是从事帮助用款企业搞集资，不属于单位犯罪而是个人犯罪。

虽然本案以"钱不过手"为由进行无罪辩护有点牵强、意义不大，不过自己"非吸"和帮助他人"非吸"，是不是实际掌控公众资金，从犯罪地位和作用而言，区别还是很大的。特别是本案之所以造成投资者的财产损失，归根结底还是用款企业把投资者的钱搞赔了，这并不是薛某某和天元公司的责任。因此强调薛某某在本案中的作用是帮助他人集资，并不实际掌控资金，资金损失与其无关，以此为由为其争取到相对较低的量刑，还是很有希望的。

第二，犯罪数额辩护。本案指控事实历时较长，相关人员更迭频繁，用款企业众多、投资者更多。因此本案的财务账目非常繁杂，办案机关甚至没有进行司法审计，只是简单通过银行流水与相关投资者、财务人员的证言核对，认定了3000多万元的犯罪数额。针对这一点，我们辩方对案件所涉及账目进行了核对，对其中有疑点、相关证据不能相互印证的部分提出异议，认为这部分应当本着疑罪从无、疑点利益归被告的原则从犯罪数额中扣除。目前这些工作还在进行，初步判断有问题的犯罪数额大概在500多万元，如果这部分钱被打掉，在当事人的量刑上也会有所体现。

好，以上就是我今天与大家分享的全部内容。有疏忽和谬误的地方，希望大家多批评、指教。谢谢各位群友，谢谢两位点评老师，谢谢张主任，谢谢李靖梅律师，谢谢大家！

▶主持人　李靖梅◀

下面我们邀请我们的点评嘉宾向前老师来为王律师的讲座进行点评，欢迎向前老师。

点评人
向　前

广东登润律师事务所律师
广东科技学院副教授

▶点评人　向前◀

"法""公众"，以及"存款"的理解，我想补充一点的是《刑法》第176条，对非法吸收公众存款罪的描述其实是很简单的，特别是对扰乱金融秩序的理解，现在还是有争议。

在我看来，扰乱金融秩序到底是讲的一种行为还是一种结果？如果把这种扰乱金融秩序看作是一种行为的话，只要是不具备吸收存款的单位或者个人实行这种吸收行为就违反了国家的金融监管的法规；如果把它看作一种结果的话，那么对非法吸收公众存款罪的认定必须除了有非法吸收或者变相吸收公众的行为外，还要造成扰乱金融秩序的危害结果才能构成犯罪，否则就只能当作一般的违法行为进行处理。

结合最高人民法院的司法解释，对于这种非法吸收公众存款的入罪，规定的是数额巨大有严重情节，因此我觉得应当要把这种扰乱金融秩序看作是一种结果，只有实施非法吸收公众存款的行为，同时造成严重的危害结果才能够达到入罪标准，除此以外都只能看作是一般的违法行为，只能够作行政处罚，这是我个人的观点。

非法吸收公众存款罪的司法实践中，由于《刑法》第176条规定的不明确，才导致在法庭辩论中非法吸收公众存款罪与民间借贷之间的界限不是很明确。

《刑法》条文规定地太简单导致最高人民法院出台《关于审理非法集资刑事案具体应用法律若干问题的解释》里面的第1条和第2条规定了十几种非法吸收资金的行为，也就是说通过司法解释的方式扩大了非法吸收公众存款罪的处罚范围。这个司法解释把存款简单地等同于募集资金还本付息的债权债务关系，而不管吸收的目的是什么，同时也使得我们在司法实践中非法吸收公众存款罪名不但没有减少，反而因犯罪形式不断的推陈出新导致司法解释对犯罪外延的不断扩大，让非法吸收存款罪成为一种新的口袋罪。

再回忆一下刚刚王律师提到那个非法的"法"，在我看来这个"法"应当讲的是违反国家金融法律，应当是法律和行政法规，那么位阶较低的部门规章是不能够纳入到法律的范畴，也就说这个非法的"法"应该是更高位阶的法。

刚刚王律师也谈到了存款的概念，在我看来这个存款的概念，是来自金融学，讲的是存款人将资金存入银行或者其他金融机构，由银行或者其他金融机构向存款人支付利息使其获得收益的一种经济活动。但实践中出现了一种乱象，只要是单位或者个人非法吸收公众资金，然后到期没有偿付本金和利息的话，受害人就会到政府去上访、去曝光，公安机关往往会把它认定为是非法吸收公众存款的行为，这就使得该罪与合法的民间借贷之间的界限变得模糊。所以我觉得以后要改变这种情况的话，对非法吸收公众存款罪应该作出一种限制解释，而不是扩张解释，这种"存款"不单纯讲的是对社会公众存款的吸收，而是要将这些吸收了的资金用于货币资本的经营才能够构成本罪。这就是我的一点小小的看法，讲得不好的地方请各位批评指正。

▶**主持人　李靖梅**◀

谢谢向老师，下面我们有请黄露清律师进行点评。

点评人
黄露清

广东华之杰律师事务所合伙人律师
澳门科技大学法学硕士
广州市人民检察院人民监督员
广州市律协经济犯罪专业委员会秘书长

▶**点评人　黄露清**◀

　　大家好，我是广东华之杰律师事务所的黄露清。王常清律师以及向前老师对非法吸收公众存款罪的分析非常到位，特别是王常清律师从基础法关系对"非吸"案件做了一个系统的梳理，让我获益匪浅，所以点评谈不上。"非吸"案件是这两年刑事辩护的热门，相信各位律师在办理此类案件时都有自己的心得体会。不知道各位是否有作为"非吸"案件的被害人的代理律师参与过诉讼？今天我就从被害人的角度来谈三点体会。

　　首先，我认为应当多方面了解案情。"非吸"案件的基本特点是涉案金额大、牵涉的范围广、被害人众多。当然这一点对于我们律师而言，也有一个非常大的增值空间，同时这类案件很容易民刑交叉。我做的这个案件涉及的金额是 2.4 亿元，被害人多达 200 人，我们代理其中一位被害人。在办理这个案件当中，我们就利用被害人的法律地位获取了刑事案件的全部材料，然后结合委托人了解的情况，从多方面去查找在这个案件当中对被害人有利的信息，以及如何能够为被害人获得更加多的赔偿或者是说能够减少被害人损失的方式。实际上在这个案件当中我们确实是发现了两点有利信息：第一点，就是有一部分的银行账户没有被公诉机关或者是侦查机关列入到犯罪所得中；第二点，往往在这类案件当中的关系是非常复杂的，被害人以及被告人之间是有很多的民事关系，我们通过查找刑事案件材料，以及结合被害人的陈述成功地通过一个股权转让的诉讼为当事人挽回了不少的损失。

其次，我们作为代理律师应当从庭内沟通延伸到庭外沟通。因为在律师代理被害人这类型的案件当中，法官、检察官对被害人的代理律师的地位并不那么重视。为了获得一手的材料，庭外沟通是非常重要的。在我所办理的这个案件当中我就多次跟检察官以及法官沟通，包括获得整个案件的材料以及参与庭审，适当地把一部分的没有查封到的账户查封，纳入违法所得里面，这些都取得了不菲的效果。

最后，要采取多种手段为委托人追回损失。诚如刚刚所说在这类案件当中被告也好，被害人也好，关系是非常复杂的，我就是利用了被害人与被告之间签订的一份股权转让合同成功地通过民事诉讼为当事人减少了不少损失。

谢谢大家，今天我的点评就到这里，希望能够对大家有一些帮助，再次感谢大家。

▶ **主持人　李靖梅** ◀

谢谢王律师的讲座，谢谢两位嘉宾老师的点评。今天晚上对于非法吸收公众存款案件的辩护我们又有了一个更加深刻的思路，各位老师给我们提供了很好的帮助和建议，我们今天的讲座就到这，谢谢老师们。期待下次的课题，我们再见。

主讲人
张宇鹏

北京市尚权律师事务所合伙人
诉讼法学硕士、九三学社成员
北京市律协刑法专业委员会委员
华夏公司辩护联盟监事长

主讲人：张宇鹏
点评人：邓楚开　顾宁

非法吸收公众存款罪辩护的细节问题

▶**主讲人　张宇鹏**◀

大家晚上好。我是北京市尚权律师事务所的律师张宇鹏，非常高兴再次来到中南刑辩论坛群跟大家一起探讨金融犯罪的辩护问题。今天，我也是受公司辩护联盟的张元龙主任的委托，跟大家再次探讨一下非法吸收公众存款罪的辩护问题。之前已经有多位的资深律师对这一问题进行了授课，相信在关键的问题上，大家都已经进行了非常详细的探讨。我今天主要是结合自身的办案经验跟大家分析辩护的细节问题。

扰乱金融市场秩序的犯罪行为所指的其实就是刑法中破坏金融管理秩序罪。那么非法吸收公众存款罪是破坏金融管理秩序罪中最为突出的犯罪之一，特别是借助互联网这个平台在近几年有愈演愈烈的态势，因此这个罪名值得我们多次深度地进行探讨和研究。

在探讨这个问题之前，我觉得大家有必要了解几个小问题。首先，什么叫金融犯罪？我们都知道金融犯罪规定在《刑法》的第三章第四节和第五节中，包括破坏金融管理秩序罪和金融诈骗罪。一般来讲我们说金融犯罪是指，行为人违反金融法规，以金融秩序为单一客体触犯刑法并应当负刑事责任的行为。此外还有一个单行刑法，指的是骗购外汇逃汇和非法买卖外汇犯罪。之前北京著名的盘古氏案就是骗购外汇罪。

那么问题来了，什么是金融秩序？什么是金融？只有搞清楚这几个问题我们才能更好地理解罪与非罪等问题以及非法吸收公众存款罪的金额计算问题。

金融秩序指有关融资方面的法律秩序，是由以下几个组成部分共同构成的一个统一体，包括股票发行交易秩序、债券发行交易秩序、基金发行交易秩序、保险管理秩序、民间借贷秩序，这听起来是一个比较复杂的东西。那什么是金融？百度百科上的解释是指货币的发行、流通和回笼，贷款的发放和收回，存款的存入和提取，汇兑的往来等经济活动；是对现有资源进行重新整合之后，实现价值和利润的等效流通，实行从储蓄到投资的过程，狭义的可以理解为金融是动态的货币经济学。最后，一个结论说金融是人们在不确定环境中进行资源跨期的最优配置决策行为。我觉得总结为一句话更好理解：金融其实就是货币的流通或者说是货币有价值的流通。我们把金融作为这个前提来理解的话，后面罪与非罪的问题以及如何算资金的问题就很好理解了。我们后面会谈到如何应用这句话，非法吸收公众存款罪在刑法中规定只有一句话：非法吸收公众存款或者非法变相吸收公众存款扰乱金融秩序的行为。

一 非法吸收公众存款罪的核心内涵

我想就一个案例来进一步了解非法吸收公众存款罪的核心内涵到底是什么？我发了四张图片（此处省略）是关于北京安昊控股有限公司非法吸收公众存款案的一个新闻报道，这是我近期在北京办理的一起非法吸收公众存款罪的案件。这个案件目前还没有最终的判决结果，我发给大家的都是来自网络媒体的报道。这家控股公司是 2015 年 1 月 21 日成立，从事实业投资金融服务、商贸服务有关业务，在北京有 12 家子公司，它的经营方式是通过聘请明星、退休领导干部进行线下和线上的宣传，甚至在央视打广告。它的理财产品有乐盈通这种短期收益的产品，也有盈通、双气通这种长期的产品，但是核心的还是委托投资返本返息。二号控股公司的投资项目主要有两个，一个是安徽金寨的扶贫项，一个是三门峡的地坑院巷。经过记者调查了解都是真实存在的，并且与安昊控股公司都有过一定程度的接触，但最终的调查结果显示安昊控股公并没有实际向这两个项目投入一分钱。后来安昊控股公司被举报投诉。2015 年丰台区公安局受理了这个案子，同年丰台区检察院向法院提起了公诉。"自 2015 年 1 月到 2015 年 12 月安昊控股公司的法定代表人郑某某在丰台区安昊控股有限公司伙同被告人陈某某违反国家法律规定将虚假投资项目包装成理财产品进行销售，并承诺以还本付息为诱饵，通过媒体宣传、培训讲座、业务员推广，并以此方式非法吸收公众存款后因资金链断裂，致众多投资人钱款无法返还"，这是起诉书中的一段内容。安昊控股公司的行为是一个非常典型的变相非法吸收公众存款的行为。首先看一下安昊公司的经营方式是投资理财产品，他的经营范围不包括可以吸收资金，它的产品特点是按照季度、月度到期给客户返本还息，它的经营特点包括聘请明星、领导干部进行宣传，在央视进行公开宣传，客户群体就是普通群众和社会公众，因此它是非常典型的具备了非法吸收公众存款的条件。最高人民法院《关于审理非法集资刑事案件具体应用法律若干问题的解释》（以下简称《解释》）第 1 条对什么是非法吸收公众存款或者变相吸收公众存款进行了四要素的界定，但我们如果单凭这四要素来看的话，会发现目前有很多众筹、基金符合这四要素的特征。比如说轻松筹、微博筹款、朋友圈筹款其至共享单车这些存在的资金项目已经是游走在"非吸"的边缘了。此外，前阶段在微信中盛传的五行币，媒体界定为一种非法传销行为，但实际上在我看来其也具备了非法吸收公众存款或者变相吸收公众存款的这四个基本特征。当然只具备四个基本特征，只是具备了一个形式，还不能完全确定它就是一个犯罪行为。上述司法解释的第 2 条规定一共列举了 11 种条件，只要符合任何一种条件并且具备了非法吸收公众存款的四个特征，就要以非法吸收公众存款罪来定罪处罚。我们今天这个案例中安昊控股公司就符合了第（九）项"以委托理财的方式非法吸收资金"的情形。其他的 10 种情形中有几项我想跟大家重点说一下。

首先，第（一）项即不具有房产销售的真实内容或者不以房产销售为主要目的，以返本销售、售后包租、约定回购、销售房产份额等方式非法吸收资金的，这种形式是随着房地产市场的火爆而产生的一种新型的犯罪形式。

其次，就是第（六）项，"不具有募集基金的真实内容，以假借境外基金发送虚构基金等方式非法吸收资金的"。2008 年左右，有一个轰动全国的万里大造林案。它符合《解释》第 2 条之中的第（二）项和第（三）项：以转让林权并代为管护等方式非法吸收资金的；或者是以待种植、租种植、联合种植等方式非法吸收资金的。当时万里大造林是内蒙古政府大力扶持的一个项目，最终也是因为资金链断裂，导致众多的投资人投资无法收回，当时定的罪名是非法经营罪。非法经营罪跟非法吸收公众存款罪确实是有很多相似之处，应当说非法吸收公众存款罪是非法经营的一种特别形式。非法吸收公众存款罪和非法经营罪之间形成的是一种类似于特别法和普通法的竞合关系。非法吸收公众存款的行为在一般情况下应当就适用特别法，以非法吸收公众存款罪来处罚。

最后，需要大家注意的就是第（四）项：不具有销售商品提供服务的真实内容或者不以销售商品提供服务为主要目的，以商品回购寄存代售的方式非法吸收资金的。这条的规定在我看来跟组织、领导传销活动罪的规定非常像。北京曾侦破了一起特大的非法传销案件——善心汇案。善心汇案涉嫌特大传销是公安部组织侦查，对深圳市善心汇文化传播有限公司法定代表人张某某等人涉嫌组织领导传销活动等犯罪问题进行查处。

我个人通过新闻媒体披露的善心汇的操作模式判断善心汇案的传销同时具备了集资诈骗和非法传销的双重特征。《刑法》第224条规定的组织领导传销行为是：以推销商品提供服务等经营活动为名，要求参加者以缴纳费用或者购买商品服务等方式获得加入资格并按照一定顺序组成层级，直接或间接以发展人员的数量作为计酬或者返利依据，引诱胁迫参加者继续发展他人参加骗取财物、扰乱社会经济秩序的传销活动。这个概念的前半部分和第（四）项非常像，其实在我看来，组织领导传销活动罪，跟非法吸收公众存款罪确实有很多相似之处。在《关于办理组织领导传销活动刑事案件适用法律若干问题的意见》中，对这两个罪名的进行一定程度的划分，以非法占有为目的组织领导传销活动，同时构成组织领导传销活动罪和集资诈骗罪的，依照处罚较重的规定定罪处罚。

以上是关于非法吸收公众存款罪与非罪以及与彼罪相关的一些法律规定，《解释》的第3条还要求非法吸收公众存款或者变相吸收公众存款必须达到一定的程度，也就说它扰乱金融管理秩序或者说叫破坏金融管理秩序必须达到一定的程度才到了追究刑事责任的起点。

根据上述的这些分析和研究，我个人认为非法吸收公众存款罪的核心在于破坏了正常的货币流通秩序，也就是所谓的金融秩序，它与其所造成的投资者的损失大小并没有必然的联系，罪与非罪考量的是对金融秩序的影响。一共有两条即应当正常流入金融机构的货币，一种是通过非法手段流入了单位或者个人达到一定数量就应当追责；另外一种就是应当正常从事金融活动的人员，被诱使参与了非法金融活动达到一定人数就应当追责。

我们谈非法吸收公众存款罪的辩护，单位犯罪和个人犯罪是一个绕不开的话题，那鉴于这个此前的讲座已经重点谈过，我就不再说这个单位犯罪和个人犯罪的问题。我想谈的是无论单位犯罪还是个人犯罪我们都要考虑具体涉案人员在整个"非吸"活动中的地位和作用，这样我们才能更好地去把握辩护的策略和思路。

我们先来看一下非法吸收公众存款罪的一般流程。一般来讲，非法吸收公众存款罪是公司或者个人为了犯罪目的而成立公司，由组织策划者虚构或者夸大一个项目，通过公开宣传的手段使自己的项目为客户所知，通过业务人员的接洽服务后投资，这个潜在客户成为新客户投资到公司，公司通过返款返息给老客户，然后老客户再投资给公司形成这么一个循环的怪圈，这其中组织策划者、宣传者、业务人员、返款返息的财务人员都是这个流程中不可或缺的。

在安昊控股公司的案子中，主要的几个部门一共有6个。其中一个是副总裁，他负责12个子公司业务团队开发客户以及与客户签订合同；金融事业部负责设立分公司考察市场，审核与客户签订的合同及合同约定的投资款，审批人员的工资；行政部组织负责日常的行政工作；人事部负责招聘及培训；财务部负责审核财务数据，收款及支出；宣传部负责营销推广。在这个案件中我的当事人就是这个公司的财务总监，所以我有必要对财务部门的分工进行一个细致的剖析。

我根据收款返息的流程画了一个流程表。首先由业务团队报业绩，业务团队其实就是它的 12 个子公司。报业绩明细给总公司，由总公司的出纳进行核对，然后确认钱款到账，财务部门还有一个复核总管的设置，对出纳的这个确认财款和明细进行再次审核，然后由会计制作返款返息账，再由出纳录入公司的财务系统，最后是由我的当事人财务总监进行授权支出返款返息。财务总监只负责这个流程的最后一步，用他自己的话说他的实际工作就是一个出纳。

我们在考虑相关的涉案人员，无论他的职务是业务负责人或者说宣传负责人、财务负责人还是行政负责人，我们一定要详细考虑他的实际工作性质，他在整个非法吸收公众存款中的地位和作用来考量，而不能仅仅凭财务总监或者说财务负责人这样一个简单的称谓来确定他是否真地对整个财务工作承担责任。

二 非法吸收公众存款罪中涉案人员的地位和作用

另外，我就非法吸收公众存款罪中相关涉案人员的地位和作用，谈一下自己的认识。非法吸收公众存款罪处罚人员的所有职务包括了法定代表人、实际控制人、业务负责人、一般业务人员、行政负责人和宣传负责人。财务负责人、一般财务人员、法定代表人、实际控制人基本上我想可以划入主犯的这个范畴，对于业务负责人、一般业务人员和行政负责人、宣传负责人、财务负责人、一般财务人员身份性质的认定以及是否追责是不尽相同的。所以我认为在非法吸收公众存款罪中对各参与人员是否应当追责以及承担何种责任要有一个清晰明确的界限，但是在实践中常常是一竿子打倒不分轻重。

首先是单位或者团队负责人和业务负责人。单位负责人、实际控制人和业务负责人的行为直接关系到非法吸收公众存款能否实现，因此毋庸置疑是需要承担责任的。无论是单位犯罪还是非单位的团伙犯罪，作为起到组织策划作用的单位负责人、实际控制人最应承担主要责任，单位负责人、实际控制人的行为很可能会涉及《解释》中第1条所规定的非法吸收公众存款或者变相吸收公众存款的四个条件。而其他的例如，总经理助理若参与了协调组织策划工作则也应当承担责任，作为主犯和从犯的情形都有。非法吸收公众存款的钱款、具体实施行为，必须是通过业务人员跟客户直接接触来完成的，即承诺在一定期限内以货币、实物、股权等方式还本付息或者给付回报，这一必备条件是由业务人员来完成的。业务负责人则更是通过非法吸收公众存款行为来获得分红和提成，因此业务人员或者说业务负责人应当予以追究刑事责任，甚至要承担主要责任。通过案例我们也可以判断涉及的其他业务人员，例如市场部负责人、业务经理、团队经理、团队组长、销售经理的一般都被追究了刑事责任，甚至个别被认定为主犯。

其次是宣传负责人。刚才我介绍非法吸收公众存款罪流程的时候谈到了要实现非法吸收公众存款的目的，必须要使公众得知投资产品项目信息，这就必须通过宣传策划工作来实现，甚至通过虚假宣传来实现，即是规定中谈到的通过媒体推介会、传单、手机短信等途径向社会公开宣传的条件。因此视具体的案情不排除宣传负责人某种程度上应当被追究刑事责任。在个案上被追究责任的宣传人员的这种案例非常少。

最后是行政负责人和财务负责人。这里所说的行政人员和财务人员都是一个广义的概念，行政人员包括了负责人事招聘、后勤保障、业务培训以及一般行政工作的人员，财务人员包括了出纳、会计、统计等工作人员。从实际情况来看，单位或者团队运作与行政人员、财务人员的工作是息息相关的，特别是财务人员还承担着收取吸收所得款项和发放返利的工作，没有这两者的工作，单位或者团队就无法顺利运作，无法顺利完成非法吸收存款的行为。从这一角度来讲，似乎行政人员和财务人员是应当为非法吸收公众存款的行为承担责任，但我个人认为从犯罪构成上来讲，其实并不是这样。

非法吸收公众存款罪，主观上要求是故意，并且是直接故意。非法吸收公众存款的行为包括两种情况，一种是没有吸收公众存款资质的个人或者法人吸收公众存款，另外一种是具有相应资质的法人采用违法的方法吸收存款。从主观故意上讲，行政人员、财务人员一般不直接接触业务工作。对于所在单位是否具备吸收存款的资质或吸收存款的行为是否合法不可能有准确的认识。我刚才谈到的《解释》第2条规定了非法吸收公众存款的11种情形，但是即使是财务人员，如果不了解非吸行为的运作模式，也很难确定是否属于这其中的范畴。所以我认为有鉴于此，只要不存在事前的共谋，基本上可以排除行政人员、财务人员存在非法吸收公众存款的故意。从犯罪行为上看，行政人员、财务人员不直接从事业务工作，与《解释》规定的四个要素都没有关联。另外，从获利的情况来看，财务人员、行政人员一般都是获取劳动报酬，不直接从非法吸收公众存款的行为中获取分红的利益，他获取的报酬一般都是跟劳务相当。因此基于以上的三点原因，我认为在实践中对于是否追究行政人员和财务人员的刑事责任应当保持一个审慎的态度，严格考量他的具体行为，对不符合法定条件的一律不应当追究刑事责任。在实践中被追究责任的财务人员的比例是非常高的，我这里有一个图表（此处略）。

这个是我在裁判文书网上收集的 2014 ~ 2016 年在北京市一审法院审结的非法吸收公众存款罪案件的案例，一共是 62 件。经我筛选认为有研究价值的一共有 42 件。从图表上面可以看到被追究责任的人员中，业务人员、财务人员、法定代表人的比例是非常高的，其次才是宣传人员、行政人员和股东。财务人员之所以被追究我认为就是因为财务人员涉及收款和返息这个最关键的流程。而非法吸收公众存款罪为了使社会危害降到最低，一个最好的方式就是将非吸所得的资金全部返还到投资者手中，因此多数案件财务人员都被追究了责任。

此外，第二张表是主犯和从犯的构成。我们在实际的辩护工作中涉及当事人的具体职务中，哪些可能被定为主犯，哪个极有可能定为从犯？我们看到在主犯的构成上，客服经理和销售经理是有被定为主犯的案例。

三　金额的计算问题

这个计算问题主要有四个方面。

第一，鉴定意见。非法吸收公众存款罪的案件要有会计师事务所的鉴定意见才能被起诉，因为公诉机关要准确的掌握非法吸收公众存款所得资金的数据也必须通过会计师事务所的审计来完成。

对于对鉴定意见，我们首先要考虑鉴定资质，其次是鉴定方法，还有鉴定程序、鉴定材料的来源、鉴定意见与案件事实的关系等。关于鉴定资质的问题，在安昊控股公司的这起案件中，我们对公安机关出具的这份鉴定意见来源的会计师事务所以及会计师，在北京市司法局等相关的政务公开页面上进行了搜索，发现其并不具备相应的司法鉴定资质。

全国人民代表大会常务委员会《关于司法鉴定管理问题的决定》第 3 条规定，"国务院司法行政部门主管全国鉴定人和鉴定机构的登记管理工作，省级人民政府司法行政部门依照本决定的规定，负责对鉴定人员和鉴定机构的登记名册编制和公告"。可以在司法局的网站上直接查询鉴定人的司法鉴定资质，所以安昊控股公司这个案件中的鉴定意见就已经站不住脚了。

关于鉴定资质还有一个重要的问题就是鉴定人的回避问题。最高人民法院《关于适用〈中华人民共和国刑事诉讼法〉的解释》第 33 条规定，书记员、翻译人员和鉴定人适用审判人员回避的有关规定。而审判人员回避的规定一共有

5 条：一是本案的当事人或者是当事人的近亲属；二是本人或者其近亲属与本案有利害关系的；三是担任过本案的证人鉴定人、辩护人、诉讼代理人、翻译人员的；四是与本案的辩护人、诉讼代理人有近亲属关系；五是与本案当事人有其他利害关系可能影响公正审判的。

关于鉴定人回避在安昊控股公司案件中并没有出现，在我之前办理的另外一起合同诈骗案中，侦查机关出具了一份鉴定意见，这份鉴定意见的鉴定人同时又是本案的证人，因此根据上述司法解释当时我就提出鉴定人回避。

第二，鉴定方法。在安昊控股公司案件当中，出具鉴定意见的会计师事务所是如何对吸收资金进行统计的呢？它是根据侦查机关提供的投资人的询问笔录，统计了询问笔录中投资人投资金额的总数，一共是 1 亿多元。但是单凭这种鉴定方法显然是存在问题的，我们不可能单凭投资人的询问笔录、投资损失来计算实际的吸收资金所得，在我看来，对实际吸收资金的价格计算要具备三个条件。

一是询问笔录中投资人自述的投资金额；二是投资人的投资凭证，既然投资必然留有收款的收据或者银行的转账记录；三是要有收款方的收款记录，比如安昊控股公司财务的收款记录。只有这三者具备并一一相对应才能实际认定安昊控股公司的非法吸收资金所得。

第三，鉴定程序。我想谈的并不是法定上的程序，这不是安昊控股公司这个案件中出现的问题，而是我代理另外一起职务侵占罪的案件中的问题。当时侦查机关也聘请了会计师事务所对涉案公司的财务问题进行了详细的审计，关于审计人员的资质等方法上我没有发现任何问题，当时在万般无奈之下申请了鉴定人出庭，在庭审过程中通过询问鉴定人发现了一个关键的问题：在整个鉴定报告中鉴定人只参与了非常小的一部分，绝大部分的鉴定意见都是由他的助理完成的，并且整个审计报告的撰写工作也都是由助理完成，而他的助理并没有会计师资格，因此在鉴定的过程中我们还要了解程序，通过询问鉴定人是可以发现问题，并且否定鉴定意见。

第四，鉴定材料问题，即检材的来源。我们一般提到检材的来源，我们很容易联想到血液、毛发这些相关的证据，但是在关于财产鉴定上，我们仍然要注意鉴定的这个检材的来源问题。

在我之前谈到的合同诈骗案中，被骗公司提出我的当事人提供给他的设备是不能组装、不能使用的，是不完整的，但是当时鉴定的时候这批设备始终是保存在所谓的被害人的厂房里，而没有经过提取然后保管的过程，也就说被鉴定的检材并没有被保存在侦查机关，而是由被害人一方一直保管在他的仓库里，经过了长达几年的时间才去报案，然后再进行鉴定，那么这种情况下鉴定的检材，我们就可以提出相应的异议。

此外还有金额的重复计算问题。例如现在很多的非法吸收公众存款的产品包括我刚才提到的安昊控股公司都是采用月盈通的形式，月初吸收存款，月底返还本息，下个月再继续，重复吸收、重复返款。重复吸收的金额是不是应当计算为非法吸收公众存款的金额，这又回到了我们提到的什么叫金融的问题。金融是货币的流通，我认为非法吸收公众存款罪的金额计算应当是涉案人员吸收社会资金的总量，在重复吸收同一笔资金或者说同一笔货币的情况下，吸收的社会资金的总量并没有发生变化，在这种情况下重复吸收的金额，我个人认为是不应该计算为非法吸收公众存款的金额。

那与之相对应的返还本息是否应当计算在吸收存款里？比如说第一个月吸收存款 100 万元，然后第二月都返还了，那么在计算吸收存款的时候，是否应当计算这 100 万元？同样的理由，在这种情况下涉案人员已经吸收的社会资金总量并没有因为返还的本息而减少，它是一个恒定存在的，因此这种情况下我认为是应当计算为"非吸"金了。

另一个关于金额计算的问题是公司的业绩报表能不能作为计算吸收资金的依据？安昊控股公司这个案件中涉案金额是 3 亿元，但是鉴定报告中鉴定的安昊控股公司吸收的资金金额是 1 亿元，在法庭上法官责令公诉人对这个问题作出解释。公诉人的解释是他们经过调取安昊控股公司业务团队的计算机以及总公司的计算机，在查看他们的邮件内容中发现大量的往来业绩报表。刚才我谈到的"非吸"返还本息流程中也说到第一项就是业务团队要向总公司报业绩报表，然后来计算它们吸收资金的金额，而公诉人就把邮件中业绩报表总量以及一部分的推算，计算出了 3 亿元的数量。那么我个人认为这种情况显然是不客观、不科学，因为公司的报表计算涉及业务人员业务团队的业绩问题，涉及他们的切身利益，所以不排除存在谎报业绩虚高的情况，它不能真实地反映出吸收存款的金额和实际数量。

还有就是如何计算资金？无论是财务审计人员、公诉机关或者是法院裁判认定我认为都应当具备三个条件：一是投资人实际的投资情况，二是投资人的投资凭证，三是公司收款凭证。只有这三项都具备了我们才能真正认定吸收资金的数额。

四 非法吸收公众存款罪的量刑问题

我同样在 42 个案例中做了一定程度的统计，分别在涉案金额亿元以上，涉案金额在 1000 万元到 1 亿元之间做了两个表。从这两个表中以及相应的数据中我得出了两个结论：第一，主犯、从犯已经吸收所得资金用于生产经营并清退所有吸收资金对量刑具有重大影响。从数据上看吸收资金的金额在 1000 万元到 1 亿元之间的，主犯刑期从 3 年 6 个月到 9 年不等；涉案金额在 1 亿元以上的主犯刑期为 7 到 9 年不等，与此相比涉案金额在 1000 万到 1 亿元之间从犯的刑期为缓刑到 3 年，涉案金额在 1 亿元以上从犯的刑期从免予刑事处罚到 4 年 6 个月。因此从数据上看主犯与从犯的刑期有了较大的差距，主犯多数被处以较重的刑罚。从犯的刑期大致在 5 年以下，多有缓刑，甚至免予刑事处罚。数据显示的量刑区间与刑法规定可以说基本相符。对从犯从轻减轻处罚或者免除处罚，从涉案金额 1 亿元以上来看，从犯 24 个人，其中有 15 人是减轻处罚，9 人从轻处罚，所以我们大致可以判断，在非法吸收公众存款罪的量刑上对从犯适用减刑处罚的比例比较高，并且主犯跟从犯刑期之间的差距也是比较大。

另外非法集资刑事案件的《解释》中有一条规定：非法吸收或变相吸收公众存款主要用于正常的生产经营活动，能够及时清退所吸收资金的可以免予刑事处罚，情节显著轻微的不作为犯罪处理。在我收集的案例上看，司法实践中非常好地贯彻了这一规定。同样是涉案数额为 2 亿元的两个案子，其中一个案子的主犯被判处有期徒刑 7 年，另外一个案子的主犯，因为具备了主要用于生产经营活动，并清退所有资金的这个情节，被判处的刑期是有期徒刑 1 年缓期 1 年执行。其次就是自首，如实供述对量刑的影响一般。我们都知道自首也具备了从轻减轻处罚的情节，但是从实际的具体案例上来看，同样是具备自首情节案件中多数的情况对刑期的影响非常有限。

关于量刑我刚才主要谈的是几个量刑情节，希望我今天跟大家分享的内容能对大家办理案件有所帮助，谢谢大家！

▶点评人　邓楚开◀

各位群友大家晚上好。我是浙江厚启律师事务所的邓楚开律师。刚才我认真听完了张宇鹏律师关于非法吸收公众存款罪辩护的细节问题的讲座，感觉非常有收获。我针对这个问题也谈谈自己的看法。

我想讲三个问题：（1）非法吸收公众存款跟非法集资的关系；（2）拿到一个非法吸收公众存款案件以后该怎样把指控金额降下去？（3）我们在非法吸收公众存款案件里面发现了新现象，现在非法集资的业务专业化、专门化了，有的公司专门干这个事情，那么这种相关的行为的性质怎么看？

先谈第一个问题，非法吸收公众存款跟非法集资的关系。集资诈骗和非法吸收公众存款都是集资类犯罪，非法吸收公众存款在刑法条文里的表述很简单，就是非法吸收公众存款或者变相吸收公众存款这个概念，同时我们看非法集资犯罪里面还有个罪名叫作集资诈骗罪，集资诈骗的表达有点不一样，它是以非法占有为目的使用诈骗方法非法集资。

我们通常认为非法吸收公众存款罪跟集资诈骗罪的区别仅仅在于有没有以非法占有为目的，如果以非法占有目的就是集资诈骗，没有就是非法吸收公众存款。那么现在问题来了，为什么《刑法》第176条非法吸收公众存款罪就是讲的非法吸收公众存款，而讲集资诈骗的时候却是讲的非法集资，那么非法吸收公众存款跟非法集资真的就没有区别吗？由于我们刑法条文总体上来讲是一个空白的罪状，它规定的就是非法吸收公众存款，没有说明什么是非法吸收公众存款，那么这个概念怎么去理解？对这个问题，2010年最高人民法院《关于审理非法集资刑事案件具体应用法律若干问题的解释》第1条作了明确的界定。第1条规定："违反国家金融管理法律规定向社会公众包括单位和个人吸收资金的行为，同时具备下列四个条件的，除刑法另有规定的以外，应当认定为刑法第一百七十六条规定的非法吸收公众存款或者变相吸收公众存款：一、未经有关部门依法批准或者借用合法经营的形式吸收资金；二、通过媒体推介会、传单、手机短信等途径向社会公开宣传；三、承诺在一定期限内以货币实物股权等方式还本付息或者给付回报；四、向社会公众即社会不特定对象吸收资金。"

根据这个界定，非法吸收公众存款跟我们通常所讲的非法集资好像没什么区别，那么对非法吸收公众存款是不是真的能这样理解？我想不能那么简单，因为非法吸收公众存款的案件属于金融犯罪，那么非法吸收公众的概念首先是一个金融法的概念，我们应该从金融法里面看它到底是什么意思。

1998年7月国务院颁布的《非法金融机构和非法金融业务活动取缔办法》对非法吸收公众存款和非法集资有明确的界定，第4条第1款第（一）（二）项规定："本办法所称非法金融业务活动是指未经中国人民银行批准擅自从事的下列活动：（一）非法吸收公众存款或者变相吸收公众存款；（二）未经依法批准以任何名义向社会不特定对象进行的非法集资。"

我们看国务院这个行政法规会发现，这里把非法吸收公众存款和非法集资并列为两种不同的非法金融业务活动。我们从文意的角度来看，既然是并列，那这两个概念肯定是不一样的，如果是一样的话就完全没必要并列，所以这就和我们前面的理解不一样。

这个条文的第2款对非法吸收公众存款作了明确的界定："前款所称非法吸收公众存款是指未经中国人民银行批准，向社会不特定对象吸收资金出具凭证，承诺在一定期限内还本付息的活动。所谓变相吸收公众存款是指未经中国人民银行批准，不以吸收公众存款的名义向社会不特定对象吸收资金，但承诺履行的义务与吸收公众存款的性质相同的活动。"

这个条文表述的"未经中国人民银行批准"跟最高人民法院的解释就不一样了，最高人民法院的解释是"未经有关部门依法批准或者借用合法经营的形式吸收资金"，这两个法规规定的区别非常明显。在这个行政法规里面对非法集资没有界定，只是明确了"未经依法批准"。

1999年中国人民银行发布了《关于取缔非法金融机构和非法金融业务活动中有关问题的通知》，在这个通知里面，对非法集资作了明确的界定："非法集资是指单位或者个人未依照法定程序经有关部门批准，以发行股票、债券、彩票、投资基金证券或其他债权凭证的方式向社会公众筹集资金，并承诺在一定期限内以货币、实物及其他方式向出资人还本付息或给予回报的行为。它具有如下特点：（一）未经有关部门依法批准，包括没有批准权限的部门批准的集资以及有审批权限的问题超越权限批准的集资；（二）承诺在一定期限内给出资人还本付息。还本付息的形式除以货币形式为主外，还包括以实物形式或其他形式；（三）向社会不特定对象即社会公众筹集资金；（四）以合法形式掩盖其非法集资的性质。"

我们发现这个规定关于非法集资的四个标准的界定，跟最高人民法院对非法吸收公众存款的界定几乎就是一样的，但是前面讲到的行政法规里对非法集资和非法吸收存款是明确的作为两种不同的非法经营活动列举的。可以看出最高人民法院的司法解释其实就是以非法集资的概念等同于非法吸收公众存款，从行政法的角度、从金融法的角度来看这个理解是错误的。

我们也可以根据非法吸收公众存款与非法经营的关系来理解这个问题。因为非法吸收公众存款本身是要经过央行批准才能从事的一种经营活动，所以它跟非法经营之间是一个普通犯罪与特别犯罪的关系，但是非法集资就不一定是这个关系。集资本身不一定是经营活动，不是像金融机构一样去运作，所以不一定要经过央行批准，只要经过有关部门批准就可以了，从这里看这两个概念是不一样的。

从这两个概念的关系，我们可以看出，非法吸收公众存款是用跟银行等金融机构相类似的方式来进行一种资本运作的行为，而非法集资却不是这样的。因此我们从这里就可以得出一个结论，虽然向社会公众吸收资金没有经过批准，但是如果不用于资本运作，只用于自身的生产经营，最多就是一个非法集资的行为，不可能是一个非法吸收公众存款的行为。

我认为最高人民法院这样的理解其实是不合适的，因为向社会公众吸收资金用于企业的正常生产经营的现象，应该是在国家的正规金融供给严重不足的情况之下，民间经济发展的一种自然需求，这种行为在整体上来讲是一个有利于社会的行为。我们江浙地区的民营经济的发展，很大的资金来源就是依靠这种民间的集资，民间集资才推动了民营经济发展。整体上来讲，它是一个有利于经济社会发展的方式，而且是一种无奈的方式。

第二个问题，非法集资的业务专业化、专门化了，怎样看待这种相关行为的性质？

这两年讨论最热烈的于某案，这个案件为什么会产生？就是因为存在严重的高利贷，包括现在我们学校里流行的校园贷也是一样的，这个高利贷才是真正的敲骨吸髓，那是导致很多人家破人亡，导致很多企业破产的行为。

我记得2012年时任国务院副总理的王岐山在全国人大山东小组审议会议会场说："我们要防止的是旧社会的驴打滚。什么是打滚？就是高利贷。"高利贷是社会最大的毒瘤。有些高利贷就是个地下钱庄，对企业、对社会、对家庭的危害是非常大的。他们向社会公众吸收资金，然后以更高的利息放出去，这种高利贷就是我们应当以非法吸收公众存款罪打击的。因为它像银行一样在运作却没有经过央行审批，危害了社会经济发展和社会稳定，其实我觉得我们非法吸收公众存款要打击的应该是这种情况。

高利贷还有两种，一种是有的人家里有资金，偶尔以高利息放贷，另一种是有的人家里有资金并且以高利放贷为业务，这两种情况不构成任何犯罪。因为高利贷本身只是一个普通的民事违法行为，应该由民法来调整。虽然有的地方曾经是以非法经营罪来定罪，但是此行为严格对照刑法条文是对不上的。

在我们浙江，由于很多地方民营经济的发展依靠的资金来源就是民间的这种金融，所以最高人民法院明确规定：如果在民间集资，然后用于生产经营，没有造成大的后果的且资金能够退还的就不作犯罪处理。这在一定意义上其实就是对最高人民法院司法解释的纠偏，也是适合我们当地情形的。但是如果有地下钱庄向社会公众非法吸收资金，然后又以高利贷放出去，在没有出现资金链断裂的情况下，按照我们这解释那是不是就不作犯罪处理了？所以我觉得非法吸收公众存款不以资金链断不断裂为标准，而是以是不是用于自身的生产经营为标准，如果用于自身的合法生产经营就不是非法吸收公众存款。

既然说最高人民法院的司法解释有问题，那么在辩护时能不能用？我认为在辩护中是可以提的。有好几个案件，在辩护中我就明确提到这个司法解释里的规范性文件是违法的，应该直接根据刑法条文来定。我看有时候还是有效果的，作为我们辩护人来讲，只要法律上有利于当事人的我们都应该积极去争取。

首先要穷尽一切法律手段，不能说可能没用就不去提。前不久判决一起非法吸收公众存款案件，某企业要建一个商业城，在建设过程中资金不足，于是想办法先把商业城租出去，要所谓的租户交租金，但实际上并没有出租，然后把租金的 15% 再返还给租户。这个案件总共认定非法吸收公众存款 1 亿多元。后来在法庭上我说不能这么定，这种行为不构成犯罪。我的当事人是这家企业的常务副总，后来因为还有其他的犯罪被数罪并罚，所以没有判缓刑，被判了 2 年，因此我认为我的辩护是有影响的。另外我们办过一个共同贪污的案件，涉案 300 多万元，后来当事人被判了缓刑。中间有一个重要的原因，我也认为司法解释有问题，是关于主体的问题，贪污犯罪的主体问题。因为根据最高人民法院、最高人民检察院《关于办理国家出资企业中职务犯罪案件具体应用法律若干问题的意见》规定："经国家出资企业中负有管理、监督国有资产职责的组织批准或者研究决定，代表其在国有控股、参股公司及其分支机构中从事组织、领导、监督、经营、管理工作的人员，应当认定为国家工作人员。"但是按照这个司法解释，一个非完全国有的国有出资公司的工作人员被委派到另一个国有出资公司里从事工作，也可以认定为国家工作人员，这跟《刑法》是不符合的。我当时在法庭上也提到这个规定有问题，不能这样定，主体不符合。这个案件涉案金额 300 多万元，最后判了缓刑，我认为不能说这种辩护就完全没作用。

去年还有一个案件，地方上有个规范性文件，是关于生产销售假冒伪劣产品里的注水牛肉、猪肉，文件规定给经过注水的牛羊猪肉不需要做水分含量检测就可以认定这个肉是不合格产品，无论注水是在宰杀前还是宰杀后。这个解释明显跟法律不符合。因为既然是生产销售伪劣产品，就一定要鉴定产品的质量是否达标，如果不能证明产品质量没有达标，就不能认定是不合格产品。这个案子在开庭时我也在法庭上提出这个规范性文件是不能用的，它明显违反法律。现在这个案子还没判，但我认为是起作用了。所以我们面对司法解释、地方规范性文件的时候，如果认为它和法律不符合，我们有义务提出，有时候不一定能达到无罪的效果，在量刑的时候可能会体现出来。

第三个问题，非法吸收公众存款数额的问题。非法吸收公众存款的一个标准是向社会公众吸收资金，社会公众是不特定的，而我们接到有些非法吸收公众存款或者集资诈骗的案件，会发现认定的金额是很笼统的，只要从外面借的钱，跟这个项目相关的钱都会放在一起。这里我们会发现有些资金是特定的，是可以排除的，有些资金是不特定的，可以认定为非法吸收公众存款的金额。

从我的办案经验来看主要有两个方面：一是从事项本身是不是具有特定性来判断资金和对象是不是也具有特定性。在某个案子里，被告人向 25 个人吸收资金，同时向 2 家公司共借款 140 万元，那么这里面的 140 万元到底是不是属于非法吸收公众存款，当时就有争议。后来发现这 2 笔资金比较特殊，其中一笔资金是因为被告人转贷需要流动资金，于是向一个企业借款 110 万元，但是后来他贷款只贷了 100 万元，还了 100 万元，还有 10 万没还；另外一笔是被告人跟另外一个对外贸易公司发生业务往来，对方以预付款的方式给了他 30

万元，然后逐步地按每一笔来回收这个预付款，后来结算的时候，他还欠 10 万元本金和 1 万多利息没有还。这 2 笔款项的事项是很特定的，一个是转贷，一个是预付款，它的对象是特定的，款项也是特定的，所以我们觉得应该是把这个金额从不特定对象里面，从非法吸收公众存款的资金里面剔除出去。

还有一个是看有没有担保。很多企业在非法吸收公众存款过程中，有的借款没有担保，而有的借款有担保。这里涉及一个问题，有担保的怎么办？我们认为如果是有担保就可以认为这块资金是特定的，因为是担保的就特定化了，如果认定担保有效，那这个资金就不属于非法吸收公众存款，也可以把它剔除出去。

时间关系，今天就讲到这里，谢谢。

点评人
顾　宁

广东际唐律师事务所副主任、刑事部主任
中国刑事警察学院法学硕士
南开大学法律硕士
华夏公司辩护联盟理事、深圳市负责人

▶点评人　顾　宁◀

大家好，我是广东际唐律师事务所的顾宁律师。

对于前面两名律师的讲解我认真的听了。接下来，我再用几分钟的时间，结合近期我做的两起"非吸"的案件，跟大家分享一下。

第一个问题是关于入罪门槛的问题。我认为"非吸"的入罪门槛实际上并不是很高，但是从维护金融秩序和维护群众资金安全的角度来看，这种设置还是有一定的道理。无论是有实体的企业还是没有实体的企业，毕竟没有银行这种资质和信用，也没有国家作保证，那么资金以接近于存款的方式进入企业，实际上风险还是很高的。而实践中大部分这样的企业，最后都遇到资金链的问题，那么从这个角度讲这个尺度我感觉还是可以的。

另外，经过长时间侦查的"非吸"案件，最后无罪的可能性很小。从政府的角度和法院的角度，这种资金进入的行为本身就是有问题的，包括刚刚邓律师也讲到"非吸"行为扰乱金融管理秩序，没有相关部门的审批等都是有问题的。

第二个问题是业务员涉案的问题。我做的一起案件里面所有业务员这个层面的人都没有抓，抓的都是吸收资金部门的负责人，但在另一起案件里把关键的业务部门的所有业务员都抓了，所以在不同的案件里，抓人的尺度实际上是不一样的。此外另外的部门，如行政部门也是一样。因此大家不要认为"非吸"案件在办案单位的眼睛里的标尺都是一样的，其实区别非常大，个案的区别给我们一个提示，我们可以把这个案件里边对当事人有利的点用在另一个案件里边去争取他的利益的最大化。"非吸"案件的检察官，经常会在庭上问业务员一个问题，"你有没有在你们公司的平台上投入资金？"有很多业务员他们都说有的。其实这个这个问题是一个很重要的问题，公诉人为什么会问这个问题？其实他就在问这个业务员对公司整个业务流程的了解程度，即业务员明知的问题。

第三个问题是整个案值的问题，是认定为投进来的资金的总额还是客户损失的金额。按照现有的法律应该是按照投资总额来计算案件金额，但是实际上我们有一起案件，最后法院认定的是损失的金额。当时这个案件可能有它的特殊性，在侦查阶段和审查起诉阶段办案单位认定的都是损失的金额，最后法院判下来的也是损失的金额。在其他案件如果有类似的情况，我们可以以这个方面做一个辩护思路。

第四个问题是主犯的数量问题。很多案件里面至少有一个是主犯，"非吸"案件中老大是主犯，那么其他人谁是主犯？它的核心的人员包括股东是主犯，当然不同案件里认定的是不一样的。在一起案件里只认定了一个主犯，公司所有的副总，在办案单位和法院的眼睛里边都认为这些人是参与者，不是最初的犯意的提起者。这也是给我一个提示，如果我们的当事人不是案件中的一号人物，我们可以在是不是主犯这一点上做辩护。

第五个问题是关于强制措施的变更的问题。"非吸"案件涉案的人员，一般就是一号和二号人物比较核心，那么后面有大量的人，其实他们与本案的关系都可以进行辩护，他们是不是必须要提请逮捕？是不是必须要逮捕？这些都是一些关键的点，我们都可以在辩护意见中提出来，给办案单位做一个重要的参考。实践中也有很多不是一号和二号的人在整个案件走向的过程中就被取保候审了，这种情况在"非吸"中案件还是比较多的。

第六个问题是法定代表人是否涉案的问题。在我办理的一起案件里边有2个公司的法定代表人都是挂名的法定代表人，这2个人最后都被判刑了，但是被列为从犯，判的比较轻。这2人基本都是挂名的，在法庭上公诉人也进行了查明。但这样2个挂名的法定代表人最后也被法院认定为从犯，需要负刑事责任。

第七个问题是关于单位犯罪的问题。有很多"非吸"的案件都没有认定为单位犯罪，这有很多因素，一方面是因为最高院的司法解释中单位犯罪有一个特定的条件，另一方面是当有些情况是可认定可不认定的时候，多数时候法院会倾向于不认定，然后根据整个责任的情况划分主犯、从犯，最后进行量刑。这种情况我感觉现在越来越普遍。当然我们作为律师肯定要将单位犯罪作为辩护思路。

第八个问题是关于辩护律师在做刑事案件的过程中如何捕捉案件要点。最近我遇到了几个案件，涉案价值比较大，如果看办案单位提交过来的起诉意见书，整个故事讲得非常完美。但是我发现里面有50%的内容的可能是他们推断出来，还有20%与案件的关系不大。所以在看这些文书的时候，需要进行重新的解构，然后有很多要剔除掉，最后把对我们有利的结构构建起来。

我的分享就到这里，谢谢大家。

主持人
周湘茂

广东广强律师事务所律师
湘潭大学刑事诉讼法学硕士

谈集资诈骗罪中"以非法占有"为目的

主持人：周湘茂　主讲人：王常清
点评人：余安平　远利杰　周君红

▶主持人　周湘茂◀

各位群友，大家晚上好。欢迎大家准时收听今晚的讲座。今晚讲座的内容主要是集资诈骗罪中以非法占有为目的，因为原来的主持人滑莹律师临时有事，所以今晚改由我进行主持。

下面讲座开始，有请王常清律师。

▶主讲人　王常清◀

各位群友，大家晚上好！很高兴受张元龙主任和周媛薇老师的邀请，今天能在群里与大家探讨集资诈骗案件的辩护。围绕着集资诈骗，前几周阚吉峰律师、丁广洲律师都做了精彩的讲座。我今天呢，主要是来谈集资诈骗案件中的"以非法占有为目的"。

在非法集资案件的司法实践中有这样一个较为普遍的现象，对于非法吸收公众存款罪，被告人和辩护人做罪轻辩护的比较多，一方面是"非吸"这个罪名的无罪辩点确实比较少，另一方面相对于集资诈骗，"非吸"的法定刑也比较轻。但是对于集资诈骗罪，相当比例的案件中辩方会选择进行无罪辩护或者改变罪名的辩护，通常选择的辩点就是当事人并没有以非法占有为目的。今天呢，我们就利用这个机会来梳理一下"以非法占有为目的"，探讨一下在集资案件中到底哪些情形可以认定行为人是以非法占有为目的，哪些情形不能认定。

我们今天的内容分为这样几个部分：第一部分，在刑事案件中，如何分辨"以非法占有为目的"；第二部分，在集资案件中，如何分辨"以非法占有为目的"；第三部分，集资诈骗案件中，如何辨析非首犯员工是否"以非法占有为目的"。最后，我再结合自己的一些庭审中的体会，谈谈在人数众多的非吸、集资诈骗案件中如何向同案被告人发问。水平所限，内容粗陋，错误在所难免，希望大家批评指正。

一　在刑事案件中，如何分辨"以非法占有为目的"

在我国的刑事司法中，辨析当事人是否是以非法占有为目的是一个极为重要的论题，因为几乎所有的侵财类罪名都要求行为人"以非法占有为目的"。这个话题很大，我呢，只能谈一点粗浅的认识，算是抛砖引玉吧。

在我的理解中，以非法占有为目的，通俗来说，就是意图把别人占有的财物变成自己占有。从这个立论出发，判断行为人是否是"以非法占有为目的"，应当包括以下两个判断标准。

第一，行为人明知目标财物是他人占有的。当然这里的"明知"可以是概括明知，并不要求具体明知。就是说，只要求行为人明知该财物属于他人即可，不要求行为人明知该财物到底属于何人。因此，行为人占有遗失物或他认为的遗失物不构成盗窃或抢夺，因为他并不明知该财物由他人占有，而是认为财物所有人已经丧失了对财物的占有。在一些司法解释和法律的规定中，我们可以清晰的看出这一点。比如《最高人民法院关于审理抢劫、抢夺刑事案件适用法律若干问题的意见》（以下简称《抢劫、抢夺两抢意见》）规定，抢劫赌资、犯罪所得的赃款赃物的，以抢劫罪定罪，但行为人仅以其所输赌资或所赢赌债为抢劫对象，一般不以抢劫罪定罪处罚。为什么不以抢劫罪处罚？原因就是行为人对所输赌资或所赢赌债这部分财物是属于自己还是属于他人认识上有一个模糊地带，即他并不是明知该财物属于别人占有。另外，根据我国《刑法》，为索取债务非法扣押、拘禁他人的，以非法拘禁论处。相关司法解释规定，索取赌债等非法债务的，同样以非法拘禁论处。为什么不认定构成绑架罪？关键也在于行为人索取的财物客观上或在行为人主观认识上并不属于"他人占有"。从上面可知，"以非法占有为目的"，首先要求行为人明确知道目标财物属于他人占有，这是第一个标准。

第二个标准是"意图将目标财物由本人占有"。即行为人的目的是财物的占有而不是临时使用。这就把意图将他人财物临时使用的行为排除在以非法占用为目的之外。最典型莫过于骗取贷款罪和贷款诈骗罪的区别，二者同样是虚构事实、隐瞒真相，但前者的意图是取得贷款的使用权，是想还的，后者的意图则是占有贷款，并不打算还。所以只有后者是以非法占有为目的。因此，那些虽然采取了虚构事实、隐瞒真相的方法，但目的只是将他人财产临时使用的，并不构成诈骗类犯罪。比如孙悟空变成了牛魔王的样子，向铁扇公主借芭蕉扇。孙悟空虚构了事实，但并不构成诈骗，原因是他的目的并不是占有芭蕉扇，而只是临时使用，也就是扇灭火焰山的火。同样，通过秘密窃取方式取得他人财产，但只是临时使用的，同样不构成盗窃罪。《最高人民法院、最高人民检察院关于办理盗窃刑事案件适用法律若干问题的解释》（以下简称《盗窃罪司法解释》）第10条规定，偷开机动车，导致车辆丢失的，以盗窃罪定罪处罚。言下之意，没有导致车辆丢失，偷开机动车并及时归还的，不是盗窃，原因在于行为人的目的并不是占有机动车，而只是临时使用。当然上述司法解释有客观归罪之嫌，车辆丢失与行为人以非法占有为目的之间并无关联，我们只能把这理解为司法解释越权进行的"法律拟制"。

总结一下，在刑事案件中，如何分辨"以非法占有为目的"？一是明知目标财物由他人占有，二是意图将目标财物占为己有而不仅仅是临时使用。

二 集资案件中，如何分辨"以非法占有为目的"

在集资案件中，行为人是向公众吸纳资金，因此明知存款由他人占有这一点通常并不会产生争议，有可能有争议的是第二点，即行为人的目的是占有公众的存款还是临时使用公众存款。如果只是临时使用，有归还的意愿，就不是以非法占有为目的不构成集资诈骗罪。相反，如果意图占有公众的存款，并不打算归还，则是"以非法占有为目的"，可能构成集资诈骗罪。

最高院的司法解释列举了几种可以认定为以非法占有为目的的情形，这些情形包括行为人挥霍、转移财产、携款潜逃或者不将集资用于投资、生产经营等，这些情形通常可以认定以非法占有为目的。但是，这些情形与以非法占有为目的之间也只有常态联系而无必然联系，情况特殊、当事人能作出合理解释并有证据证明的，也不能认定以非法占有为目的。另外，在司法实践中还有一些情形能否被认定为"以非法占有为目的"存在比较大的争议，我们今天就讨论比较常见的 3 种情形。

第一，行为人对投资去向、经营项目等向公众作不实陈述。

这是实践中比较常见的现象，行为人向公众称资金投入生产经营，其实却用于对外投资。或以甲项目的名义吸纳资金，却用于投入乙项目。另外还包括，对于某投资项目，行为人为吸引公众投资，做夸大、不实的陈述，对项目的可能利润夸大其词等。这种情形能否认定行为人"以非法占有为目的"呢？我认为不可一概而论，应当具体问题具体分析，关键点在于行为人是否有还款的意愿和行为。

一般说来，如果行为人只是夸大了投资项目或者生产经营，或只是改变了资金投入的项目，公司有正常的生产经营或对外投资，有正常的还款行为，可以判定行为人不实陈述的目的只是为了促使吸收存款行为的进行，其过错类似于"民事欺诈"，并不能认为行为人"以非法占有为目的"。即使后来由于经营方面的原因导致不能清偿本息也不能客观归罪为集资诈骗。另外，即使行为人的不实陈述客观上增加了公众的资金风险，也不能认为行为人"以非法占有为目的"。原因很简单，行为人不实陈述的目的是取得公众资金的临时使用而不是占有，对公众的资金损失只有"过失"没有"故意"。

但是，在一些特殊情况下行为人的行为可以被认定为"以非法占有为目的"。一种情形是，行为人利用不实陈述取得公众资金，没有用于生产经营或正常投资，而是用于挥霍、转移、携款潜逃等。这种情形行为人明显没有归还的意图，是"绝对不想还"，当然属于"以非法占有为目的"。另外还有一种情形属于"相对不想还"，也可以认定"以非法占有为目的"。在这种情形中，行为人利用不实陈述取得公众资金，然后将公众资金用于风险极大的用款行为中。比如炒股、赌博等。与挥霍、转移、携款潜逃不同，行为人并非绝对不想还，如果赌博赢了钱，炒股、期货赚了钱也会还。但是在这种情形下，行为人事实是抱着一种赌博的心态，对公众资金极有可能发生的损失是一种不负责任、放任的态度，简单说就是"赚了是我的，赔了是你们的"。这种情形下，虽然行为人并非绝对不想还钱，但其对公众的财产损失是一种间接故意，因此，可以认为是以非法占有为目的。

当然，由于经济生活的复杂性，我们上面说的增加风险的正常经营与风险很大、不负责任的"赌博"之间，实践中确实还存在一定的模糊地带，并不容易分辨。这就需要具体案件结合案情具体分析，确实无法分清的，应本着疑点利益归被告的原则，不认定"以非法占有为目的"。

第二，行为人拆东墙、补西墙，以后续投资者的借款归还前面投资者的本息。

一般说来，拆东墙、补西墙是庞氏骗局的典型特征。如果行为人谎称是用于某项目向公众取得资金，然后将该钱款用于支付前面投资者的到期本息。在通常条件下，这种操作证明了行为人已经失去了还款的能力，只是以牺牲公众的利益、拉更多的人下水为代价来延缓资金链的断裂，因此，这种情形在司法实践中通常会认定为"以非法占有为目的"。

但是，这种"以新还旧"同样不可一概而论。我认为至少有 2 种情况下行为人并不构成集资诈骗罪。其一，行为人将资金去向向公众如实告知，这种情形并非绝对不可能发生。一些企业的经营前期要开拓市场，进行大量投资，产生利润和产出还需要一定的周期。此时行为人没有产出，支付投资者到期本息只能使用后续投资者的投入。如果行为人对后续投资者如实告知其资金去向的，则证明行为人并无非法占有的主观目的，因此不构成集资诈骗罪。其二，行为人临时性的资金困难。在某些情况下，行为人并非永久性的丧失了还款的能力，只是存在临时性的资金困难，比如自有资金临时被冻结，财产被查封等。此时行为人偶然性的以新还旧，其并未丧失还款能力，因此也不是以非法占有为目的，而是以度过暂时性的资金困难为目的。

第三，向公众或经办人支付超高的回报。

在一些案件中，司法机关认定行为人以"非法占有为目的"，依据的并不是资金的去向或行为人的具体行为，而仅仅是行为人的经营模式具有不可持续性，比如向投资者支付超高的利息，向介绍人支付超高的提成等。在这些司法机关看来，行为人的经营模式不可持续，资金链迟早断裂，因此推定其是以非法占有为目的。但是，我个人认为，这种推理仍然存在严重的漏洞。至少有如下3点。

（1）如何证明模式必然无法持续？

严格的说，这属于法官的自由裁量权。如果法官依据生活常识认为该模式的高额回报必然导致资金链的断裂，可以在没有其他专家意见、权威论证的情况下作出认定。但是，现实来看，市场上并非没有一本万利的生意，一些超高的投资回报也并非绝不可能。说句戏言，以北京房价的上涨速度，只要在买入足够多的房子，就完全可以取得高额的资金回报。所以，高到何种程度的返利就必然导致模式无法持续，难以证明。

（2）如何证明行为人明知模式必然无法持续？

并非模式无法持续行为人就一定是以非法占有为目的，至少还需要行为人对这种无法持续主观上明知。事实上，在很多案件中，行为人确实是真诚的相信其运营模式是能够成功的，在此种情况下，仅以模式必然无法持续就断言行为人是意图诈骗，这是客观归罪。

（3）如何证明行为人的高额回报会一以贯之？

在一些案件中，行为人之所以在经营之初给予投资者和介绍者高额回报，是为了打广告，做推广。按照其计划，资金回报率会逐渐减少到合理的区间。所以，司法机关仅以案发时的高额回报来推定模式必然无法持续并不科学，因为并无证据显示行为人意图将这种高额回报一以贯之。

总之，单纯以回报过高，模式无法持续就推定行为人以非法占有为目的，逻辑上存在漏洞。因此，这种推断是不能成立的。认定行为人以非法占有为目的，必须结合资金的去向，行为人有无还款的行为和意愿来综合认定。

三 对于集资诈骗案件中的非首犯的员工，如何辨析其是否"以非法占有为目的"

在司法实践中，对于被告人众多、定性为集资诈骗的的案件，司法机关通常不会认定所有的被告人都构成集资诈骗。常见的处理方式是包括首犯在内的一名或几名被告被认定为"以非法占有为目的"，构成集资诈骗，对于其他被告人，则只以非法吸收公众存款来定罪量刑。那么，对于首犯之外的公司员工，如何辨析其是否"以非法占有为目的"？

判断非首犯的员工是否"以非法占有为目的"，关键在于该行为人对于那些指向以非法占有的目的的关键事实是否知情。比如首犯转移、挥霍吸收资金、携款潜逃，单位在已经丧失了还款能力后依然虚假宣传吸纳资金，比如取得资金后不用于生产经营等，如果员工明知这些关键事实仍参与向社会集资，应当认定其具有'非法占有的目的"，如不知情，则不应认定。

在个案中，应当从哪些方面来判断单位员工对这些关键事实是否知情呢？我认为，可以从以下几个角度来入手。

其一，涉案人员的口供，包括行为人的供述以及首犯和其他员工的供述。

行为人个人供述对关键事实是否知情对认定"以非法占有为目的"意义重

大。简单说，如无非法证据问题，只有员工个人供述对上述关键事实不知情，才有可能将其与首犯在"以非法占有为目的"这个问题上进行区分和剥离。同时，其他员工特别是首犯对行为人关键事实是否知情的供述也很重要。当然，他人如供称行为人对关键事实知情应当有事实依据，比如听行为人说起过，业务负责这块业务等，没有实施依据、纯粹猜测性的供述没有证明力。

另外，涉案人员供述所体现的首犯与行为人之间的交流和沟通也很重要。如果口供体现首犯向行为人隐瞒、虚构重大事实，则可证明行为人系被首犯所欺骗，因此并不是"非法占有的目的"。

其二，行为人的岗位、具体工作以及在此岗位上所掌握的单位经营信息。

除了口供之外，行为人所处的岗位，所从事的具体工作以及在这个岗位上所应、所能掌握的单位经营信息也很重要，比如单位的财务负责人是比较容易被认定为"以非法占有为目的的"。因为他掌握着单位财务状况的信息，一旦单位丧失还款能力，首犯转移财产、携款潜逃，财务负责人很难辩称自己对上述信息不知情。相反，单位的普通行政人员、业务人员、技术人员，岗位所限，他们很难接触到这些指向"以非法占有为目的"的关键信息，因此在集资案件中，这些人员大部分所定罪名都是非法吸收公众存款罪。比较容易产生争议的管理人员特别是高级管理人员，从职位上看这些人员对公司的经营信息掌握的比上述行政人员等更全面，但又不直接接触财务信息，这些人员是不是"以非法占有为目的"，应当在个案中具体把握，重点是这些人员的工作职责、内容与那些指向以非法占有为目的关键信息的关联程度。

最后再说说行为人获利的问题。在集资诈骗案件中有些辩护人会从获利角度为行为人做不具有非法占有目的的辩护。逻辑是，行为人并未从单位经营获得超过其正常工作的报酬，也非意图取得这样的高额薪酬，因此其并不是以非法占有为目的，该观点值得商榷。以非法占有为目的既包括意图自己非法占有，也包括帮助他人非法占有。因此，仅仅论证没有意图自己非法占有并不足以证明行为人不构成集资诈骗罪。当然，从量刑和认定主从犯的角度上，行为人是否获得高额薪酬还是很有意义的。

四 "非吸"案、集资诈骗案件中，如何向同案被告人发问

在被告人人数众多的集资诈骗、非法吸收公众存款案件中辩护律师如何向同案的被告人发问。这个问题与我们今天的主题有一定的关系，虽然关联并不密切。所以，我今天也和大家一起聊聊这个话题。

今年我参与了浙江杭州某集资诈骗、非法吸收公众存款案件的辩护，当事人是第三被告。该案涉案金额上百亿元，被告人 20 人。通过这个案件的庭审，我感触最深的就是辩护律师如何向同案被告人发问的问题。在刑辩律师执业过程中，这确实是一门需要研究、训练的功课。

我们知道，法庭上辩护律师发问，一般有 3 种，一种是向当事人发问，一种是向同案的被告人发问，还有一种是向证人、鉴定人、专家证人发问。这三种发问中，当事人辩护律师一般在庭前都会会见，庭审中的发问围绕着无罪、罪轻的角度来进行，一般不会出现大的纰漏。向证人、鉴定人发问很关键，但众多周知，我国刑事案件证人出庭率很低，鉴定问题也并非在每一个案件中都是争议的焦点，所以在这 3 种发问中，向同案的被告人发问尤为重要。但是在司法实践中，辩护律师向同案的被告人发问，有两种并不一定正确的倾向。一种是盲目发问，不管不顾、刨根问底。既不顾及自己当事人的利益，也不考虑被发问人的立场和态度，发问的结果导致了自己当事人的形势更加恶化，不能认定的犯罪事实被认定了，在共同犯罪中的地位被抬高了等，这样的发问，在我看来，不如不问。另外一种做法是概不发问，有些辩护人对所有的同案被告

人均一概不问,即使同案人多次提到了自己的当事人也不发问。这样的庭审发问,虽然不会主动犯错误,但却可能会错失厘清事实、维护当事人合法权益的良机。

关于向同案被告人发问,我说下面几个问题。

1. 发问的原则

辩护人在庭审中向同案被告人发问应当以有利于自己当事人为原则,不能为了发问而发问。辩护人在我国刑事司法中的定位是提出犯罪嫌疑人、被告人无罪、罪轻的事实和理由。因此,穷尽案件的事实真相并不是辩护人的职责,特别是与维护当事人合法权益发生冲突时更是如此。所以,辩护律师不是第二公诉人,对于那些得到的答案极有可能不利于自己当事人的问题,辩护人最好不要问。

2. 发问的目的

在明确了发问原则后,我们再来谈庭审中辩护人向同案被告人发问的目的。我认为,辩护人发问的目的有两个:呈现和辩白。

呈现,就是在法庭上尽可能多地呈现有利于己方当事人的内容。在同案被告人在庭前供述中稳定的作出有利于己方当事人的供述时,辩护人应向其发问,将躺在笔录上的供述立体呈现到法庭上,特别是公诉人、合议庭没有问到这些内容时辩护律师更是必须要问。这样,通过辩护律师的发问、引导,可以使庭审中尽可能多地呈现有利于己方当事人的事实,从而影响法庭,促使法庭接受辩护律师的辩护意见。我们绝不能因为这些有利内容笔录上有就想当然地认为法庭都知道,认为发问是多余的、浪费时间,这种想法是错误的。

辩白,就是将同案被告人不利于己方当事人的供述内容通过发问的方式进行辩白。与呈现不同,对于同案被告人供述中不利于己方当事人的内容,辩护律师要先判断和区分哪些是客观的,哪些是不客观的。判断和区分的办法是综合全案证据,必要时要在会见时向当事人调查。如果是这些内容是客观的,同案被告人并非诬陷或委过于人，我认为，作为辩护人，对于这些内容没有必要发问，因为此时发问很难取得辩白的效果，反而会让这些不利于己方当事人的内容在法庭上增加呈现，这对当事人没有任何好处。聪明的做法是让这些不利但客观的内容继续躺在案卷和笔录中。对于那些不客观、不真实、同案被告人或无意中没说清楚，或有意掩盖真相，同时不利于己方当事人的供述内容，辩护律师应当通过发问来为己方当事人来辩白。特别是庭审中，在接受公诉人、法庭、自己辩护人发问时同案被告人再次重申这些内容时，辩护人更是必须要通过发问来辩白。至于辩白的方式，辩护律师要庭前做功课，根据同案被告人的陈述有针对性的设计问题。如果供述中有自相矛盾、不合常理或者含糊、可能误解的内容，辩护人要抓住，在法庭上点出，让同案被告人解释。此时发问，一方面，可能使同案被告人语塞、无法自圆其说、解释的极为牵强或意识到自己的错误，当庭改变供述；另一方面，即使达不到这一点，也可以利用发问使法庭意识到这部分的供述有问题、不客观、不清楚，从而达到为己方当事人辩白的目的。

3. 发问的策略

上面我们讲的是发问原则、发问目的，我们下面再来聊聊发问策略。关于策略，我简单讲 3 点。

第一，知己知彼。

向同案被告人发问时，要想达到辩方的目的，辩护人必须对此人在案件中的情况有充分的掌握和了解。首先，要掌握同案被告人的庭前供述，知道此人有哪些有利于己方当事人的供述，这些供述是否稳定，有哪些不利于己方当事人的供述，这些供述是否真实、客观。这是庭审发问的基础，口供不掌握，发问必然是盲目的。其次，要把握同案被告人庭审中的表现。庭前供述毕竟是纸面上的，同案被告人庭审中如何回答公诉人、法庭和他自己辩护人发问时要认真听取，如果与庭前供述有差异，发问内容要及时调整。最后，要结合供述判断同案被告人的立场和倾向。立场和倾向，即同案被告人对己方当事人是善意的能够客观地反映案情还是恶意的裁赃陷害或委过于人的。要判断这一点，一方面要看同案被告人的供述，包括庭审供述，另一方面还要结合他在犯罪中的具体地位进行分析。在"非吸"或集资诈骗案件中，如果己方当事人是非首犯的员工，首犯一般没有在回答问题时歪曲事实的动机。因为首犯与其他被告人利害关系不大，他需要对单位的整个经营负责，所以其他人具体起什么作用与首犯的罪责并无太多关系。另外，那些与己方当事人工作交集不多，也无个人恩怨的同案被告人正常情况下也能客观反映案情，因为并无利害冲突。但是，还有一些同案被告人与己方当事人有利害冲突，比如工作上交集比较多，某些项目是谁负责的，某块业务是谁的职权范围，二者存在非你即我的关系。因此这类同案被告人，在涉及其与己方当事人工作分工的问题上很有可能并不能客观反映问题，反而会向己方当事人推卸责任的倾向。对于每个被告人的立场、倾向，辩护人在发问时要做到心中有数。

第二，投石问路。

如果我们对一些同案被告人能否客观说明问题把握不大，我们可以选择一些试探性的问题来投石问路。所谓投石问路，就是这个问题本身并不是很关键，但是可以试探出该被告人的立场、倾向。如果该被告人对己方当事人是一种比较友善的态度，能够客观回答问题，辩护人可以继续发问。相反，如果该被告人的态度是恶意的，发问时就要绕开那些此人可能会借机向己方当事人推卸责任的问题。

第三，画地为牢。

画地为牢就是设计问题时要力图限制住同案人的回答。也就是说，我们要尽量问一些具体的、指向明确的、限制性的问题，而不要把问题设计的过于开放，否则答案难以控制。比如我们可以问，己方当事人在某个事情上所从事的某个具体工作，己方当事人某时说过什么样的话，等等。这样的问题同案被告人容易回答，也容易达到发问的目的。相反，如果辩护人发问一些过于开放性的问题。比如己方当事人在单位中做过什么？他负责哪些事务等问题，问题过宽导致同案人很难回答，而且也容易回答出一些不利于己方当事人的内容。

另外还有一点值得注意，就是辩护人在发问时，如果同案人的回答超过辩护人所提的问题，特别是可能会有不利于己方当事人的内容出现时，在这个时候辩护人要及时打断。

好，以上就是我今天和大家分享的全部内容，感谢主持人和点评嘉宾，感谢各位群友，感谢中南刑辩论坛，谢谢大家！

▶主持人　周湘茂◀

谢谢王常清律师的精彩讲课，把这么宝贵的经验分享给我们，接下来我们有请余安平律师进行点评。

▶点评人　余安平◀

各位群友，大家好。我是广东卓凡仲恺律师事务所的余安平律师，刚才听了王律师的精彩的演讲，我结合我的办案经验来谈一谈对于"以非法占有为目的"的一些看法。

几乎所有的财产犯罪都有一条要求，那就是要求行为人"以非法占有为目的"，行为人所获取的是一种非法利益，在这种情况下才能够成就作为。刑法所调整的法律关系的一个内容，也就是它所具有的是在经济上的非法性，从而产生无论是作为集资诈骗还是非法吸收公众存款，都不属于正常的经济发展行为或者说正常的经济行为，从而变成一种经济犯罪。

作为正常的经营，总是能够找到债权或者债务上的依据，也就是行为人无论是作为集资还是吸收存款，必然有一个要偿还的准备，如果说在签署合同的时候或者是获取对方资金的时候已经没有准备要偿还的话，在这种情况下当然就构成了一种刑事犯罪。

我刚刚接手的一个江西上饶的诈骗案件就是如此，在嫌疑人得到相应资金的时候，第一时间不是把它投入正常的经营之中，而是转移、藏匿起来，毫无疑问就说明他对这笔资金不是用于正常的商业目的，也没有准备进行偿还，没有相应的商业经营，那就应该是以非法占有为目的。

以非法占有为目的要分成几种层次。第一种就是在合同签署的时候，本身就是一种骗取行为，没想过要归还，此时它必然有一些相应的表现，例如根本没有用到经济投资领域，而是用于消费性的领域或者是挥霍；第二种就是在签署合同的时候，原本是想过要还的，只是后来因为出现了经济困难，或者是出现一些投资性的失败，从而导致没有偿还能力，那么后面一种那就只能是一个经营性的失败，一个民事纠纷，而不应该变成刑事的争议。

所以对于"以非法占有为目的"的时间点，就是行为所发生时当事人是出于哪一种目的或者动机，有哪一种外在的表现形式。最常见的就是是否把资金用于正常的商业经营，它的经济损失是否属于正常商业经营中所出现的亏损，原来所出现的这一系列债权债务，究竟是为了骗取他人财产所进行的虚构，还是确实是因为经营不善所导致。

对于构成要件而言，所有的经济诈骗案件都要以非法占有为目的，因此如果有办法能够证明嫌疑人借款时是有正常经营的，只是后来由于经营不当等原因无法偿还，我们就可以做无罪辩护或者是以无罪争取轻罪辩护的重要模式。行为人在当时出于何种动机，也就变成了这一系列故意犯罪是否具有故意性所产生的依据。

另外，刚才王律师也提到一个问题，我们在法庭中是怎么看待这个事情。对于律师而言，法庭中最关键的是两个环节，第一个环节就是讯问被告人，包括自己的被告人和同案被告人，还有证人或者是其他鉴定的专业人士。第二个环节是举证。对于询问同案被告人这个环节，我们一般都会做相应的提纲，就这些询问提纲来询问被告人哪些是跟我的当事人直接相关的，以及如何区分他们之间的共同故意，有没有超出相应的范围等。就我而言，对于这些经济案件，我有一个惯例，例如明天要开庭，今天我会专门到看守所会见被告人，然后跟他一起共同商量提问提纲，我会让我的当事人了解在起诉书中事实陈述部分与他所感知的是否一致，如果不一致，他就应该指出来，从而为律师的切入性的辩护提供相应的落脚点。同时我也会告诉他，明天我要问你什么问题，从而保证整个询问的过程能够实现完整。当然，对于其他同案被告人，我们不一定能把握这个方向，但是我一定会问清楚在这些事情中哪些是和我的当事人相关联的，哪些是属于他自己的构成范围内，也就是要借助同案被告人的口来寻求我的当事人的从轻或者是减轻处罚的依据。

在共同被告中，我们常常要问这6个问题：第一，这个事情是谁提议的？第二，这件事情是谁组织和安排的？第三，他们之间的分工是如何构成的？第四，他们如何进入，如何退出的？第五，获取非法利益之后，他们之间是如何分配的？第六，他们之间是如何让整个流程完成下去的？向同案犯发问来有效查明事实，刚才王律师的一个观点我非常认同，律师在法庭上的询问，其主要的目的不在于真正地查明事实，而是要查明跟自己的被告人罪轻或者无罪有关的事实。

另外一个比较关键的就是质证阶段。我曾经在跟一些律师聊天的时候提到过，其实律师的质证就是大耳朵图图的三句话：第一，为什么？第二，谁说的？第三，你怎么知道？也就是他一定要解释清楚：第一，消息来源在哪里？第二，如何知道这个消息来源？第三，这个消息来源能够说明什么问题？三个放在一起才能够表明相应的证据能否与自己的当事人之间有关联。在真实性、合法性和关联性之外，还要看是否真实有效。即使存在一系列的证据来源，我们需要从源头上看清楚它能不能证明与我的当事人之间存在着内在联系，如果这种内在联系不明确的话，那它也就不能构成。即使这种内在联系比较明确，它也必须具有一个单向性，能够直接证明我的被告人所在整个案件中所起到的作用以及所构成的犯罪事实。当然，对于整个的质证过程中，我们最好是一件事一件事地来质证，只要有疑问的，就应该逐一来进行举证。

我曾经有一种说法就是在法庭质证中，律师可以不表明自己是做无罪辩护或者是轻罪辩护，但是在证据的质证过程中可以完全按照无罪辩护的要求来进行质证，也就是每一项证据都要求公诉人来进行举证和充分的说明理由，这样才能够保证对这些案件自身有一个完整的拓展。另外，如果在庭前会议中我们没有及时提出非法证据排除的话，在质证的过程中，我们同样可以变相的进行非法证据排除。此时变相的非法证据排除就是每一项举证，只要它存在着来源合法性上的漏洞，律师就要及时向法庭表示，建议法庭对此证据不予采信，从而变相的将这些证据作为非法证据，不纳入案件作为审判的依据。另外，作为辩护人，我们没有义务去证明被告人有罪或者是重罪，因此，即使是一些可能作出多种解释的内容，作为辩护律师只能往较轻的方向来进行阐释，如果有其他的意思，辩护律师应该保持沉默。

法庭辩论中，如何对经济犯罪尤其是以非法占有为目的来进行阐述？以非法占有为目的本来是一个很主观的东西，但是会通过一些外在的方式所表现出来，于是就有了一系列的司法解释进行推定，这也属于一种变相的有罪推定。当然，它也是属于一种经验的积累，此时律师的发问以及律师质证和辩论都应该围绕当事人的行为表现与这些司法解释之间有没有内在联系。

在以非法占有为目的的过程中是否营利可不可以作为抗辩的理由？以非法占

有为目的，只是要求非法占有，并不要求必然营利，这也就意味着律师在辩护的过程中以动机论来进行剖析，而不是以结果论来进行剖析。行为人在当时环境中有没有非法占有的这种动机就决定着他在整个案件里面是否会构成相应的犯罪，这也意味着律师需要从各种案例中总结出相应的结论，然后来加以抗辩。

说一个题外的话，我上周刚刚开庭处理了一个相应的案件，一个3700万元的敲诈勒索案件。里面一个很核心的内容也是提到有没有"以非法占有为目的"？有没有以合法的债权债务为基础？我们当时提出的第一个抗辩理由，就是他有合法的债权债务为基础，因此只是数量上对于债权债务有所不同的表现，而不是无中生有。如果是无中生有，就可能会构成刑法上的"非法占有目的"，会变成经济犯罪，而如果只是数量上的多少，那我们认为只是民法上的一种欺诈行为，应该不构成犯罪。

今天的点评就先到这里，首先是感谢王律师的精彩演讲，也感谢张元龙主任邀请我来参加今天晚上的交流，感谢各位群友刚才的认真聆听，谢谢！

▶主持人　周湘茂◀

谢谢余安平律师精彩的点评。接下来，我们有请远利杰律师进行点评，欢迎！

▶点评人　远利杰◀

律师同仁，各位朋友，晚上好。我是河南大鑫律师事务所远利杰律师。刚才王常清律师和余安平律师的主讲和点评很精彩，王律师讲的全是干货，本人也受益匪浅。我们洛阳地区是集资案件高发的地区，这几年我办理了数十起类似案件，有数起案件改变了罪名。下面我就谈谈我的一些看法。

王律师刚刚谈到，如果行为人没有集资办企业的能力和条件而以集资经营办企业为名将集资款挪作他用或供自己挥霍，根本不打算偿还的，应当认定为集资诈骗犯罪。我们的辩护一般都是反过来阐述和举证证明辩护理由的，如果行为人确实为了新办企业而集资，集资的款项也确实用于经营办企业了，由于经营管理或者市场变化等客观因素，最终导致企业亏损，无力偿还本息，甚至为了躲避而外出，我认为由于行为人主观上没有具有非法占有的故意，因此也不能认定构成集资诈骗犯罪。

当然，我们要收集相关的证据去证明这些辩护主张。我们都知道非法吸收公众存款不要求行为人主观上有"以非法占有为目的"，事实上，能否认定非法占有为目的，是集资诈骗罪与非法吸收公共存款罪的分界线。

认定行为人是否具有非法占有为目的，应当坚持主客观相一致的原则，既要避免单纯依据损失的结果客观入罪，也不能仅仅凭犯罪嫌疑人的供述就认定有非法占有为目的，应结合案件的具体情况和证据作出辩护分析和判断。

所以我们在辩护工作中如果想做改变罪名的辩护，就应当注重收集和证明行为人将集资款用于生产经营的证据，并且行为人将集资款大部分用于了生产，如果行为人仅使用了小部分集资款，并没有导致集资款不能返还，也就不是非法占有为目的。这里的"不能返还"，指的是没办法返还，并非是指没有资产不能返还，也不是指用将来生产收益也不能返还的情形。

辩护人也可以收集证据证明行为人有想尽办法不逃避返还资金的行为，这些证据都是有利于行为人的，并且这些证据是行为人内部的证据，是很容易获得的证据，只要能收集证据证明存在上述行为，就不会被认定为有非法占有为目的了。

另外司法解释列举了 8 种行为，是法律推断的"非法占有为目的"，我们在辩护工作中，要注意不要混淆非法占有为目的和诈骗集资的方法的区别。一般的公诉人在指控行为人实施诈骗犯罪的时候，他的证据一般是：行为人采取什么手段使客户或者受害人信以为真，诱惑客户作出集资决定的；行为人又是使用什么手段最终导致客户陷入行为人描绘的合法集资、正当集资、集资获得有关机关批准或者是出资后会有回报等场景的。这些行为人描述的场景或者是一些承诺都是集资诈骗的方法，并不是非法占有为目的的 8 种行为。

行为人采取了诈骗方法诱骗他人投资的情况的证据一般有证人证言、物证书证等，比如传单、账册、广告、通知、喜讯或者是会议记录、鉴定意见等，我们要注意这些是行为人使用的集资诈骗的方法，并非行为人有非法占有集资款的目的。

所以指控证据如果没有上述的集资诈骗的方法，或者没有司法解释列举的 8 种法律推定"非法占有为目的"的行为之一，就不能成立集资诈骗犯罪。反过来说，如果有集资诈骗的方法而没有"非法占有为目的"，这 8 种情况也不是集资诈骗犯罪。我的点评就到这。

感谢中南刑辩论坛，感谢各位群友，也感谢张元龙主任给予点评的机会。感谢主持人周湘茂律师，欢迎各位律师同仁到洛阳指导和做客，谢谢大家。

▶**主持人　周湘茂**◀

谢谢远利杰律师精彩的点评，接下来我们有请周君红律师进行点评。

点评人

周君红

广东华商律师事务所律师

北京大学法学学士

深圳市律协区工委律所发展与管理中心委员

▶**点评人　周君红**◀

亲爱的各位群友，大家晚上好。我是广东华商律师事务所的律师周君红，我本人目前也是在专注刑事案件。首先非常感谢张元龙律师邀请我参与本次讲座的点评，让我拥有这样一个宝贵的学习机会。刚才我也认真听取了王常清律师的精彩讲座以及余安平律师和远利杰律师的精彩点评，让我受益匪浅。

下面我从王常清律师没有讲到的地方做一个小小的补充。首先，我要重申一下关于集资诈骗罪的刑法规定。集资诈骗罪是根据《刑法》第192条规定，以非法占有为目的，使用诈骗方法非法集资，数额较大的，处5年以下有期徒刑或者拘役，并处2万元以上20万元以下罚金。数额巨大或者有其他严重情节的，处 5 年以上 10 年以下有期徒刑，并处 5 万元以上 50 万元以下罚金。数额特别巨大或者有其他特别严重情节的，处 10 年以上有期徒刑或者无期徒刑，并处 5 万元以上 50 万元以下罚金或者没收财产。自 2015 年 11 月 1 日实施《刑法修正案（九）》以后，集资诈骗罪的死刑规定就取消了，最高的处罚也就是无期徒刑。

谈一谈非法集资的"数额较大""数额巨大"和"数额特别巨大"的标准。根据我们的法律规定，使用诈骗方法进行非法集资的个人的诈骗金额是数额达到 10 万元以上，单位集资诈骗数额是要达到 50 万元以上才符合立案追诉标准。另外，个人诈骗金额达到 30 万元以上应当认定为是数额巨大，收入达到 100 万元以上的是认定为数额特别巨大。单位如果进行集资诈骗，数额是 50 万元以上，应当认定为数额较大，数额 150 万元以上认定为数额巨大，500 万元以上的，应当认定为数额特别巨大。所以对于我们的辩护工作，首先是论述事实，区分个人诈骗还是属于单位诈骗。

再说一下刚刚王常清律师没有提到的另外一个刑法的相关规定，关于行为人部分非法集资行为具有非法占有的目的，对该部分非法集资行为所涉集资款以集资诈骗罪定罪处罚。非法集资共同犯罪中，部分行为人有非法占有的目的，其他行人没有非法占有集资款的共同故意，只能对这个具有非法占有为目的的行为人以集资诈骗罪定罪处罚。

另外，谈一下律师如何针对非法占有为目的开展辩护工作。我本人今年做了几个诈骗罪的案件，也有成功取保案例。关于以非法占有为目的的辩护策略，不单单是说作为辩护律师，我们从本案的卷宗材料以及同案犯、当事人的口供来论述他有没有这样一个目的，我觉得最强有力的证据还是我们律师在庭外或者在庭前收集一些没有以诈骗为目的的证据材料。

在这里说一下我那个关于诈骗案件的辩护工作。因为这个案件当事人确实有隐瞒事实真相的客观行为，但是他自己也没有承认有这个非法占有的目的，只承认有隐瞒事实真相，那么我们如何去证明我的当事人没有非法占有的主观心理故意呢？我收集到了他在收到受害人要求还款的信息后进行了主动的转账，我后来把这个转账的凭证提交了检察院。另外一个证明就是双方的聊天记录，包括微信的凭证，证明我的当事人始终有偿还的心态，并没有逃避、挥霍或者隐匿财产的行为，通过这样的一个强有力的客观证据可以证实我方当事人没有非法占有的目的。

刚刚王律师也讲到了"以非法占有为目的"的各种情形，我再简单地来讲以下几种情形可能会被司法机关认定为非法占有为目的：（1）集资后不用于生产经营活动或者用于生产经营活动但与筹集资金规模明显不成比例，致使集资款不能返还的；（2）肆意挥霍集资款致使集资款不能返还的；（3）携带集资款逃匿的；（4）将集资款用于违法犯罪活动的；（5）抽逃、转移资金、隐匿财产、逃避返还资金的；（6）隐匿、销毁账目或者搞假破产、假倒闭逃避返还资金的；（7）拒不交代资金去向，逃避返还资金的；（8）其他可以认定为非法占有为目的的情形。我们律师如果想要证明当时没有非法占有为目的，就必须找别的材料来辩驳这些情形。我们的辩护人在做辩护工作的时候，可以有针对性地针对这上面8条来举证证明我们当事人的行为并不符合以上的表现形式，那么客观证据就是我刚刚讲到的一个实践经历，我们不但要论述法律法规，还需要自己去收集一些证据，这样才能有效达到一个辩护的目的。

最后，谈一谈庭审发问的技巧。我们在庭审中发问的时候，对于在案卷询问笔录中对己方当事人有利的言词证据，我们常常在庭审中就不会再次发问，我们总会以为这个有利的证据已经记录了，就没有必要再向当事人发问了，实际上这个确实是一个误区。我们辩护律师必须要把在卷宗中那些有利的言词证据通过发问的形式立体灵活地展现在我们的法官以及检察官面前，等于是再次重申对我方有利的一个证据材料。

另外对我们当事人不利的言词证据，我们需要在庭审中做一个辩白。所谓的辩白就是我们要通过发问的形式来证实这个言词证据的矛盾性、不真实性，为我们后面的辩护词提供一个有利的据点。

发问确实是一个比较有技巧性的环节，所以我觉得刚刚王律师的这个提议，对我自己本身也是受益匪浅的，我的点评到此结束，谢谢大家。

主持人

滑 莹

青海海博律师事务所律师

华夏公司辩护联盟理事

青海省妇女问题研究会理事

青海省未成年人保护委员会委员

青海省民革中山法律服务站委员

非法集资案件犯罪数额
辩护的要点与思路

主持人：滑莹　主讲人：阚吉峰　点评人：余安平　李茨安

▶主持人　滑　莹◀

亲爱的学友们，大家晚上好。我是本期讲座的主持人滑莹，本期讲座主题是"非法集资案件数额辩护的要点与思路"。今晚的主讲嘉宾是山东求新律师事务所主任阚吉峰律师，点评嘉宾是广东卓凡律师事务所余安平律师与湖南汉昌律师事务所的李茨安律师。下面首先有请阚律师为我们分享讲座内容。

主讲人
阙吉峰

山东求新律师事务所主任律师
华夏公司辩护联盟副会长兼集资诈骗辩护课题组秘书长
山东省泰安市律协刑委会副主任兼秘书长

▶▶主讲人　阙吉峰◀◀

　　各位律师朋友、各位法律界的同仁，大家晚上好。非常高兴在周末的夜晚和大家共同相聚在公司辩护联盟的微课群，一起交流、探讨。刚才主持人已经介绍了，我是山东首家刑事专业所——山东求新律师事务所的阙吉峰律师，也是公司辩联盟集资诈骗罪课题组的秘书长，非常荣幸地受张元龙主任的安排，与大家交流探讨集资诈骗罪辩护课题组的第一课。所以，我既荣幸，也高兴。当然，我的分享也是在抛砖引玉，因本晚的点评嘉宾精彩的点评，才是今晚真正的主题。下面就开始我的分享。

一 集资诈骗罪有效辩护的策略

我们都知道，非法集资案件为典型的涉众型经济犯罪案件，侵犯的为复杂客体，在事实认定上属于较为复杂的一类案件。

对该类案件常见的辩护思路主要有主观目的之辩、客观行为之辩、证据不足之辩等。我个人认为，非法集资案件以财产为直接的犯罪对象，所以，数额不仅是定罪的依据，也是量刑的依据，同时也是法院最终认定追缴返还的依据。因此，犯罪数额必须明确具体。在精细化的辩护中，可以数额之辩作为辩护的重点，即辩方通过降低涉案数额的方式实现有效辩护。所以对该类犯罪的辩护首先要从构成要件入手，并结合司法解释的具体规定，对犯罪数额的认定进行分析。

从犯罪构成要件看，集资诈骗罪与非法吸收公众存款罪同属非法集资类犯罪，二罪的实行行为均系非法集资行为，区别的关键在于是否以非法占有目的。因此前者是后者的基础性罪名，但二罪在构成要件，行为方式上均有不同，故二罪的数额认定也存在不同，对此最高人民法院《关于审理非法集资刑事案件具体应用法律若干问题的解释》（以下简称《解释》）第5条第3款对集资诈骗罪的数额也予以了规定。从辩护的角度，如何准确把握该罪的犯罪构成要件，通过降低犯罪数额的方式达到有效辩护的目的，也是该罪辩护的重点与难点。

二 关于集资诈骗罪中的数额问题

关于集资诈骗犯罪数额的认定，刑事司法实践中并无统一的标准。客观原因之一是，相比较其他金融犯罪而言，集资活动具有收益分次性的特点，即行为人在集资开始阶段，为了掩盖其非法占有的目的，欺骗更多的受害人，往往会以利息、分红等形式返还一部分资金给所谓的"出资人"。这种情况下就会出现几种不同性质的数额，具体应划分为：（1）总数额，即行为人通过非法集资活动获得的总数额；（2）实际所得数额，即行为人通过非法集资活动所得的总额，减去行为人在集资开始阶段为掩盖非法占有目的而返还给出资人的数额；（3）实际损失额，这是指被害人最终损失的财产总额；（4）实际获利额，即集资诈骗行为人所非法集资的总额除去返还给出资人的数额和自身投资失败损失的数额。以上是该罪涉及的数额，也是我们辩方的辩点。

三　关于各种数额的具体分析

为了实现有效辩护，我们辩护律师应最大限度的降低数额，辩护的辩点主要有以下几点。

1. 案发前已归还本金的数额不应计入犯罪数额

案发前已归还数额的如何认定，最高人民法院《解释》第 5 条第 3 款予以明确，案发前已经归还的数额，应予扣除。从该规定来看，完全符合该罪的构成要件，也符合该罪的客观实际，又具备实践可操作性：（1）集资诈骗罪属于目的犯，应当从非法占有目的实现的角度来认定诈骗数额。所以"诈骗数额"，应以行为人实际骗取的数额计算。据此，集资诈骗犯罪当中已返还部分不应计入诈骗数额；（2）归还的行为已证实行为人对这部分资金没有非法占有目的；（3）被害人的财产也并未因此而受损。因此。案发前已归还本金的数额不应计入犯罪数额。

2. 对于利息的认定

对于支付的利息与返还本金不同，计算诈骗数额时利息是否扣除及如何扣除，司法实践中存在不同意见。有观点认为，支付利息本质上属于对其实际骗取资金的处分，而且，利息是否计入诈骗数额还涉及赃款的认定、追缴以及其他受害人的公平受偿问题，故原则上应当计入诈骗数额。但最高人民法院《解释》第 5 条第 3 款规定，集资诈骗的数额以行为人实际骗取的数额计算，案发前已归还的数额应予扣除。行为人为实施集资诈骗活动而支付的广告费、中介费、手续费、回扣，或者用于行贿、赠与等费用，不予扣除。行为人为实施集资诈骗活动而支付的利息，除本金未归还可予折抵本金以外，应当计入诈骗数额。

据此，对于利息的认定要考虑两点：其一，支付利息时本金是否已经归还完毕。如果本金未归还完毕，可予折抵本金，就应当扣除；其二，支付利息的目的。重点考察行为人支付利息是为了履行承诺还是通过支付利息作为手段，以达到继续实施诈骗的目的。如果不存在牵连犯，案发前已经归还的数额，则应予扣除。因此对于实践中支付利息的几种情形作以下分析。

第一，预扣利息的数额不应计入本案的犯罪数额。

如前所述，行为人在收到投资人本金的同时即已经将利息事先予以扣除的，甚至在收到本金之前即已经预先支付了利息的，则利息应当从犯罪数额中扣除。例如，乙作为投资人与甲约定向乙借款 10 万元，借款期限 3 个月，利息 5000元。在乙向甲方给付 10 万元的投资款时，直接将应付的利息 5000 元扣下，实际向甲方给付投资款 9.5 元，但甲出据的借据上的金额是 10 万元。此种情况下预扣的利息应予扣除。根据最高人民法院《解释》第 5 条第 3 款的规定，集资诈骗的数额以行为人实际骗取的数额计算,案发前已归还的数额应予扣除。据此，本案的犯罪数额应当按当事人实际交付的数额认定，对案发前已经归还的数额予以扣除，举重以明轻，对借款时投资人预扣的利息则更不应指控犯罪的数额。

另外，2001年《全国部分法院审理经济案件座谈会纪要》中指出："在具体认定金融诈骗犯罪的数额时，应当以行为人实际骗取的数额计算。对于行为人为实施金融诈骗活动而支付的中介费、手续费、回扣等，或者用于行贿、赠予等费用，均应计入金融诈骗的犯罪数额。但应当将案发前已归还的数额扣除。"显然，这里采用的是实际所得数额说。对此，诈骗数额应是指犯罪行为获取的全部数额，而不包括犯罪行为所指向的数额。理由是集资诈骗罪属于目的犯，应当从非法占有目的实现的角度来认定诈骗数额更为客观。司法实践中，"诈骗数额"，应以行为人实际骗取的数额计算。据此，预扣的利息和数额不应计入诈骗数额。

第二，后期已归还的利息也不应计入犯罪数额。

按照最高人民法院的观点，利息的计算与返还本金不同，支付利息本质上属于对其实际骗取资金的处分，而且，利息是否计入诈骗数额还涉及赃款的认定、追缴以及其他受害人的公平受偿问题，故原则上应当计入诈骗数额。但司法解释规定"本金未归还可予折抵本金"，主要是出于实践可操作性和避免矛盾激化的考虑。因为，集资诈骗案发后能够追回的案款毕竟有限，很难要求本金尚未得到偿付的集资群众先将利息退出后再按比例统一偿付。

另外，由于集资诈骗行为具有收益分次性的特点，行为人往往会在集资开始阶段或中间阶段以利息、分红等方式返还部分资金给投资人，以掩盖其非法占有目的，达到骗取更多的资金的目的。按照最高人民法院《解释》的规定，为实施犯罪而支出的利息不予扣除，应理解为行为人通过支付利息的手段行为，达到诈骗的目的行为。此种情况下，司法解释所规定对支付的利息不予扣除，我个人理解，应根据犯罪的时空阶段进行区分，即在犯罪既遂后又支付的利息，此时支付的利息非手段行为，行为人归还的行为也证实了其对归还的部分没有非法占有的目的，且被害人的该部分财产并未受损，故后期已归还的利息也不应计入犯罪数额。

例如，乙作为投资人与甲约定向乙借款 10 万元，借款期限 3 个月，利息 5000 元。借款期限届满后，甲只向乙支付了利息 5000 元，本金无力支付。

这种后期归还的利息，在司法实践中一般又存在两种情形：其一，被害人主动借款给行为人，行为人没有通过支付利息的手段行为，达到集资诈骗的目的行为。此种情形下，行为人出于非法占有的目的，向不特定公众实施欺诈行为，使对方基于认识错误而处分其财产，导致对方财产权益受到侵害。虽然集资诈骗的行为对象为不特定公众，但根据我国《刑法》的规定，诈骗犯罪并非针对整体财产的犯罪，而是针对个别财产的犯罪。因此对该事实可单独评价，即对已支付的利息不应计入犯罪数额。其二，行为人向某一投资人单笔借款，并没有反复向该投资人借款的情况下，即就借了这一笔，并在借款后按照许诺支付利息。此种情况下，行为人也没有通过支付利息的手段行为，达到继续骗取的目的。因此对该类事实中支付的利息，也不应计入犯罪数额。

第三，约定的利息数额不应认定为犯罪数额。

约定的利息是指行为人在借款到期后，与借款人约定暂不归还本金，而将利息计入本金，重新签订协议。本金与约定的利息形成新的数额。

例如，乙向甲支付投资款 10 万元，借款期限 3 个月，借款到期后甲向乙支付利息 5000 元，但借款到期后，甲与乙商定继续借款，双方续签借款协议，并将甲应支付的利息 5000 元计入新的借款数额，即借款总金额 10.5 万元。甲重新出据借据 10.5 万元。此种情况下，该种利息的数额是否应当计入犯罪数额，我个人认为应分两种情况：第一种情况是本金不变，只是归还利息时间上有新变化，即借款到期后，需继续向投资人借款，此时本金不变，在写借据上加上应付的利息，形成新的借款数额。所以，其中有部分本金，也有部分利息，此时被害人损失的仍然是原来的本金。所以，此时的犯罪数额应当只是本金而不包括利息，因为利息是被告人支付的，而不是投资人支付的。从集资诈骗罪的犯罪对象来看，该罪的犯罪对象应当是指投资人实际支付的钱款，而不是其应当得到的回报；另从利息支付的主体上分析，集资诈骗罪案犯的客体是复杂客体，即不仅侵犯了国家正常的金融管理秩序，同时还侵犯了公民的财产所有权。据此，如果行为人承诺的支付的利息而没有支付，则投资人的财物并未因此而受损，就不应计入行为人的犯罪数额。

第二种情况，借款到期并归还利息后，需继续向投资人借款，投资本金不变，只是加上已归还的利息，再重新借给行为人，形成新的借款数额。对于该种情形下利息的数额已经被行为人进行实质的处分，已属投资人的资金，所以该种情形下的"利息"原则上就不能扣除。

第四，复利的数额的认定。

复利是指利息产生利息，行为人在借款到期后，与借款人约定暂不支付利息，而将利息计入本金，重新签订协议。本金与约定的利息重新计算，再形成新的数额，即利滚利。例如，乙向甲支付投资款 10 万元，借款期限 3 个月，借款到期后甲向乙支付利息 5000 元。但借款到期后，甲与乙商定继续借款，双方续签借款协议，并将甲应支付的利息 5000 元计入新的借款数额，即借款总金额 10.5 万元，借款期限仍然是 3 个月，利息 7500 元。但借款期限届满后，甲仍需继续借款，重新出据借据 11.25 万元。此种情况下的复利如何认定？

我个人认为，此种情况下的犯罪数额应当只是本金而不包括利息。如前所述，从集资诈骗罪侵犯的客体来讲，集资诈骗罪不仅侵犯了国家的金融秩序，而且侵犯了被害人的财产所有权。据此，财物受损的数额就是本罪的犯罪数额；从双方的主体看，利息是被告人支付的，而不是投资人支付的；从集资诈骗罪的犯罪对象来看，该罪的犯罪对象应当是指投资人实际支付的钱款，而不是其应当得到的回报。由此即可区别复利的数额是否应认定为犯罪数额。

此外，还有其他类型的数额，如控方指控的数额中存在不符合集资诈骗罪犯罪构成要件的部分数额，应从犯罪数额中扣除。

（1）向特定对象的借款不应计入犯罪数额。

此罪所指向的对象是不特定的公众，对于非通过公开宣传的方式并向同事、亲友等特定对象吸收到的资金，鉴于没有影响到国家的金融管理秩序，该部分事实不能作为犯罪处理，因此该部分数额也不能计入犯罪数额。反之，行为人不加控制范围，听之任之的使范围蔓延，不设法加以阻止的，同样认定为向社会不特定对象吸收资金，这也是非法集资案件的社会性。

（2）实际用于借款用途的资金数额不应计入犯罪数额。

行为人借款后，虽没能及时归还借款，但所吸收的资金确实用于正当的生产、经营活动，行为人也确有归还款项的意愿，最终不能归还是由于种种客观原因造成的。此种情况下，不能认定行为人主观上具有非法占有的目的，也就是说是不能认定为集资诈骗罪的。但是，如果该行为扰乱了金融秩序，则应以非法吸收公众存款罪论处，而不能指控为集资诈骗罪的犯罪数额。

综上，集资诈骗案件涉案事实多、涉案数额特别巨大，涉案人数众多，以致事实认定与数额认定方面存在较大的辩护空间，但如果实现精细化的有效辩护，不仅需要娴熟的掌握刑事法律关于罪与非罪、此罪与彼罪的规定，还需要缜密的思维能力，准确把握非法集资犯罪的实际案情，再把实际案情与刑事法律的规定相互结合，搜寻出细致的辩点，使之成为罪轻辩护的法律根据和事实理由，为之提供有效的辩护。

以上就是今晚的分享内容，如果观点不当，请大家批评指正。

▶主持人　滑　莹◀

感谢阚律师的精彩讲座，有请今晚的点评嘉宾余安平律师。

▶**点评人 余安平**◀

大家好，我是今晚的点评嘉宾，来自广东卓凡律师事务所的余安平律师。刚听了阚律师的讲座，我现在发表一下自己的个人意见。

阚律师在刚才的讲座中提到了关于非法集资的数量辩护，我们知道非法集资主要有三个构成要件，第一就是以非法占有为目的，第二是面向不特定的人，第三是达到一定的数额。

所谓的非法集资，严格意义上讲其实就是一种诈骗，既然是诈骗也就意味着行为人根本没有实际归还的目的，即使采取的一些归还利息的方式，也只是从事诈骗的一种行为。因此阚律师刚才的一个观点就是以本金作为非法集资的数量，这也就体现一个本质，即有多少钱被骗取？

我们知道无论是非法吸收公众存款还是贷款的行为，都是以高息的方式吸引别人。有一句话叫："你图的是别人的利息，别人图的是你的本金。"这意味着它是以骗取本金为根本目的，因此非法吸收公众存款的实际数额应该是以本金作为基础，或者说非法吸收公众存款更多的是一种结果犯，而不是行为犯。

刚才阚律师的观点就认为，无论是行为人采取了什么样的方式，包括支付利息的方式以及采取复利的方式，这一方式都是骗取本金的手段，应该以受害人的实际损失作为基础，而不是以可预期的收益作为基础，这也意味着我们辩护人可以从是否存在以非法占有为目的，是否愿意进行还款来进行介入和辩护。

我办理过一个非法集资的案件，我当时的观点就是要求案件同时满足三个要件。第一，要以非法占有为目的，如果只是为解燃眉之急借高利贷应该不属于"以非法占有为目的"，也就是只要用于正当的商业途径，只要进行归还，只要没有挥霍或者浪费那么非法占有为目的就不应该被认定。

第二，是针对不特定的人。如果是在小的范围内针对特定的人来进行民间借贷似的筹款,那我认为依旧是不构成非法集资。这也是我曾经在一篇文章《企业家所犯的十类经济犯罪及其破解方式》里面所提出,对于非法集资的问题我们可以采取张三跟李四这一系列的朋友来进行筹款,李四再跟自己下面的王五等朋友进行筹款的方式把它变成一个又一个的正常民间借贷。

第三,要达到一定的数额,也就是今天阚律师所言的数量辩护。数量辩护看起来是属罪轻辩护,其实也可能变成推翻整个案件的无罪辩护,如果达不到定案的基础也达不到刑事立案条件,那这个案件可能就变成一个无罪案件了。

今天阚律师很明确的一个问题就是本金和复利该如何来进行区分?利转利该如何来进行区分?而且阚律师把非法集资作为一种目的犯,也就是要以最终的结果来作为评判。受害人有多少钱被骗走?受害人实际损失有多少?这一个以普通民间借贷来进行比较,而不是作为可预期利益来进行疏通。因此如果存在非法集资,构成要件都成立的话,那我们认为的数量就是实际损失。

在这里面何为实际损失?那就是本金。受害人实际借出了多少钱?无论是开了多少的收据,都要重新回到一个问题,就是实际支付了多少款项。这类案子是跟民事案件直接相关的,律师可以将民间借贷案件的一系列质证方式方法带到非法集资案件中来,要求办案机关特别是公诉机关来举证受害人究竟有多少损失。

我们知道刑事案件对证据的要求比民事案件更高。在民事案件中,数额较大的借款通常不仅仅要求书面借据,而且还要求第三方证据特别是银行转账记录。因此在刑事辩护中我们也要求公诉人来举证,实际有多少款项到了被告人的账上能够供他来实际支配的,这一个才是实际的数额。

所以我们在这一系列经济犯罪案件的质证之中首先要看证据有没有合法来源,数量是否确凿,是否存在孤证问题。其次是否是以非法占有为目的,有没有用于正常经营?如果是用于正常经营,没有自我挥霍等属于经济纠纷而不是经济犯罪的问题。最后犯罪嫌疑人或者被告人采取了哪些方式？他是否要将这些据为己有从事非正当活动？如果这一系列条件都不满足，那律师甚至可以从无罪辩护的角度认为这个案件是一个商业纠纷问题。

综上所述，在非法集资案件中作为律师可以从4个方面来进行切入。其一，是否存在非法占有目的；其二，是否针对不特定的人；其三，运用民商法的相应知识来对犯罪数额进行质证，看是否达到法定的标准；其四，看能不能排除合理的怀疑，看是属于经济纠纷还是刑事纠纷。我们按照上述4点对一个案件进行过滤，如果所有的过滤都失败了，才进入最后一个阶段，即法庭的审判辩护阶段。在此阶段，我们重新要对案件的犯罪构成尤其是数量来进行辩护。阚律师在今晚的讲座中对于数字，特别是实际损失进行了全面的阐述，给我们很大的启发，我就将今天的体会分享在这里，好！谢谢大家，谢谢阚律师以及主持人，谢谢各位。

点评人
李茨安

湖南汉昌律师事务所律师
湖南省法学会理事
岳阳市纪委政风行风监督员

▶**点评人　李茨安**◀

　　各位同行，各位律师大家好。我受张元龙主任的邀请参加今天的关于集资诈骗案的讨论，很高兴与大家一起共同学习。

　　关于集资诈骗案，我在办理同类的刑事案件中，我的辩护思路最大的突出特点是关于法律的适用。刑法是办理相关案件的主要的法律依据，按照《立法法》的规定：认定犯罪必须制定法律。但是在实际办案的过程中，公安机关、检察院、法院适用的法律都是最高人民法院的司法解释。因此我在同类案件辩护中法院对认定的事实，一直不能作出裁定，就是适用法律的规范问题。中国目前法律很多都是司法解释，没有进入正规的法律阶层，在适用的处罚认定犯罪、量刑方面都是有很大的欠缺。因此，公诉机关和人民法院在办理相关案件，认定事实裁判的时候，在适用法律方面他们还是有所顾忌的，尤其是在实行"裁判者终身负责制"以后。我的点评就到此，不当之处，欢迎大家批评指正。

▶主持人 滑 莹◀

感谢今晚主讲嘉宾的精彩讲座以及两位点评老师的精彩点评。讲座到此结束，各位群友，晚安！